T&P BOOKS

I0211728

ESPANHOL

VOCABULÁRIO

PORTUGUÊS
ESPANHOL

Para alargar o seu léxico e apurar
as suas competências linguísticas

9000 palavras

Vocabulário Português Brasileiro-Espanhol - 9000 palavras
Por Andrey Taranov

Os vocabulários da T&P Books destinam-se a ajudar a aprender, a memorizar, e a rever palavras estrangeiras. O dicionário é dividido em temas, cobrindo todas as principais esferas de atividades quotidianas, negócios, ciência, cultura, etc.

O processo de aprendizagem, utilizando os dicionários baseados em temáticas da T&P Books dá-lhe as seguintes vantagens:

- Informação de origem corretamente agrupada predetermina o sucesso em fases subsequentes da memorização de palavras
- Disponibilização de palavras derivadas da mesma raiz, o que permite a memorização de unidades de texto (em vez de palavras separadas)
- Pequenas unidades de palavras facilitam o processo de estabelecimento de vínculos associativos necessários para a consolidação do vocabulário
- O nível de conhecimento da língua pode ser estimado pelo número de palavras aprendidas

T&P Books Publishing
www.tpbooks.com

ISBN: 978-1-78767-281-9

Este livro também está disponível em formato E-book.
Por favor visite www.tpbooks.com ou as principais livrarias on-line.

VOCABULÁRIO ESPANHOL
palavras mais úteis

Os vocabulários da T&P Books destinam-se a ajudar a aprender, a memorizar, e a rever palavras estrangeiras. O vocabulário contém mais de 9000 palavras de uso comum organizadas tematicamente.

O vocabulário contém as palavras mais comummente usadas
Recomendado como adicional para qualquer curso de línguas
Satisfaz as necessidades dos iniciados e dos alunos avançados de línguas estrangeiras
Conveniente para o uso diário, sessões de revisão e atividades de auto-teste
Permite avaliar o seu vocabulário

Características especias do vocabulário

· As palavras estão organizadas de acordo com o seu significado, e não por ordem alfabética
· As palavras são apresentadas em três colunas para facilitar os processos de revisão e auto-teste
· As palavras compostas são divididas em pequenos blocos para facilitar o processo de aprendizagem
· O vocabulário oferece uma transcrição simples e adequada de cada palavra estrangeira

O vocabulário contém 256 tópicos incluindo:

Conceitos básicos, Números, Cores, Meses, Estações do ano, Unidades de medida, Roupas & Acessórios, Alimentos & Nutrição, Restaurante, Membros da Família, Parentes, Caráter, Sentimentos, Emoções, Doenças, Cidade, Passeios, Compras, Dinheiro, Casa, Lar, Escritório, Trabalho no Escritório, Importação & Exportação, Marketing, Pesquisa de Emprego, Esportes, Educação, Computador, Internet, Ferramentas, Natureza, Países, Nacionalidades e muito mais ...

TABELA DE CONTEÚDOS

GUIA DE PRONUNCIAÇÃO

Alfabeto fonético T&P	Exemplo Espanhol	Exemplo Português
[a]	grado	chamar
[e]	mermelada	metal
[i]	física	sinônimo
[o]	tomo	lobo
[u]	cubierta	bonita
[b]	baño, volar	barril
[β]	abeja	sábado
[d]	dicho	dentista
[ð]	tirada	[z] - fricativa dental sonora não-sibilante
[f]	flauta	safári
[dʒ]	azerbaidzhano	adjetivo
[g]	gorro	gosto
[ɣ]	negro	agora
[j]	botella	Vietnã
[k]	tabaco	aquilo
[l]	arqueólogo	libra
[ʎ]	novela	ralho
[m]	mosaico	magnólia
[ɱ]	confitura	[m] nasal
[n]	camino	natureza
[ɲ]	blanco	alcançar
[p]	zapatero	presente
[r]	sabroso	riscar
[s]	asesor	sanita
[θ]	lápiz	[s] - fricativa dental surda não-sibilante
[t]	estatua	tulipa
[ʧ]	lechuza	Tchau!
[v]	Kiev	fava
[x]	dirigir	fricativa uvular surda
[z]	esgrima	sésamo
[ʃ]	sheriff	mês
[w]	whisky	página web
[']	[re'loχ]	acento principal
[·]	[aβre·'ʎatas]	ponto mediano

11

ABREVIATURAS
usadas no vocabulário

Abreviaturas do Português

adj	-	adjetivo
adv	-	advérbio
anim.	-	animado
conj.	-	conjunção
desp.	-	esporte
etc.	-	Etcetera
ex.	-	por exemplo
f	-	nome feminino
f pl	-	feminino plural
fem.	-	feminino
inanim.	-	inanimado
m	-	nome masculino
m pl	-	masculino plural
m, f	-	masculino, feminino
masc.	-	masculino
mat.	-	matemática
mil.	-	militar
pl	-	plural
prep.	-	preposição
pron.	-	pronome
sb.	-	sobre
sing.	-	singular
v aux	-	verbo auxiliar
vi	-	verbo intransitivo
vi, vt	-	verbo intransitivo, transitivo
vr	-	verbo reflexivo
vt	-	verbo transitivo

Abreviaturas do Espanhol

adj	-	adjetivo
adv	-	advérbio
f	-	nome feminino
f pl	-	feminino plural
fam.	-	familiar
m	-	nome masculino
m pl	-	masculino plural
m, f	-	masculino, feminino

n	-	neutro
pl	-	plural
v aux	-	verbo auxiliar
vi	-	verbo intransitivo
vi, vt	-	verbo intransitivo, transitivo
vr	-	verbo reflexivo
vt	-	verbo transitivo

CONCEITOS BÁSICOS

Conceitos básicos. Parte 1

1. Pronomes

eu	yo	[jo]
você	tú	[tu]
ele	él	[elʲ]
ela	ella	['eja]
nós (masc.)	nosotros	[no'sotros]
nós (fem.)	nosotras	[no'sotras]
vocês (masc.)	vosotros	[bo'sotros]
vocês (fem.)	vosotras	[bo'sotras]
o senhor, -a	Usted	[us'teð]
senhores, -as	Ustedes	[us'teðes]
eles	ellos	['ejos]
elas	ellas	['ejas]

2. Cumprimentos. Saudações. Despedidas

Oi!	¡Hola!	['olʲa]
Olá!	¡Hola!	['olʲa]
Bom dia!	¡Buenos días!	['buenos 'dias]
Boa tarde!	¡Buenas tardes!	['buenas 'tarðes]
Boa noite!	¡Buenas noches!	['buenas 'notʃes]
cumprimentar (vt)	decir hola	[de'θir 'olʲa]
Oi!	¡Hola!	['olʲa]
saudação (f)	saludo (m)	[sa'lʲuðo]
saudar (vt)	saludar (vt)	[salʲu'ðar]
Tudo bem?	¿Cómo estás?	['komo es'tas]
E aí, novidades?	¿Qué hay de nuevo?	[ke aj de nu'eβo]
Tchau!	¡Adiós!	[a'ðjos]
Até logo!	¡Hasta la vista!	['asta lʲa 'bista]
Até breve!	¡Hasta pronto!	['asta 'pronto]
Adeus!	¡Adiós!	[a'ðjos]
despedir-se (dizer adeus)	despedirse (vr)	[despe'ðirse]
Até mais!	¡Hasta luego!	['asta lʲu'ego]
Obrigado! -a!	¡Gracias!	['graθias]
Muito obrigado! -a!	¡Muchas gracias!	['mutʃas 'graθias]
De nada	De nada	[de 'naða]
Não tem de quê	No hay de qué	[no aj de 'ke]

Não foi nada!	De nada	[de 'naða]
Desculpa!	¡Disculpa!	[dis'kulʲpa]
Desculpe!	¡Disculpe!	[dis'kulʲpe]
desculpar (vt)	disculpar (vt)	[diskulʲ'par]

desculpar-se (vr)	disculparse (vr)	[diskulʲ'parse]
Me desculpe	Mis disculpas	[mis dis'kulʲpas]
Desculpe!	¡Perdóneme!	[per'ðoneme]
perdoar (vt)	perdonar (vt)	[perðo'nar]
Não faz mal	¡No pasa nada!	[no 'pasa 'naða]
por favor	por favor	[por fa'βor]

Não se esqueça!	¡No se le olvide!	[no se le olʲ'βiðe]
Com certeza!	¡Ciertamente!	[θjerta'mento]
Claro que não!	¡Claro que no!	['klʲaro ke 'no]
Está bem! De acordo!	¡De acuerdo!	[de aku'erðo]
Chega!	¡Basta!	['basta]

3. Como se dirigir a alguém

Desculpe ...	¡Perdóneme!	[per'ðoneme]
senhor	señor	[se'njor]
senhora	señora	[se'njora]
senhorita	señorita	[senjo'rita]
jovem	joven	['χoβen]
menino	niño	['ninjo]
menina	niña	['ninja]

4. Números cardinais. Parte 1

zero	cero	['θero]
um	uno	['uno]
dois	dos	[dos]
três	tres	[tres]
quatro	cuatro	[ku'atro]

cinco	cinco	['θiŋko]
seis	seis	['sejs]
sete	siete	['sjete]
oito	ocho	['otʃo]
nove	nueve	[nu'eβe]

dez	diez	[djeθ]
onze	once	['onθe]
doze	doce	['doθe]
treze	trece	['treθe]
catorze	catorce	[ka'torθe]

quinze	quince	['kinθe]
dezesseis	dieciséis	['djeθi·'sejs]
dezessete	diecisiete	['djeθi·'sjete]
dezoito	dieciocho	['djeθi·'otʃo]

15

dezenove	diecinueve	['djeθi·nu'eβe]
vinte	veinte	['bejnte]
vinte e um	veintiuno	['bejnti·'uno]
vinte e dois	veintidós	['bejnti·'dos]
vinte e três	veintitrés	['bejnti·'tres]

trinta	treinta	['trejnta]
trinta e um	treinta y uno	['trejnta i 'uno]
trinta e dois	treinta y dos	['trejnta i 'dos]
trinta e três	treinta y tres	['trejnta i 'tres]

quarenta	cuarenta	[kua'renta]
quarenta e um	cuarenta y uno	[kua'renta i 'uno]
quarenta e dois	cuarenta y dos	[kua'renta i 'dos]
quarenta e três	cuarenta y tres	[kua'renta i 'tres]

cinquenta	cincuenta	[θiŋku'enta]
cinquenta e um	cincuenta y uno	[θiŋku'enta i 'uno]
cinquenta e dois	cincuenta y dos	[θiŋku'enta i 'dos]
cinquenta e três	cincuenta y tres	[θiŋku'enta i 'tres]

sessenta	sesenta	[se'senta]
sessenta e um	sesenta y uno	[se'senta i 'uno]
sessenta e dois	sesenta y dos	[se'senta i 'dos]
sessenta e três	sesenta y tres	[se'senta i 'tres]

setenta	setenta	[se'tenta]
setenta e um	setenta y uno	[se'tenta i 'uno]
setenta e dois	setenta y dos	[se'tenta i 'dos]
setenta e três	setenta y tres	[se'tenta i 'tres]

oitenta	ochenta	[o'ʧenta]
oitenta e um	ochenta y uno	[o'ʧenta i 'uno]
oitenta e dois	ochenta y dos	[o'ʧenta i 'dos]
oitenta e três	ochenta y tres	[o'ʧenta i 'tres]

noventa	noventa	[no'βenta]
noventa e um	noventa y uno	[no'βenta i 'uno]
noventa e dois	noventa y dos	[no'βenta i 'dos]
noventa e três	noventa y tres	[no'βenta i 'tres]

5. Números cardinais. Parte 2

cem	cien	[θjen]
duzentos	doscientos	[doθ·'θjentos]
trezentos	trescientos	[treθ·'θjentos]
quatrocentos	cuatrocientos	[ku'atro·'θjentos]
quinhentos	quinientos	[ki'njentos]

seiscentos	seiscientos	[sejs·'θjentos]
setecentos	setecientos	[θete·'θjentos]
oitocentos	ochocientos	[oʧo·'θjentos]
novecentos	novecientos	[noβe·'θjentos]
mil	mil	[milʲ]

dois mil	dos mil	[dos 'milʲ]
três mil	tres mil	[tres 'milʲ]
dez mil	diez mil	[djeθ 'milʲ]
cem mil	cien mil	[θjen 'milʲ]
um milhão	millón (m)	[mi'jon]
um bilhão	mil millones	[milʲ mi'jones]

6. Números ordinais

primeiro (adj)	primero (adj)	[pri'mero]
segundo (adj)	segundo (adj)	[se'gundo]
terceiro (adj)	tercero (adj)	[ter'θero]
quarto (adj)	cuarto (adj)	[ku'arto]
quinto (adj)	quinto (adj)	['kinto]

sexto (adj)	sexto (adj)	['seksto]
sétimo (adj)	séptimo (adj)	['septimo]
oitavo (adj)	octavo (adj)	[ok'taβo]
nono (adj)	noveno (adj)	[no'βeno]
décimo (adj)	décimo (adj)	['deθimo]

7. Números. Frações

fração (f)	fracción (f)	[frak'θjon]
um meio	un medio	[un 'meðio]
um terço	un tercio	[un 'terθio]
um quarto	un cuarto	[un ku'arto]
um oitavo	un octavo	[un ok'taβo]
um décimo	un décimo	[un 'deθimo]
dois terços	dos tercios	[dos 'terθjos]
três quartos	tres cuartos	[tres ku'artos]

8. Números. Operações básicas

subtração (f)	sustracción (f)	[sustrak'θjon]
subtrair (vi, vt)	sustraer (vt)	[sustra'er]
divisão (f)	división (f)	[diβi'θjon]
dividir (vt)	dividir (vt)	[diβi'ðir]
adição (f)	adición (f)	[aði'θjon]
somar (vt)	sumar (vt)	[su'mar]
adicionar (vt)	adicionar (vt)	[aðiθjo'nar]
multiplicação (f)	multiplicación (f)	[mulʲtiplika'θjon]
multiplicar (vt)	multiplicar (vt)	[mulʲtipli'kar]

9. Números. Diversos

| algarismo, dígito (m) | cifra (f) | ['θifra] |
| número (m) | número (m) | ['numero] |

numeral (m)	numeral (m)	[nume'ralʲ]
menos (m)	menos (m)	['menos]
mais (m)	más (m)	[mas]
fórmula (f)	fórmula (f)	['formulʲa]

cálculo (m)	cálculo (m)	['kalʲkulʲo]
contar (vt)	contar (vt)	[kon'tar]
calcular (vt)	calcular (vt)	[kalʲku'lʲar]
comparar (vt)	comparar (vt)	[kompa'rar]

Quanto, -os, -as?	¿Cuánto?	[ku'anto]
soma (f)	suma (f)	['suma]
resultado (m)	resultado (m)	[resulʲ'taðo]
resto (m)	resto (m)	['resto]

alguns, algumas ...	algunos, algunas ...	[alʲ'gunos], [alʲ'gunas]
pouco (~ tempo)	poco, poca	['poko], ['poka]
resto (m)	resto (m)	['resto]
um e meio	uno y medio	['uno i 'meðio]
dúzia (f)	docena (f)	[do'θena]

ao meio	en dos	[en 'dos]
em partes iguais	en partes iguales	[en 'partes igu'ales]
metade (f)	mitad (f)	[mi'tað]
vez (f)	vez (f)	[beθ]

10. Os verbos mais importantes. Parte 1

abrir (vt)	abrir (vt)	[a'βrir]
acabar, terminar (vt)	acabar, terminar (vt)	[aka'βar], [termi'nar]
aconselhar (vt)	aconsejar (vt)	[akonse'xar]
adivinhar (vt)	adivinar (vt)	[aðiβi'nar]
advertir (vt)	advertir (vt)	[aðβer'tir]

ajudar (vt)	ayudar (vt)	[aju'ðar]
almoçar (vi)	almorzar (vi)	[alʲmor'θar]
alugar (~ um apartamento)	alquilar (vt)	[alʲki'lʲar]
amar (pessoa)	querer, amar (vt)	[ke'rer], [a'mar]
ameaçar (vt)	amenazar (vt)	[amena'θar]

anotar (escrever)	tomar nota	[to'mar 'nota]
apressar-se (vr)	tener prisa	[te'ner 'prisa]
arrepender-se (vr)	arrepentirse (vr)	[arepen'tirse]
assinar (vt)	firmar (vt)	[fir'mar]

brincar (vi)	bromear (vi)	[brome'ar]
brincar, jogar (vi, vt)	jugar (vi)	[xu'gar]
buscar (vt)	buscar (vt)	[bus'kar]

caçar (vi)	cazar (vi, vt)	[ka'θar]
cair (vi)	caer (vi)	[ka'er]
cavar (vt)	cavar (vt)	[ka'βar]
chamar (~ por socorro)	llamar (vt)	[ja'mar]
chegar (vi)	llegar (vi)	[je'gar]

chorar (vi)	llorar (vi)	[jo'rar]
começar (vt)	comenzar (vi, vt)	[komen'θar]
comparar (vt)	comparar (vt)	[kompa'rar]
concordar (dizer "sim")	estar de acuerdo	[es'tar de aku'erðo]
confiar (vt)	confiar (vt)	[koɲ'fjar]
confundir (equivocar-se)	confundir (vt)	[koɲfun'dir]
conhecer (vt)	conocer (vt)	[kono'θer]
contar (fazer contas)	contar (vt)	[kon'tar]
contar com ...	contar con ...	[kon'tar kon]
continuar (vt)	continuar (vt)	[kontinu'ar]
controlar (vt)	controlar (vt)	[kontro'lʲar]
convidar (vt)	invitar (vt)	[imbi'tar]
correr (vi)	correr (vi)	[ko'rer]
criar (vt)	crear (vt)	[kre'ar]
custar (vt)	costar (vt)	[kos'tar]

11. Os verbos mais importantes. Parte 2

dar (vt)	dar (vt)	[dar]
dar uma dica	dar una pista	[dar 'una 'pista]
decorar (enfeitar)	decorar (vt)	[deko'rar]
defender (vt)	defender (vt)	[defen'der]
deixar cair (vt)	dejar caer	[de'χar ka'er]
descer (para baixo)	descender (vi)	[deθen'der]
desculpar (vt)	disculpar (vt)	[diskulʲ'par]
dirigir (~ uma empresa)	dirigir (vt)	[diri'χir]
discutir (notícias, etc.)	discutir (vt)	[disku'tir]
disparar, atirar (vi)	tirar, disparar (vi)	[ti'rar], [dispa'rar]
dizer (vt)	decir (vt)	[de'θir]
duvidar (vt)	dudar (vt)	[du'ðar]
encontrar (achar)	encontrar (vt)	[eŋkon'trar]
enganar (vt)	engañar (vi, vt)	[enga'njar]
entender (vt)	comprender (vt)	[kompren'der]
entrar (na sala, etc.)	entrar (vi)	[en'trar]
enviar (uma carta)	enviar (vt)	[em'bjar]
errar (enganar-se)	equivocarse (vr)	[ekiβo'karse]
escolher (vt)	escoger (vt)	[esko'χer]
esconder (vt)	esconder (vt)	[eskon'der]
escrever (vt)	escribir (vt)	[eskri'βir]
esperar (aguardar)	esperar (vt)	[espe'rar]
esperar (ter esperança)	esperar (vi)	[espe'rar]
esquecer (vt)	olvidar (vt)	[olʲβi'ðar]
estar (vi)	estar (vi)	[es'tar]
estudar (vt)	estudiar (vt)	[estu'ðjar]
exigir (vt)	exigir (vt)	[eksi'χir]
existir (vi)	existir (vi)	[eksis'tir]
explicar (vt)	explicar (vt)	[ekspli'kar]

falar (vi)	hablar (vi, vt)	[a'βʎar]
faltar (a la escuela, etc.)	faltar a ...	[fal'tar a]
fazer (vt)	hacer (vt)	[a'θer]
ficar em silêncio	callarse (vr)	[ka'jarse]
gabar-se (vr)	jactarse, alabarse (vr)	[χas'tarse], [alʲa'βarse]

gostar (apreciar)	gustar (vi)	[gus'tar]
gritar (vi)	gritar (vi)	[gri'tar]
guardar (fotos, etc.)	guardar (vt)	[guar'ðar]
informar (vt)	informar (vt)	[imfor'mar]
insistir (vi)	insistir (vi)	[insis'tir]

insultar (vt)	insultar (vt)	[insul'tar]
interessar-se (vr)	interesarse (vr)	[intere'sarse]
ir (a pé)	ir (vi)	[ir]
ir nadar	bañarse (vr)	[ba'njarse]
jantar (vi)	cenar (vi)	[θe'nar]

12. Os verbos mais importantes. Parte 3

ler (vt)	leer (vi, vt)	[le'er]
libertar, liberar (vt)	liberar (vt)	[liβe'rar]
matar (vt)	matar (vt)	[ma'tar]
mencionar (vt)	mencionar (vt)	[menθjo'nar]
mostrar (vt)	mostrar (vt)	[mos'trar]

mudar (modificar)	cambiar (vt)	[kam'bjar]
nadar (vi)	nadar (vi)	[na'ðar]
negar-se a ... (vr)	negarse (vr)	[ne'garse]
objetar (vt)	objetar (vt)	[oβχe'tar]

observar (vt)	observar (vt)	[oβser'βar]
ordenar (mil.)	ordenar (vt)	[orðe'nar]
ouvir (vt)	oír (vt)	[o'ir]
pagar (vt)	pagar (vi, vt)	[pa'gar]
parar (vi)	pararse (vr)	[pa'rarse]

parar, cessar (vt)	cesar (vt)	[θe'sar]
participar (vi)	participar (vi)	[partiθi'par]
pedir (comida, etc.)	pedir (vt)	[pe'ðir]
pedir (um favor, etc.)	pedir (vt)	[pe'ðir]
pegar (tomar)	tomar (vt)	[to'mar]

pegar (uma bola)	coger (vt)	[ko'χer]
pensar (vi, vt)	pensar (vi, vt)	[pen'sar]
perceber (ver)	percibir (vt)	[perθi'βir]
perdoar (vt)	perdonar (vt)	[perðo'nar]
perguntar (vt)	preguntar (vt)	[pregun'tar]

permitir (vt)	permitir (vt)	[permi'tir]
pertencer a ... (vi)	pertenecer a ...	[pertene'θer a]
planejar (vt)	planear (vt)	[plʲane'ar]
poder (~ fazer algo)	poder (v aux)	[po'ðer]
possuir (uma casa, etc.)	poseer (vt)	[pose'er]

preferir (vt)	**preferir** (vt)	[prefe'rir]
preparar (vt)	**preparar** (vt)	[prepa'rar]
prever (vt)	**prever** (vt)	[pre'βer]
prometer (vt)	**prometer** (vt)	[prome'ter]
pronunciar (vt)	**pronunciar** (vt)	[pronun'θjar]
propor (vt)	**proponer** (vt)	[propo'ner]
punir (castigar)	**punir, castigar** (vt)	[pu'nir], [kasti'gar]
quebrar (vt)	**quebrar** (vt)	[ke'βrar]
queixar-se de ...	**quejarse** (vr)	[ke'xarse]
querer (desejar)	**querer** (vt)	[ke'rer]

13. Os verbos mais importantes. Parte 4

ralhar, repreender (vt)	**regañar, reprender** (vt)	[rega'njar], [repren'der]
recomendar (vt)	**recomendar** (vt)	[rekomen'dar]
repetir (dizer outra vez)	**repetir** (vt)	[repe'tir]
reservar (~ um quarto)	**reservar** (vt)	[reser'βar]
responder (vt)	**responder** (vi, vt)	[respon'der]
rezar, orar (vi)	**orar** (vi)	[o'rar]
rir (vi)	**reírse** (vr)	[re'irse]
roubar (vt)	**robar** (vt)	[ro'βar]
saber (vt)	**saber** (vt)	[sa'βer]
sair (~ de casa)	**salir** (vi)	[sa'lir]
salvar (resgatar)	**salvar** (vt)	[salˈ'βar]
seguir (~ alguém)	**seguir** ...	[se'gir]
sentar-se (vr)	**sentarse** (vr)	[sen'tarse]
ser (vi)	**ser** (vi)	[ser]
ser necessário	**ser necesario**	[ser neθe'sario]
ser, estar	**ser, estar** (vi)	[ser], [es'tar]
significar (vt)	**significar** (vt)	[siɣnifi'kar]
sorrir (vi)	**sonreír** (vi)	[sonre'ir]
subestimar (vt)	**subestimar** (vt)	[suβesti'mar]
surpreender-se (vr)	**sorprenderse** (vr)	[sorpren'derse]
tentar (~ fazer)	**probar, tentar** (vt)	[pro'βar], [ten'tar]
ter (vt)	**tener** (vt)	[te'ner]
ter fome	**tener hambre**	[te'ner 'ambre]
ter medo	**tener miedo**	[te'ner 'mjeðo]
ter sede	**tener sed**	[te'ner 'seð]
tocar (com as mãos)	**tocar** (vt)	[to'kar]
tomar café da manhã	**desayunar** (vi)	[desaju'nar]
trabalhar (vi)	**trabajar** (vi)	[traβa'xar]
traduzir (vt)	**traducir** (vt)	[traðu'θir]
unir (vt)	**unir** (vt)	[u'nir]
vender (vt)	**vender** (vt)	[ben'der]
ver (vt)	**ver** (vt)	[ber]
virar (~ para a direita)	**girar** (vi)	[xi'rar]
voar (vi)	**volar** (vi)	[bo'lʲar]

14. Cores

cor (f)	color (m)	[ko'lʲor]
tom (m)	matiz (m)	[ma'tiθ]
tonalidade (m)	tono (m)	['tono]
arco-íris (m)	arco (m) iris	['arko 'iris]

branco (adj)	blanco (adj)	['blʲaŋko]
preto (adj)	negro (adj)	['neɣro]
cinza (adj)	gris (adj)	['gris]

verde (adj)	verde (adj)	['berðe]
amarelo (adj)	amarillo (adj)	[ama'rijo]
vermelho (adj)	rojo (adj)	['roχo]

azul (adj)	azul (adj)	[a'θulʲ]
azul claro (adj)	azul claro (adj)	[a'θulʲ 'klʲaro]
rosa (adj)	rosa (adj)	['rosa]
laranja (adj)	naranja (adj)	[na'ranχa]
violeta (adj)	violeta (adj)	[bio'leta]
marrom (adj)	marrón (adj)	[ma'ron]

dourado (adj)	dorado (adj)	[do'raðo]
prateado (adj)	argentado (adj)	[arχen'taðo]

bege (adj)	beige (adj)	['bejʒ]
creme (adj)	crema (adj)	['krema]
turquesa (adj)	turquesa (adj)	[tur'kesa]
vermelho cereja (adj)	rojo cereza (adj)	['roχo θe'reθa]
lilás (adj)	lila (adj)	['lilʲa]
carmim (adj)	carmesí (adj)	[karme'si]

claro (adj)	claro (adj)	['klʲaro]
escuro (adj)	oscuro (adj)	[os'kuro]
vivo (adj)	vivo (adj)	['biβo]

de cor	de color (adj)	[de ko'lʲor]
a cores	en colores (adj)	[en ko'lʲores]
preto e branco (adj)	blanco y negro (adj)	['blʲaŋko i 'neɣro]
unicolor (de uma só cor)	unicolor (adj)	[uniko'lʲor]
multicolor (adj)	multicolor (adj)	[mulʲtiko'lʲor]

15. Questões

Quem?	¿Quién?	['kjen]
O que?	¿Qué?	[ke]
Onde?	¿Dónde?	['donde]
Para onde?	¿Adónde?	[a'ðonde]
De onde?	¿De dónde?	[de 'donde]
Quando?	¿Cuándo?	[ku'ando]
Para quê?	¿Para qué?	[para 'ke]
Por quê?	¿Por qué?	[por 'ke]
Para quê?	¿Por qué razón?	[por ke ra'θon]

Como?	¿Cómo?	['komo]
Qual (~ é o problema?)	¿Qué?	[ke]
Qual (~ deles?)	¿Cuál?	[ku'alʲ]

A quem?	¿A quién?	[a 'kjen]
De quem?	¿De quién?	[de 'kjen]
Do quê?	¿De qué?	[de 'ke]
Com quem?	¿Con quién?	[kon 'kjen]

| Quanto, -os, -as? | ¿Cuánto? | [ku'anto] |
| De quem? (masc.) | ¿De quién? | [de 'kjen] |

16. Preposições

com (prep.)	con ...	[kon]
sem (prep.)	sin	[sin]
a, para (exprime lugar)	a ...	[a]
sobre (ex. falar ~)	de ..., sobre ...	[de], ['soβre]
antes de ...	antes de ...	['antes de]
em frente de ...	delante de ...	[de'lʲante de]

debaixo de ...	debajo	[de'βaxo]
sobre (em cima de)	sobre ..., encima de ...	['soβre], [en'θima de]
em ..., sobre ...	en ..., sobre ...	[en], ['soβre]
de, do (sou ~ Rio de Janeiro)	de ...	[de]
de (feito ~ pedra)	de ...	[de]

| em (~ 3 dias) | dentro de ... | ['dentro de] |
| por cima de ... | encima de ... | [en'θima de] |

17. Palavras funcionais. Advérbios. Parte 1

Onde?	¿Dónde?	['donde]
aqui	aquí (adv)	[a'ki]
lá, ali	allí (adv)	[a'ji]

| em algum lugar | en alguna parte | [en alʲ'guna 'parte] |
| em lugar nenhum | en ninguna parte | [en nin'guna 'parte] |

| perto de ... | junto a ... | ['xunto a] |
| perto da janela | junto a la ventana | ['xunto a lʲa ben'tana] |

Para onde?	¿Adónde?	[a'ðonde]
aqui	aquí (adv)	[a'ki]
para lá	allí (adv)	[a'ji]
daqui	de aquí (adv)	[de a'ki]
de lá, dali	de allí (adv)	[de a'ji]

perto	cerca	['θerka]
longe	lejos (adv)	['lexos]
perto de ...	cerca de ...	['θerka de]
à mão, perto	al lado de ...	[alʲ 'lʲaðo de]

não fica longe	no lejos (adv)	[no 'leχos]
esquerdo (adj)	izquierdo (adj)	[iθ'kjerðo]
à esquerda	a la izquierda	[a lʲa iθ'kjerða]
para a esquerda	a la izquierda	[a lʲa iθ'kjerða]
direito (adj)	derecho (adj)	[de'reʧo]
à direita	a la derecha	[a lʲa de'reʧa]
para a direita	a la derecha	[a lʲa de'reʧa]
em frente	delante	[de'lʲante]
da frente	delantero (adj)	[delʲan'tero]
adiante (para a frente)	adelante	[aðe'lʲante]
atrás de ...	detrás de ...	[de'tras de]
de trás	desde atrás	['desðe a'tras]
para trás	atrás	[a'tras]
meio (m), metade (f)	centro (m), medio (m)	['θentro], ['meðio]
no meio	en medio (adv)	[en 'meðio]
do lado	de lado (adv)	[de 'lʲaðo]
em todo lugar	en todas partes	[en 'toðas 'partes]
por todos os lados	alrededor (adv)	[alʲreðe'ðor]
de dentro	de dentro (adv)	[de 'dentro]
para algum lugar	a alguna parte	[a alʲ'guna 'parte]
diretamente	todo derecho (adv)	['toðo de'reʧo]
de volta	atrás	[a'tras]
de algum lugar	de alguna parte	[de alʲ'guna 'parte]
de algum lugar	de alguna parte	[de alʲ'guna 'parte]
em primeiro lugar	primero (adv)	[pri'mero]
em segundo lugar	segundo (adv)	[se'gundo]
em terceiro lugar	tercero (adv)	[ter'θero]
de repente	de súbito (adv)	[de 'suβito]
no início	al principio (adv)	[alʲ prin'θipio]
pela primeira vez	por primera vez	[por pri'mera beθ]
muito antes de ...	mucho tiempo antes ...	['muʧo 'tjempo 'antes]
de novo	de nuevo (adv)	[de nu'eβo]
para sempre	para siempre (adv)	['para 'sjempre]
nunca	nunca (adv)	['nuŋka]
de novo	de nuevo (adv)	[de nu'eβo]
agora	ahora (adv)	[a'ora]
frequentemente	frecuentemente (adv)	[frekuente'mente]
então	entonces (adv)	[en'tonθes]
urgentemente	urgentemente	[urχente'mente]
normalmente	usualmente (adv)	[usualʲ'mente]
a propósito, ...	a propósito, ...	[a pro'posito]
é possível	es probable	[es pro'βaβle]
provavelmente	probablemente	[proβaβle'mente]
talvez	tal vez	[talʲ beθ]
além disso, ...	además ...	[aðe'mas]

por isso ...	por eso ...	[por 'eso]
apesar de ...	a pesar de ...	[a pe'sar de]
graças a ...	gracias a ...	['graθias a]

que (pron.)	qué	[ke]
que (conj.)	que	[ke]
algo	algo	['alˈgo]
alguma coisa	algo	['alˈgo]
nada	nada (f)	['naða]

quem	quien	[kjen]
alguém (~ que ...)	alguien	['alˈgjen]
alguém (com ~)	alguien	['alˈgjen]

ninguém	nadie	['naðje]
para lugar nenhum	a ninguna parte	[a nin'guna 'parte]
de ninguém	de nadie	[de 'naðje]
de alguém	de alguien	[de 'alˈgjen]

tão	tan, tanto (adv)	[tan], ['tanto]
também (gostaria ~ de ...)	también	[tam'bjen]
também (~ eu)	también	[tam'bjen]

18. Palavras funcionais. Advérbios. Parte 2

Por quê?	¿Por qué?	[por 'ke]
por alguma razão	por alguna razón	[por alˈ'guna ra'θon]
porque ...	porque ...	['porke]
por qualquer razão	por cualquier razón (adv)	[por kualˈ'kjer ra'θon]

e (tu ~ eu)	y	[i]
ou (ser ~ não ser)	o	[o]
mas (porém)	pero	['pero]
para (~ a minha mãe)	para	['para]

muito, demais	demasiado (adv)	[dema'sjaðo]
só, somente	sólo, solamente (adv)	['solˈo], [solˈa'mente]
exatamente	exactamente (adv)	[eksakta'mente]
cerca de (~ 10 kg)	cerca de ...	['θerka de]

aproximadamente	aproximadamente	[aproksimaða'mente]
aproximado (adj)	aproximado (adj)	[aproksi'maðo]
quase	casi (adv)	['kasi]
resto (m)	resto (m)	['resto]

o outro (segundo)	el otro (adj)	[elˈ 'otro]
outro (adj)	otro (adj)	['otro]
cada (adj)	cada (adj)	['kaða]
qualquer (adj)	cualquier (adj)	[kualˈ'kjer]
muito, muitos, muitas	mucho (adv)	['muʧo]
muitas pessoas	mucha gente	['muʧa 'xente]
todos	todos	['toðos]
em troca de ...	a cambio de ...	[a 'kambjo de]
em troca	en cambio (adv)	[en 'kambio]

à mão	a mano	[a 'mano]
pouco provável	poco probable	['poko pro'βaβle]
provavelmente	probablemente	[proβaβle'mente]
de propósito	a propósito (adv)	[a pro'posito]
por acidente	por accidente (adv)	[por akθi'ðente]
muito	muy (adv)	['muj]
por exemplo	por ejemplo (adv)	[por e'xemplʲo]
entre	entre	['entre]
entre (no meio de)	entre	['entre]
tanto	tanto	['tanto]
especialmente	especialmente (adv)	[espeθjalʲ'mente]

Conceitos básicos. Parte 2

19. Opostos

rico (adj)	rico (adj)	['riko]
pobre (adj)	pobre (adj)	['poβre]
doente (adj)	enfermo (adj)	[eɱ'fermo]
bem (adj)	sano (adj)	['sano]
grande (adj)	grande (adj)	['grande]
pequeno (adj)	pequeño (adj)	[pe'kenjo]
rapidamente	rápidamente (adv)	['rapiða'mente]
lentamente	lentamente (adv)	[lenta'mente]
rápido (adj)	rápido (adj)	['rapiðo]
lento (adj)	lento (adj)	['lento]
alegre (adj)	alegre (adj)	[a'leɣre]
triste (adj)	triste (adj)	['triste]
juntos (ir ~)	juntos (adv)	['χuntos]
separadamente	separadamente	[separaða'mente]
em voz alta (ler ~)	en voz alta	[en 'boθ 'alʲta]
para si (em silêncio)	en silencio	[en si'lenθio]
alto (adj)	alto (adj)	['alʲto]
baixo (adj)	bajo (adj)	['baχo]
profundo (adj)	profundo (adj)	[pro'fundo]
raso (adj)	poco profundo (adj)	['poko pro'fundo]
sim	sí	[si]
não	no	[no]
distante (adj)	lejano, distante (adj)	[le'χano], [dis'tante]
próximo (adj)	próximo, cercano (adj)	['proksimo], [θer'kano]
longe	lejos (adv)	['leχos]
à mão, perto	cerco (adv)	['θerko]
longo (adj)	largo (adj)	['lʲargo]
curto (adj)	corto (adj)	['korto]
bom (bondoso)	bueno, bondadoso (adj)	[bu'eno], [bonda'ðoso]
mal (adj)	malo, malvado (adj)	['malʲo], [malʲ'βaðo]

casado (adj)	casado (adj)	[ka'saðo]
solteiro (adj)	soltero (adj)	[sol'tero]
proibir (vt)	prohibir (vt)	[proi'βir]
permitir (vt)	permitir (vt)	[permi'tir]
fim (m)	fin (m)	[fin]
início (m)	principio, comienzo (m)	[prin'θipio], [ko'mjenθo]
esquerdo (adj)	izquierdo (adj)	[iθ'kjerðo]
direito (adj)	derecho (adj)	[de'retʃo]
primeiro (adj)	primero (adj)	[pri'mero]
último (adj)	último (adj)	['ulʲtimo]
crime (m)	crimen (m)	['krimen]
castigo (m)	castigo (m)	[kas'tigo]
ordenar (vt)	ordenar (vt)	[orðe'nar]
obedecer (vt)	obedecer (vi, vt)	[oβeðe'θer]
reto (adj)	recto (adj)	['rekto]
curvo (adj)	curvo (adj)	['kurβo]
paraíso (m)	paraíso (m)	[para'iso]
inferno (m)	infierno (m)	[iɱ'fjerno]
nascer (vi)	nacer (vi)	[na'θer]
morrer (vi)	morir (vi)	[mo'rir]
forte (adj)	fuerte (adj)	[fu'erte]
fraco, débil (adj)	débil (adj)	['deβilʲ]
velho, idoso (adj)	viejo (adj)	['bjeχo]
jovem (adj)	joven (adj)	['χoβen]
velho (adj)	viejo (adj)	['bjeχo]
novo (adj)	nuevo (adj)	[nu'eβo]
duro (adj)	duro (adj)	['duro]
macio (adj)	blando (adj)	['blʲando]
quente (adj)	tibio (adj)	['tiβio]
frio (adj)	frío (adj)	['frio]
gordo (adj)	gordo (adj)	['gorðo]
magro (adj)	delgado (adj)	[delʲ'gado]
estreito (adj)	estrecho (adj)	[es'tretʃo]
largo (adj)	ancho (adj)	['antʃo]
bom (adj)	bueno (adj)	[bu'eno]
mau (adj)	malo (adj)	['malʲo]
valente, corajoso (adj)	valiente (adj)	[ba'ljente]
covarde (adj)	cobarde (adj)	[ko'βarðe]

20. Dias da semana

segunda-feira (f)	lunes (m)	['lunes]
terça-feira (f)	martes (m)	['martes]
quarta-feira (f)	miércoles (m)	['mjerkoles]
quinta-feira (f)	jueves (m)	[χu'eβes]
sexta-feira (f)	viernes (m)	['bjernes]
sábado (m)	sábado (m)	['saβaðo]
domingo (m)	domingo (m)	[do'mingo]
hoje	hoy (adv)	[oj]
amanhã	mañana (adv)	[ma'njana]
depois de amanhã	pasado mañana	[pa'saðo ma'njana]
ontem	ayer (adv)	[a'jer]
anteontem	anteayer (adv)	[ante·a'jer]
dia (m)	día (m)	['dia]
dia (m) de trabalho	día (m) de trabajo	['dia de tra'βaχo]
feriado (m)	día (m) de fiesta	['dia de 'fjesta]
dia (m) de folga	día (m) de descanso	['dia de des'kanso]
fim (m) de semana	fin (m) de semana	['fin de se'mana]
o dia todo	todo el día	['toðo el 'dia]
no dia seguinte	al día siguiente	[al 'dia si'gjente]
há dois dias	dos días atrás	[dos 'dias a'tras]
na véspera	en vísperas (adv)	[en 'bisperas]
diário (adj)	diario (adj)	['djario]
todos os dias	cada día (adv)	['kaða 'dia]
semana (f)	semana (f)	[se'mana]
na semana passada	semana (f) pasada	[se'mana pa'saða]
semana que vem	semana (f) que viene	[se'mana ke 'bjene]
semanal (adj)	semanal (adj)	[sema'nal]
toda semana	cada semana (adv)	['kaða se'mana]
duas vezes por semana	dos veces por semana	[dos 'beθes por se'mana]
toda terça-feira	todos los martes	['toðos los 'martes]

21. Horas. Dia e noite

manhã (f)	mañana (f)	[ma'njana]
de manhã	por la mañana	[por la ma'njana]
meio-dia (m)	mediodía (m)	['meðjo'ðia]
à tarde	por la tarde	[por la 'tarðe]
tardinha (f)	noche (f)	['notʃe]
à tardinha	por la noche	[por la 'notʃe]
noite (f)	noche (f)	['notʃe]
à noite	por la noche	[por la 'notʃe]
meia-noite (f)	medianoche (f)	['meðia'notʃe]
segundo (m)	segundo (m)	[se'gundo]
minuto (m)	minuto (m)	[mi'nuto]
hora (f)	hora (f)	['ora]

meia hora (f)	media hora (f)	['meðia 'ora]
quarto (m) de hora	cuarto (m) de hora	[ku'arto de 'ora]
quinze minutos	quince minutos	['kinθe mi'nutos]
vinte e quatro horas	veinticuatro horas	['bejti·ku'atro 'oras]

nascer (m) do sol	salida (f) del sol	[sa'liða delʲ 'solʲ]
amanhecer (m)	amanecer (m)	[amane'θer]
madrugada (f)	madrugada (f)	[maðru'gaða]
pôr-do-sol (m)	puesta (f) del sol	[pu'esta delʲ 'solʲ]

de madrugada	de madrugada	[de maðru'gaða]
esta manhã	esta mañana	['esta ma'njana]
amanhã de manhã	mañana por la mañana	[ma'njana por lʲa ma'njana]

esta tarde	esta tarde	['esta 'tarðe]
à tarde	por la tarde	[por lʲa 'tarðe]
amanhã à tarde	mañana por la tarde	[ma'njana por lʲa 'tarðe]

| esta noite, hoje à noite | esta noche | ['esta 'notʃe] |
| amanhã à noite | mañana por la noche | [ma'njana por lʲa 'notʃe] |

às três horas em ponto	a las tres en punto	[a lʲas 'tres en 'punto]
por volta das quatro	a eso de las cuatro	[a 'eso de lʲas ku'atro]
às doze	para las doce	['para lʲas 'doθe]

em vinte minutos	dentro de veinte minutos	['dentro de 'bejnte mi'nutos]
em uma hora	dentro de una hora	['dentro de 'una 'ora]
a tempo	a tiempo (adv)	[a 'tjempo]

... um quarto para	... menos cuarto	['menos ku'arto]
dentro de uma hora	durante una hora	[du'rante 'una 'ora]
a cada quinze minutos	cada quince minutos	['kaða 'kinθe mi'nutos]
as vinte e quatro horas	día y noche	['dia i 'notʃe]

22. Meses. Estações

janeiro (m)	enero (m)	[e'nero]
fevereiro (m)	febrero (m)	[fe'βrero]
março (m)	marzo (m)	['marθo]
abril (m)	abril (m)	[a'βrilʲ]
maio (m)	mayo (m)	['majo]
junho (m)	junio (m)	['xunio]

julho (m)	julio (m)	['xulio]
agosto (m)	agosto (m)	[a'gosto]
setembro (m)	septiembre (m)	[sep'tjembre]
outubro (m)	octubre (m)	[ok'tuβre]
novembro (m)	noviembre (m)	[no'βjembre]
dezembro (m)	diciembre (m)	[di'θjembre]

primavera (f)	primavera (f)	[prima'βera]
na primavera	en primavera	[en prima'βera]
primaveril (adj)	de primavera (adj)	[de prima'βera]
verão (m)	verano (m)	[be'rano]

no verão	en verano	[em be'rano]
de verão	de verano (adj)	[de be'rano]

outono (m)	otoño (m)	[o'toɲo]
no outono	en otoño	[en o'toɲo]
outonal (adj)	de otoño (adj)	[de o'toɲo]

inverno (m)	invierno (m)	[im'bjerno]
no inverno	en invierno	[en im'bjerno]
de inverno	de invierno (adj)	[de im'bjerno]
mês (m)	mes (m)	[mes]
este mês	este mes	['este 'mes]
mês que vem	al mes siguiente	[alʲ 'mes si'gjente]
no mês passado	el mes pasado	[elʲ 'mes pa'saðo]

um mês atrás	hace un mes	['aθe un 'mes]
em um mês	dentro de un mes	['dentro de un mes]
em dois meses	dentro de dos meses	['dentro de dos 'meses]
todo o mês	todo el mes	['toðo elʲ 'mes]
um mês inteiro	todo un mes	['toðo un 'mes]

mensal (adj)	mensual (adj)	[mensu'alʲ]
mensalmente	mensualmente (adv)	[mensualʲ'mente]
todo mês	cada mes	['kaða 'mes]
duas vezes por mês	dos veces por mes	[dos 'beθes por 'mes]

ano (m)	año (m)	['anjo]
este ano	este año	['este 'anjo]
ano que vem	el próximo año	[elʲ 'proksimo 'anjo]
no ano passado	el año pasado	[elʲ 'anjo pa'saðo]
há um ano	hace un año	['aθe un 'anjo]
em um ano	dentro de un año	['dentro de un 'anjo]
dentro de dois anos	dentro de dos años	['dentro de dos 'anjos]
todo o ano	todo el año	['toðo elʲ 'anjo]
um ano inteiro	todo un año	['toðo un 'anjo]

cada ano	cada año	['kaða 'anjo]
anual (adj)	anual (adj)	[anu'alʲ]
anualmente	anualmente (adv)	[anualʲ'mente]
quatro vezes por ano	cuatro veces por año	[ku'atro 'beθes por 'anjo]

data (~ de hoje)	fecha (f)	['fetʃa]
data (ex. ~ de nascimento)	fecha (f)	['fetʃa]
calendário (m)	calendario (m)	[kalen'dario]

meio ano	medio año (m)	['meðjo 'anjo]
seis meses	seis meses	['sejs 'meses]
estação (f)	estación (f)	[esta'θjon]
século (m)	siglo (m)	['siɣlʲo]

23. Tempo. Diversos

tempo (m)	tiempo (m)	['tjempo]
momento (m)	momento (m)	[mo'mento]

instante (m)	instante (m)	[ins'tante]
instantâneo (adj)	instantáneo (adj)	[instan'taneo]
lapso (m) de tempo	lapso (m) de tiempo	['lʲapso de 'tjempo]
vida (f)	vida (f)	['biða]
eternidade (f)	eternidad (f)	[eterni'ðað]

época (f)	época (f)	['epoka]
era (f)	era (f)	['era]
ciclo (m)	ciclo (m)	['θiklʲo]
período (m)	periodo (m)	[pe'rjoðo]
prazo (m)	plazo (m)	['plʲaθo]

futuro (m)	futuro (m)	[fu'turo]
futuro (adj)	futuro (adj)	[fu'turo]
da próxima vez	la próxima vez	[lʲa 'proksima 'beθ]
passado (m)	pasado (m)	[pa'saðo]
passado (adj)	pasado (adj)	[pa'saðo]
na última vez	la última vez	[lʲa 'ulʲtima 'beθ]
mais tarde	más tarde (adv)	[mas 'tarðe]
depois de ...	después	[despu'es]
atualmente	actualmente (adv)	[aktualʲ'mente]
agora	ahora (adv)	[a'ora]
imediatamente	inmediatamente	[immeðjata'mente]
em breve	pronto (adv)	['pronto]
de antemão	de antemano (adv)	[de ante'mano]

há muito tempo	hace mucho tiempo	['aθe 'mutʃo 'tjempo]
recentemente	hace poco (adv)	['aθe 'poko]
destino (m)	destino (m)	[des'tino]
recordações (f pl)	recuerdos (m pl)	[reku'erðos]
arquivo (m)	archivo (m)	[ar'tʃiβo]
durante ...	durante ...	[du'rante]
durante muito tempo	mucho tiempo (adv)	['mutʃo 'tjempo]
pouco tempo	poco tiempo (adv)	['poko 'tjempo]
cedo (levantar-se ~)	temprano (adv)	[tem'prano]
tarde (deitar-se ~)	tarde (adv)	['tarðe]

para sempre	para siempre (adv)	['para 'sjempre]
começar (vt)	comenzar (vt)	[komen'θar]
adiar (vt)	aplazar (vt)	[aplʲa'θar]

ao mesmo tempo	simultáneamente	[simulʲ'tanea'mente]
permanentemente	permanentemente	[permanenta'mente]
constante (~ ruído, etc.)	constante (adj)	[kons'tante]
temporário (adj)	temporal (adj)	[tempo'ralʲ]

às vezes	a veces (adv)	[a 'beθes]
raras vezes, raramente	raras veces, raramente (adv)	['raras 'beθes], [rara'mente]
frequentemente	frecuentemente (adv)	[frekuente'mente]

24. Linhas e formas

quadrado (m)	cuadrado (m)	[kua'ðraðo]
quadrado (adj)	cuadrado (adj)	[kua'ðraðo]

círculo (m)	círculo (m)	['θirkuʎo]
redondo (adj)	redondo (adj)	[re'ðondo]
triângulo (m)	triángulo (m)	[tri'anguʎo]
triangular (adj)	triangular (adj)	[triangu'ʎar]
oval (f)	óvalo (m)	['oβaʎo]
oval (adj)	oval (adj)	[o'βaʎ]
retângulo (m)	rectángulo (m)	[rek'tanguʎo]
retangular (adj)	rectangular (adj)	[rektangu'ʎar]
pirâmide (f)	pirámide (f)	[pi'ramiðe]
losango (m)	rombo (m)	['rombo]
trapézio (m)	trapecio (m)	[tra'peθio]
cubo (m)	cubo (m)	['kuβo]
prisma (m)	prisma (m)	['prisma]
circunferência (f)	circunferencia (f)	[θirkuɱfe'renθia]
esfera (f)	esfera (f)	[es'fera]
globo (m)	globo (m)	['gʎoβo]
diâmetro (m)	diámetro (m)	[di'ametro]
raio (m)	radio (m)	['raðio]
perímetro (m)	perímetro (m)	[pe'rimetro]
centro (m)	centro (m)	['θentro]
horizontal (adj)	horizontal (adj)	[oriθon'taʎ]
vertical (adj)	vertical (adj)	[berti'kaʎ]
paralela (f)	paralela (f)	[para'ʎeʎa]
paralelo (adj)	paralelo (adj)	[para'ʎeʎo]
linha (f)	línea (f)	['linea]
traço (m)	trazo (m)	['traθo]
reta (f)	recta (f)	['rekta]
curva (f)	curva (f)	['kurβa]
fino (linha ~a)	fino (adj)	['fino]
contorno (m)	contorno (m)	[kon'torno]
interseção (f)	intersección (f)	[intersek'θjon]
ângulo (m) reto	ángulo (m) recto	['anguʎo 'rekto]
segmento (m)	segmento (m)	[seɣ'mento]
setor (m)	sector (m)	[sek'tor]
lado (de um triângulo, etc.)	lado (m)	['ʎaðo]
ângulo (m)	ángulo (m)	['anguʎo]

25. Unidades de medida

peso (m)	peso (m)	['peso]
comprimento (m)	longitud (f)	[ʎonxi'tuð]
largura (f)	anchura (f)	[an'ʧura]
altura (f)	altura (f)	[aʎ'tura]
profundidade (f)	profundidad (f)	[profundi'ðað]
volume (m)	volumen (m)	[bo'ʎumen]
área (f)	área (f)	['area]
grama (m)	gramo (m)	['gramo]
miligrama (m)	miligramo (m)	[mili'ɣramo]

quilograma (m)	kilogramo (m)	[kiʎo'ɣramo]
tonelada (f)	tonelada (f)	[tone'ʎaða]
libra (453,6 gramas)	libra (f)	['liβra]
onça (f)	onza (f)	['onθa]

metro (m)	metro (m)	['metro]
milímetro (m)	milímetro (m)	[mi'limetro]
centímetro (m)	centímetro (m)	[θen'timetro]
quilômetro (m)	kilómetro (m)	[ki'ʎometro]
milha (f)	milla (f)	['mija]

polegada (f)	pulgada (f)	[pul'ɣaða]
pé (304,74 mm)	pie (m)	[pje]
jarda (914,383 mm)	yarda (f)	['jarða]

| metro (m) quadrado | metro (m) cuadrado | ['metro kua'ðraðo] |
| hectare (m) | hectárea (f) | [ek'tarea] |

litro (m)	litro (m)	['litro]
grau (m)	grado (m)	['graðo]
volt (m)	voltio (m)	['boʎtio]
ampère (m)	amperio (m)	[am'perio]
cavalo (m) de potência	caballo (m) de fuerza	[ka'βajo de fu'erθa]

quantidade (f)	cantidad (f)	[kanti'ðað]
um pouco de ...	un poco de ...	[un 'poko de]
metade (f)	mitad (f)	[mi'tað]
dúzia (f)	docena (f)	[do'θena]
peça (f)	pieza (f)	['pjeθa]

| tamanho (m), dimensão (f) | dimensión (f) | [dimen'sjon] |
| escala (f) | escala (f) | [es'kaʎa] |

mínimo (adj)	mínimo (adj)	['minimo]
menor, mais pequeno	el más pequeño (adj)	[eʎ mas pe'kenjo]
médio (adj)	medio (adj)	['meðio]
máximo (adj)	máximo (adj)	['maksimo]
maior, mais grande	el más grande (adj)	[eʎ 'mas 'grande]

26. Recipientes

pote (m) de vidro	tarro (m) de vidrio	['taro de 'biðrio]
lata (~ de cerveja)	lata (f)	['ʎata]
balde (m)	cubo (m)	['kuβo]
barril (m)	barril (m)	[ba'riʎ]

bacia (~ de plástico)	palangana (f)	[paʎan'gana]
tanque (m)	tanque (m)	['taŋke]
cantil (m) de bolso	petaca (f)	[pe'taka]
galão (m) de gasolina	bidón (m) de gasolina	[bi'ðon de gaso'lina]
cisterna (f)	cisterna (f)	[θis'terna]

| caneca (f) | taza (f) | ['taθa] |
| xícara (f) | taza (f) | ['taθa] |

pires (m)	platillo (m)	[pʎa'tijo]
copo (m)	vaso (m)	['baso]
taça (f) de vinho	copa (f) de vino	['kopa de 'bino]
panela (f)	olla (f)	['oja]

| garrafa (f) | botella (f) | [bo'teja] |
| gargalo (m) | cuello (m) de botella | [ku'ejo de bo'teja] |

jarra (f)	garrafa (f)	[ga'rafa]
jarro (m)	jarro (m)	['xaro]
recipiente (m)	recipiente (m)	[reθi'pjente]
pote (m)	tarro (m)	['taro]
vaso (m)	florero (m)	[flʎo'rero]

frasco (~ de perfume)	frasco (m)	['frasko]
frasquinho (m)	frasquito (m)	[fras'kito]
tubo (m)	tubo (m)	['tuβo]

saco (ex. ~ de açúcar)	saco (m)	['sako]
sacola (~ plastica)	bolsa (f)	['bolʎsa]
maço (de cigarros, etc.)	paquete (m)	[pa'kete]

caixa (~ de sapatos, etc.)	caja (f)	['kaxa]
caixote (~ de madeira)	cajón (m)	[ka'xon]
cesto (m)	cesta (f)	['θesta]

27. Materiais

material (m)	material (m)	[mate'rjalʎ]
madeira (f)	madera (f)	[ma'ðera]
de madeira	de madera (adj)	[de ma'ðera]

| vidro (m) | vidrio (m) | ['biðrio] |
| de vidro | de vidrio (adj) | [de 'biðrio] |

| pedra (f) | piedra (f) | ['pjeðra] |
| de pedra | de piedra (adj) | [de 'pjeðra] |

| plástico (m) | plástico (m) | ['plʎastiko] |
| plástico (adj) | de plástico (adj) | [de 'plʎastiko] |

| borracha (f) | goma (f) | ['goma] |
| de borracha | de goma (adj) | [de 'goma] |

| tecido, pano (m) | tela (f) | ['telʎa] |
| de tecido | de tela (adj) | [de 'telʎa] |

| papel (m) | papel (m) | [pa'pelʎ] |
| de papel | de papel (adj) | [de pa'pelʎ] |

papelão (m)	cartón (m)	[kar'ton]
de papelão	de cartón (adj)	[de kar'ton]
polietileno (m)	polietileno (m)	[polieti'leno]
celofane (m)	celofán (m)	[θelʎo'fan]

linóleo (m)	linóleo (m)	[li'noleo]
madeira (f) compensada	contrachapado (m)	[kontratʃa'paðo]
porcelana (f)	porcelana (f)	[porθe'lʲana]
de porcelana	de porcelana (adj)	[de porθe'lʲana]
argila (f), barro (m)	arcilla (f), barro (m)	[ar'θija], ['baro]
de barro	de barro (adj)	[de 'baro]
cerâmica (f)	cerámica (f)	[θe'ramika]
de cerâmica	de cerámica (adj)	[de θe'ramika]

28. Metais

metal (m)	metal (m)	[me'talʲ]
metálico (adj)	metálico (adj)	[me'taliko]
liga (f)	aleación (f)	[alea'θjon]
ouro (m)	oro (m)	['oro]
de ouro	de oro (adj)	[de 'oro]
prata (f)	plata (f)	['plʲata]
de prata	de plata (adj)	[de 'plʲata]
ferro (m)	hierro (m)	['jero]
de ferro	de hierro (adj)	[de 'jero]
aço (m)	acero (m)	[a'θero]
de aço (adj)	de acero (adj)	[de a'θero]
cobre (m)	cobre (m)	['koβre]
de cobre	de cobre (adj)	[de 'koβre]
alumínio (m)	aluminio (m)	[alʲu'minio]
de alumínio	de aluminio (adj)	[de alʲu'minio]
bronze (m)	bronce (m)	['bronθe]
de bronze	de bronce (adj)	[de 'bronθe]
latão (m)	latón (m)	[lʲa'ton]
níquel (m)	níquel (m)	['nikelʲ]
platina (f)	platino (m)	[plʲa'tino]
mercúrio (m)	mercurio (m)	[mer'kurio]
estanho (m)	estaño (m)	[es'tanjo]
chumbo (m)	plomo (m)	['plʲomo]
zinco (m)	zinc (m)	[θiŋk]

O SER HUMANO

O ser humano. O corpo

ser (m) humano	**ser** (m) **humano**	[ser u'mano]
homem (m)	**hombre** (m)	['ombre]
mulher (f)	**mujer** (f)	[mu'χer]
criança (f)	**niño** (m), **niña** (f)	['ninjo], ['ninja]
menina (f)	**niña** (f)	['ninja]
menino (m)	**niño** (m)	['ninjo]
adolescente (m)	**adolescente** (m)	[aðole'θente]
velho (m)	**viejo, anciano** (m)	['bjeχo], [an'θjano]
velha (f)	**vieja, anciana** (f)	['bjeχa], [an'θjana]

organismo (m)	**organismo** (m)	[orga'nismo]
coração (m)	**corazón** (m)	[kora'θon]
sangue (m)	**sangre** (f)	['sangre]
artéria (f)	**arteria** (f)	[ar'teria]
veia (f)	**vena** (f)	['bena]
cérebro (m)	**cerebro** (m)	[θe'reβro]
nervo (m)	**nervio** (m)	['nerβio]
nervos (m pl)	**nervios** (m pl)	['nerβios]
vértebra (f)	**vértebra** (f)	['berteβra]
coluna (f) vertebral	**columna** (f) **vertebral**	[ko'lʲumna berte'βralʲ]
estômago (m)	**estómago** (m)	[es'tomago]
intestinos (m pl)	**intestinos** (m pl)	[intes'tinos]
intestino (m)	**intestino** (m)	[intes'tino]
fígado (m)	**hígado** (m)	['igaðo]
rim (m)	**riñón** (m)	[ri'njon]
osso (m)	**hueso** (m)	[u'eso]
esqueleto (m)	**esqueleto** (m)	[eske'leto]
costela (f)	**costilla** (f)	[kos'tija]
crânio (m)	**cráneo** (m)	['kraneo]
músculo (m)	**músculo** (m)	['muskulʲo]
bíceps (m)	**bíceps** (m)	['biθeps]
tríceps (m)	**tríceps** (m)	['triθeps]
tendão (m)	**tendón** (m)	[ten'don]
articulação (f)	**articulación** (f)	[artikulʲa'θjon]

pulmões (m pl)	pulmones (m pl)	[pulʲ'mones]
órgãos (m pl) genitais	genitales (m pl)	[χeni'tales]
pele (f)	piel (f)	[pjelʲ]

31. Cabeça

cabeça (f)	cabeza (f)	[ka'βeθa]
rosto, cara (f)	cara (f)	['kara]
nariz (m)	nariz (f)	[na'riθ]
boca (f)	boca (f)	['boka]

olho (m)	ojo (m)	['oχo]
olhos (m pl)	ojos (m pl)	['oχos]
pupila (f)	pupila (f)	[pu'pilʲa]
sobrancelha (f)	ceja (f)	['θeχa]
cílio (f)	pestaña (f)	[pes'tanja]
pálpebra (f)	párpado (m)	['parpaðo]

língua (f)	lengua (f)	['lengua]
dente (m)	diente (m)	['djente]
lábios (m pl)	labios (m pl)	['lʲaβjos]
maçãs (f pl) do rosto	pómulos (m pl)	['pomulʲos]
gengiva (f)	encía (f)	[en'θia]
palato (m)	paladar (m)	[palʲa'ðar]

narinas (f pl)	ventanas (f pl)	[ben'tanas]
queixo (m)	mentón (m)	[men'ton]
mandíbula (f)	mandíbula (f)	[man'diβulʲa]
bochecha (f)	mejilla (f)	[me'χija]

testa (f)	frente (f)	['frente]
têmpora (f)	sien (f)	[θjen]
orelha (f)	oreja (f)	[o'reχa]
costas (f pl) da cabeça	nuca (f)	['nuka]
pescoço (m)	cuello (m)	[ku'ejo]
garganta (f)	garganta (f)	[gar'ganta]

cabelo (m)	pelo, cabello (m)	['pelʲo], [ka'βejo]
penteado (m)	peinado (m)	[pej'naðo]
corte (m) de cabelo	corte (m) de pelo	['korte de 'pelʲo]
peruca (f)	peluca (f)	[pe'lʲuka]

bigode (m)	bigote (m)	[bi'gote]
barba (f)	barba (f)	['barβa]
ter (~ barba, etc.)	tener (vt)	[te'ner]
trança (f)	trenza (f)	['trenθa]
suíças (f pl)	patillas (f pl)	[pa'tijas]

ruivo (adj)	pelirrojo (adj)	[peli'roχo]
grisalho (adj)	gris, canoso (adj)	[gris], [ka'noso]
careca (adj)	calvo (adj)	['kalʲβo]
calva (f)	calva (f)	['kalʲβa]
rabo-de-cavalo (m)	cola (f) de caballo	['kolʲa de ka'βajo]
franja (f)	flequillo (m)	[fle'kijo]

32. Corpo humano

mão (f)	mano (f)	['mano]
braço (m)	brazo (m)	['braθo]
dedo (m)	dedo (m)	['deðo]
dedo (m) do pé	dedo (m) del pie	['deðo delʲ pje]
polegar (m)	dedo (m) pulgar	['deðo pulʲ'gar]
dedo (m) mindinho	dedo (m) meñique	['deðo me'njike]
unha (f)	uña (f)	['unja]
punho (m)	puño (m)	['punjo]
palma (f)	palma (f)	['palʲma]
pulso (m)	muñeca (f)	[mu'njeka]
antebraço (m)	antebrazo (m)	[ante·'βraθo]
cotovelo (m)	codo (m)	['koðo]
ombro (m)	hombro (m)	['ombro]
perna (f)	pierna (f)	['pjerna]
pé (m)	planta (f)	['plʲanta]
joelho (m)	rodilla (f)	[ro'ðija]
panturrilha (f)	pantorrilla (f)	[panto'rija]
quadril (m)	cadera (f)	[ka'ðera]
calcanhar (m)	talón (m)	[ta'lʲon]
corpo (m)	cuerpo (m)	[ku'erpo]
barriga (f), ventre (m)	vientre (m)	['bjentre]
peito (m)	pecho (m)	['petʃo]
seio (m)	seno (m)	['seno]
lado (m)	lado (m), costado (m)	['lʲaðo], [kos'taðo]
costas (dorso)	espalda (f)	[es'palʲda]
região (f) lombar	zona (f) lumbar	['θona lʲum'bar]
cintura (f)	cintura (f), talle (m)	[θin'tura], ['taje]
umbigo (m)	ombligo (m)	[om'bligo]
nádegas (f pl)	nalgas (f pl)	['nalʲgas]
traseiro (m)	trasero (m)	[tra'sero]
sinal (m), pinta (f)	lunar (m)	[lʲu'nar]
sinal (m) de nascença	marca (f) de nacimiento	['marka de naθi'mjento]
tatuagem (f)	tatuaje (m)	[tatu'aχe]
cicatriz (f)	cicatriz (f)	[sika'triθ]

Vestuário & Acessórios

33. Roupa exterior. Casacos

roupa (f)	ropa (f)	['ropa]
roupa (f) exterior	ropa (f) de calle	['ropa de 'kaje]
roupa (f) de inverno	ropa (f) de invierno	['ropa de im'bjerno]
sobretudo (m)	abrigo (m)	[a'βrigo]
casaco (m) de pele	abrigo (m) de piel	[a'βrigo de pjelʲ]
jaqueta (f) de pele	abrigo (m) corto de piel	[a'βrigo 'korto de pjelʲ]
casaco (m) acolchoado	chaqueta (f) plumón	[tʃa'keta plʲu'mon]
casaco (m), jaqueta (f)	cazadora (f)	[kaθa'ðora]
impermeável (m)	impermeable (m)	[imperme'aβle]
a prova d'água	impermeable (adj)	[imperme'aβle]

34. Vestuário de homem & mulher

camisa (f)	camisa (f)	[ka'misa]
calça (f)	pantalones (m pl)	[panta'lʲones]
jeans (m)	vaqueros (m pl)	[ba'keros]
paletó, terno (m)	chaqueta (f), saco (m)	[tʃa'keta], ['sako]
terno (m)	traje (m)	['traxe]
vestido (ex. ~ de noiva)	vestido (m)	[bes'tiðo]
saia (f)	falda (f)	['falʲda]
blusa (f)	blusa (f)	['blʲusa]
casaco (m) de malha	rebeca (f),	[re'βeka],
	chaqueta (f) de punto	[tʃa'keta de 'punto]
casaco, blazer (m)	chaqueta (f)	[tʃa'keta]
camiseta (f)	camiseta (f)	[kami'seta]
short (m)	pantalones (m pl) cortos	[panta'lʲones 'kortos]
training (m)	traje (m) deportivo	['traxe depor'tiβo]
roupão (m) de banho	bata (f) de baño	['bata de 'banjo]
pijama (m)	pijama (m)	[pi'xama]
suéter (m)	suéter (m)	[su'eter]
pulôver (m)	pulóver (m)	[pu'lʲoβer]
colete (m)	chaleco (m)	[tʃa'leko]
fraque (m)	frac (m)	[frak]
smoking (m)	esmoquin (m)	[es'mokin]
uniforme (m)	uniforme (m)	[uni'forme]
roupa (f) de trabalho	ropa (f) de trabajo	['ropa de tra'βaxo]
macacão (m)	mono (m)	['mono]
jaleco (m), bata (f)	bata (f)	['bata]

35. Vestuário. Roupa interior

roupa (f) íntima	ropa (f) interior	['ropa inte'rjor]
cueca boxer (f)	bóxer (m)	['bokser]
calcinha (f)	bragas (f pl)	['bragas]
camiseta (f)	camiseta (f) interior	[kami'θeta inte'rjor]
meias (f pl)	calcetines (m pl)	[kaʎθe'tines]
camisola (f)	camisón (m)	[kami'son]
sutiã (m)	sostén (m)	[sos'ten]
meias longas (f pl)	calcetines (m pl) altos	[kaʎθe'tines 'aɭtos]
meias-calças (f pl)	pantimedias (f pl)	[panti'meðias]
meias (~ de nylon)	medias (f pl)	['meðias]
maiô (m)	traje (m) de baño	['traχe de 'banjo]

36. Adereços de cabeça

chapéu (m), touca (f)	gorro (m)	['goro]
chapéu (m) de feltro	sombrero (m)	[som'brero]
boné (m) de beisebol	gorra (f) de béisbol	['gora de 'bejsβoʎ]
boina (~ italiana)	gorra (f) plana	['gora 'pʎana]
boina (ex. ~ basca)	boina (f)	['bojna]
capuz (m)	capuchón (m)	[kapu'ʧon]
chapéu panamá (m)	panamá (m)	[pana'ma]
touca (f)	gorro (m) de punto	['goro de 'punto]
lenço (m)	pañuelo (m)	[panju'eʎo]
chapéu (m) feminino	sombrero (m) de mujer	[som'brero de mu'χer]
capacete (m) de proteção	casco (m)	['kasko]
bibico (m)	gorro (m) de campaña	['goro de kam'panja]
capacete (m)	casco (m)	['kasko]
chapéu-coco (m)	bombín (m)	[bom'bin]
cartola (f)	sombrero (m) de copa	[som'brero de 'kopa]

37. Calçado

calçado (m)	calzado (m)	[kaʎ'θaðo]
botinas (f pl), sapatos (m pl)	botas (f pl)	['botas]
sapatos (de salto alto, etc.)	zapatos (m pl)	[θa'patos]
botas (f pl)	botas (f pl)	['botas]
pantufas (f pl)	zapatillas (f pl)	[θapa'tijas]
tênis (~ Nike, etc.)	tenis (m pl)	['tenis]
tênis (~ Converse)	zapatillas (f pl) de lona	[θapa'tijas de 'ʎona]
sandálias (f pl)	sandalias (f pl)	[san'daljas]
sapateiro (m)	zapatero (m)	[θapa'tero]
salto (m)	tacón (m)	[ta'kon]

par (m)	par (m)	[par]
cadarço (m)	cordón (m)	[kor'ðon]
amarrar os cadarços	encordonar (vt)	[eŋkorðo'nar]
calçadeira (f)	calzador (m)	[kaⁱθa'ðor]
graxa (f) para calçado	betún (m)	[be'tun]

38. Têxtil. Tecidos

algodão (m)	algodón (m)	[alⁱgo'ðon]
de algodão	de algodón (adj)	[de alⁱgo'ðon]
linho (m)	lino (m)	['lino]
de linho	de lino (adj)	[de 'lino]

seda (f)	seda (f)	['seða]
de seda	de seda (adj)	[de 'seða]
lã (f)	lana (f)	['lⁱana]
de lã	de lana (adj)	[de 'lⁱana]

veludo (m)	terciopelo (m)	[terθjo'pelⁱo]
camurça (f)	gamuza (f)	[ga'muθa]
veludo (m) cotelê	pana (f)	['pana]

nylon (m)	nilón (m)	[ni'lⁱon]
de nylon	de nilón (adj)	[de ni'lⁱon]
poliéster (m)	poliéster (m)	[po'ljester]
de poliéster	de poliéster (adj)	[de po'ljester]

couro (m)	piel (f)	[pjelⁱ]
de couro	de piel	[de 'pjelⁱ]
pele (f)	piel (f)	[pjelⁱ]
de pele	de piel (adj)	[de 'pjelⁱ]

39. Acessórios pessoais

luva (f)	guantes (m pl)	[gu'antes]
mitenes (f pl)	manoplas (f pl)	[ma'noplⁱas]
cachecol (m)	bufanda (f)	[bu'fanda]

óculos (m pl)	gafas (f pl)	['gafas]
armação (f)	montura (f)	[mon'tura]
guarda-chuva (m)	paraguas (m)	[pa'raguas]
bengala (f)	bastón (m)	[bas'ton]
escova (f) para o cabelo	cepillo (m) de pelo	[θe'pijo de 'pelⁱo]
leque (m)	abanico (m)	[aβa'niko]

gravata (f)	corbata (f)	[kor'βata]
gravata-borboleta (f)	pajarita (f)	[paҳa'rita]
suspensórios (m pl)	tirantes (m pl)	[ti'rantes]
lenço (m)	moquero (m)	[mo'kero]

pente (m)	peine (m)	['pejne]
fivela (f) para cabelo	pasador (m) de pelo	[pasa'ðor de 'pelⁱo]

| grampo (m) | horquilla (f) | [or'kija] |
| fivela (f) | hebilla (f) | [e'βija] |

| cinto (m) | cinturón (m) | [θintu'ron] |
| alça (f) de ombro | correa (f) | [ko'rea] |

bolsa (f)	bolsa (f)	['bolˈsa]
bolsa (feminina)	bolso (m)	['bolˈso]
mochila (f)	mochila (f)	[mo'tʃilˈa]

40. Vestuário. Diversos

moda (f)	moda (f)	['moða]
na moda (adj)	de moda (adj)	[de 'moða]
estilista (m)	diseñador (m) de moda	[disenja'ðor de 'moða]

colarinho (m)	cuello (m)	[ku'ejo]
bolso (m)	bolsillo (m)	[bolˈ'sijo]
de bolso	de bolsillo (adj)	[de bolˈ'sijo]
manga (f)	manga (f)	['manga]
ganchinho (m)	presilla (f)	[pre'sija]
bragueta (f)	bragueta (f)	[bra'geta]

zíper (m)	cremallera (f)	[krema'jera]
colchete (m)	cierre (m)	['θjere]
botão (m)	botón (m)	[bo'ton]
botoeira (casa de botão)	ojal (m)	[o'xalˈ]
soltar-se (vr)	saltar (vi)	[salˈ'tar]

costurar (vi)	coser (vi, vt)	[ko'ser]
bordar (vt)	bordar (vt)	[bor'ðar]
bordado (m)	bordado (m)	[bor'ðaðo]
agulha (f)	aguja (f)	[a'guxa]
fio, linha (f)	hilo (m)	['ilˈo]
costura (f)	costura (f)	[kos'tura]

sujar-se (vr)	ensuciarse (vr)	[ensu'θjarse]
mancha (f)	mancha (f)	['mantʃa]
amarrotar-se (vr)	arrugarse (vr)	[aru'garse]
rasgar (vt)	rasgar (vt)	[ras'gar]
traça (f)	polilla (f)	[po'lija]

41. Cuidados pessoais. Cosméticos

pasta (f) de dente	pasta (f) de dientes	['pasta de 'djentes]
escova (f) de dente	cepillo (m) de dientes	[θe'pijo de 'djentes]
escovar os dentes	limpiarse los dientes	[lim'pjarse los 'djentes]

gilete (f)	maquinilla (f) de afeitar	[maki'nija de afej'tar]
creme (m) de barbear	crema (f) de afeitar	['krema de afej'tar]
barbear-se (vr)	afeitarse (vr)	[afej'tarse]
sabonete (m)	jabón (m)	[xa'βon]

xampu (m)	champú (m)	[ʧam'pu]
tesoura (f)	tijeras (f pl)	[ti'χeras]
lixa (f) de unhas	lima (f) de uñas	['lima de 'unjas]
corta-unhas (m)	cortaúñas (m pl)	[korta·'unjas]
pinça (f)	pinzas (f pl)	['pinθas]

cosméticos (m pl)	cosméticos (m pl)	[kos'metikos]
máscara (f)	mascarilla (f)	[maska'rija]
manicure (f)	manicura (f)	[mani'kura]
fazer as unhas	hacer la manicura	[a'θer lʲa mani'kura]
pedicure (f)	pedicura (f)	[peðiˈkura]

bolsa (f) de maquiagem	bolsa (f) de maquillaje	['bolʲsa de maki'jaχe]
pó (de arroz)	polvos (m pl)	['polʲβos]
pó (m) compacto	polvera (f)	[polʲ'βera]
blush (m)	colorete (m)	[kolʲo'rete]

perfume (m)	perfume (m)	[per'fume]
água-de-colônia (f)	agua (f) de tocador	['agua de [toka'ðor]
loção (f)	loción (f)	[lʲo'θjon]
colônia (f)	agua (f) de Colonia	['agua de ko'lʲonia]

sombra (f) de olhos	sombra (f) de ojos	['sombra de 'oχos]
delineador (m)	lápiz (m) de ojos	['lʲapiθ de 'oχos]
máscara (f), rímel (m)	rímel (m)	['rimelʲ]

batom (m)	pintalabios (m)	[pinta·'lʲaβios]
esmalte (m)	esmalte (m) de uñas	[es'malʲte de 'unjas]
laquê (m), spray fixador (m)	fijador (m)	[fiχa'ðor]
desodorante (m)	desodorante (m)	[desoðo'rante]

creme (m)	crema (f)	['krema]
creme (m) de rosto	crema (f) de belleza	['krema de be'jeθa]
creme (m) de mãos	crema (f) de manos	['krema de 'manos]
creme (m) antirrugas	crema (f) antiarrugas	['krema anti·a'rugas]
creme (m) de dia	crema (f) de día	['krema de 'dia]
creme (m) de noite	crema (f) de noche	['krema de 'noʧe]
de dia	de día (adj)	[de 'dia]
da noite	de noche (adj)	[de 'noʧe]

absorvente (m) interno	tampón (m)	[tam'pon]
papel (m) higiênico	papel (m) higiénico	[pa'pelʲ i'χjeniko]
secador (m) de cabelo	secador (m) de pelo	[seka'ðor de 'pelʲo]

42. Joalheria

joias (f pl)	joyas (f pl)	['χojas]
precioso (adj)	precioso (adj)	[pre'θjoso]
marca (f) de contraste	contraste (m)	[kon'traste]

anel (m)	anillo (m)	[a'nijo]
aliança (f)	anillo (m) de boda	[a'nijo de 'boða]
pulseira (f)	pulsera (f)	[pulʲ'sera]
brincos (m pl)	pendientes (m pl)	[pen'djentes]

colar (m)	**collar** (m)	[ko'jar]
coroa (f)	**corona** (f)	[ko'rona]
colar (m) de contas	**collar** (m) **de abalorios**	[ko'jar de aβa'lʲorjos]

diamante (m)	**diamante** (m)	[dia'mante]
esmeralda (f)	**esmeralda** (f)	[esme'ralʲda]
rubi (m)	**rubí** (m)	[ru'βi]
safira (f)	**zafiro** (m)	[θa'firo]
pérola (f)	**perla** (f)	['perlʲa]
âmbar (m)	**ámbar** (m)	['ambar]

43. Relógios de pulso. Relógios

relógio (m) de pulso	**reloj** (m)	[re'lʲoχ]
mostrador (m)	**esfera** (f)	[es'fera]
ponteiro (m)	**aguja** (f)	[a'guχa]
bracelete (em aço)	**pulsera** (f)	[pulʲ'sera]
bracelete (em couro)	**correa** (f)	[ko'rea]

pilha (f)	**pila** (f)	['pilʲa]
acabar (vi)	**descargarse** (vr)	[deskar'garse]
trocar a pilha	**cambiar la pila**	[kam'bjar lʲa 'pilʲa]
estar adiantado	**adelantarse** (vr)	[aðelʲan'tarθe]
estar atrasado	**retrasarse** (vr)	[retra'sarse]

relógio (m) de parede	**reloj** (m) **de pared**	[re'lʲoχ de pa'reð]
ampulheta (f)	**reloj** (m) **de arena**	[re'lʲoχ de a'rena]
relógio (m) de sol	**reloj** (m) **de sol**	[re'lʲoχ de 'solʲ]
despertador (m)	**despertador** (m)	[desperta'ðor]
relojoeiro (m)	**relojero** (m)	[relʲo'χero]
reparar (vt)	**reparar** (vt)	[repa'rar]

Alimentação. Nutrição

carne (f)	carne (f)	['karne]
galinha (f)	gallina (f)	[ga'jina]
frango (m)	pollo (m)	['pojo]
pato (m)	pato (m)	['pato]
ganso (m)	ganso (m)	['ganso]
caça (f)	caza (f) menor	['kaθa me'nor]
peru (m)	pava (f)	['paβa]
carne (f) de porco	carne (f) de cerdo	['karne de 'θerðo]
carne (f) de vitela	carne (f) de ternera	['karne de ter'nera]
carne (f) de carneiro	carne (f) de carnero	['karne de kar'nero]
carne (f) de vaca	carne (f) de vaca	['karne de 'baka]
carne (f) de coelho	conejo (m)	[ko'neχo]
linguiça (f), salsichão (m)	salchichón (m)	[salʲtʃi'tʃon]
salsicha (f)	salchicha (f)	[salʲ'tʃitʃa]
bacon (m)	beicon (m)	['bejkon]
presunto (m)	jamón (m)	[χa'mon]
pernil (m) de porco	jamón (m) fresco	[χa'mon 'fresko]
patê (m)	paté (m)	[pa'te]
fígado (m)	hígado (m)	['igaðo]
guisado (m)	carne (f) picada	['karne pi'kaða]
língua (f)	lengua (f)	['lengua]
ovo (m)	huevo (m)	[u'eβo]
ovos (m pl)	huevos (m pl)	[u'eβos]
clara (f) de ovo	clara (f)	['klʲara]
gema (f) de ovo	yema (f)	['jema]
peixe (m)	pescado (m)	[pes'kaðo]
mariscos (m pl)	mariscos (m pl)	[ma'riskos]
crustáceos (m pl)	crustáceos (m pl)	[krus'taθeos]
caviar (m)	caviar (m)	[ka'βjar]
caranguejo (m)	cangrejo (m) de mar	[kan'greχo de 'mar]
camarão (m)	camarón (m)	[kama'ron]
ostra (f)	ostra (f)	['ostra]
lagosta (f)	langosta (f)	[lʲan'gosta]
polvo (m)	pulpo (m)	['pulʲpo]
lula (f)	calamar (m)	[kalʲa'mar]
esturjão (m)	esturión (m)	[estu'rjon]
salmão (m)	salmón (m)	[salʲ'mon]
halibute (m)	fletán (m)	[fle'tan]
bacalhau (m)	bacalao (m)	[baka'lʲao]

cavala, sarda (f)	caballa (f)	[ka'βaja]
atum (m)	atún (m)	[a'tun]
enguia (f)	anguila (f)	[an'giĺa]
truta (f)	trucha (f)	['trutʃa]
sardinha (f)	sardina (f)	[sar'ðina]
lúcio (m)	lucio (m)	['ĺuθio]
arenque (m)	arenque (m)	[a'reŋke]
pão (m)	pan (m)	[pan]
queijo (m)	queso (m)	['keso]
açúcar (m)	azúcar (m)	[a'θukar]
sal (m)	sal (f)	[saĺ]
arroz (m)	arroz (m)	[a'roθ]
massas (f pl)	macarrones (m pl)	[maka'rones]
talharim, miojo (m)	tallarines (m pl)	[taja'rines]
manteiga (f)	mantequilla (f)	[mante'kija]
óleo (m) vegetal	aceite (m) vegetal	[a'θejte beχe'taĺ]
óleo (m) de girassol	aceite (m) de girasol	[a'θejte de χira'soĺ]
margarina (f)	margarina (f)	[marga'rina]
azeitonas (f pl)	olivas, aceitunas (f pl)	[o'liβas], [aθei'tunas]
azeite (m)	aceite (m) de oliva	[a'θejte de o'liβa]
leite (m)	leche (f)	['letʃe]
leite (m) condensado	leche (f) condensada	['letʃe konden'saða]
iogurte (m)	yogur (m)	[jo'gur]
creme (m) azedo	nata (f) agria	['nata 'aɣria]
creme (m) de leite	nata (f) líquida	['nata 'likiða]
maionese (f)	mayonesa (f)	[majo'nesa]
creme (m)	crema (f) de mantequilla	['krema de mante'kija]
grãos (m pl) de cereais	cereales (m pl) integrales	[θere'ales inte'ɣrales]
farinha (f)	harina (f)	[a'rina]
enlatados (m pl)	conservas (f pl)	[kon'serβas]
flocos (m pl) de milho	copos (m pl) de maíz	['kopos de ma'iθ]
mel (m)	miel (f)	[mjeĺ]
geleia (m)	confitura (f)	[komfi'tura]
chiclete (m)	chicle (m)	['tʃikle]

45. Bebidas

água (f)	agua (f)	['agua]
água (f) potável	agua (f) potable	['agua po'taβle]
água (f) mineral	agua (f) mineral	['agua mine'raĺ]
sem gás (adj)	sin gas	[sin 'gas]
gaseificada (adj)	gaseoso (adj)	[gase'oso]
com gás	con gas	[kon 'gas]
gelo (m)	hielo (m)	['jeĺo]

com gelo	con hielo	[kon 'jelʲo]
não alcoólico (adj)	sin alcohol	[sin alʲko'olʲ]
refrigerante (m)	bebida (f) sin alcohol	[be'βiða sin alʲko'olʲ]
refresco (m)	refresco (m)	[re'fresko]
limonada (f)	limonada (f)	[limo'naða]

bebidas (f pl) alcoólicas	bebidas (f pl) alcohólicas	[be'βiðas alʲko'olikas]
vinho (m)	vino (m)	['bino]
vinho (m) branco	vino (m) blanco	['bino 'blʲaŋko]
vinho (m) tinto	vino (m) tinto	['bino 'tinto]

licor (m)	licor (m)	[li'kor]
champanhe (m)	champaña (f)	[ʧam'panja]
vermute (m)	vermú (m)	[ber'mu]

uísque (m)	whisky (m)	['wiski]
vodca (f)	vodka (m)	['boðka]
gim (m)	ginebra (f)	[ɣi'neβra]
conhaque (m)	coñac (m)	[ko'njak]
rum (m)	ron (m)	[ron]

café (m)	café (m)	[ka'fe]
café (m) preto	café (m) solo	[ka'fe 'solʲo]
café (m) com leite	café (m) con leche	[ka'fe kon 'leʧe]
cappuccino (m)	capuchino (m)	[kapu'ʧino]
café (m) solúvel	café (m) soluble	[ka'fe so'lʲuβle]

leite (m)	leche (f)	['leʧe]
coquetel (m)	cóctel (m)	['koktelʲ]
batida (f), milkshake (m)	batido (m)	[ba'tiðo]

suco (m)	zumo (m), jugo (m)	['θumo], ['χugo]
suco (m) de tomate	jugo (m) de tomate	['χugo de to'mate]
suco (m) de laranja	zumo (m) de naranja	['θumo de na'ranχa]
suco (m) fresco	zumo (m) fresco	['θumo 'fresko]

cerveja (f)	cerveza (f)	[θer'βeθa]
cerveja (f) clara	cerveza (f) rubia	[θer'βeθa 'ruβia]
cerveja (f) preta	cerveza (f) negra	[θer'βeθa 'neɣra]

chá (m)	té (m)	[te]
chá (m) preto	té (m) negro	['te 'neɣro]
chá (m) verde	té (m) verde	['te 'berðe]

46. Vegetais

vegetais (m pl)	legumbres (f pl)	[le'gumbres]
verdura (f)	verduras (f pl)	[ber'ðuras]

tomate (m)	tomate (m)	[to'mate]
pepino (m)	pepino (m)	[pe'pino]
cenoura (f)	zanahoria (f)	[θana'oria]
batata (f)	patata (f)	[pa'tata]
cebola (f)	cebolla (f)	[θe'βoja]

alho (m)	ajo (m)	['aχo]
couve (f)	col (f)	[kolʲ]
couve-flor (f)	coliflor (f)	[koli'flʲor]
couve-de-bruxelas (f)	col (f) de Bruselas	[kolʲ de bru'selʲas]
brócolis (m pl)	brócoli (m)	['brokoli]

beterraba (f)	remolacha (f)	[remo'lʲatʃa]
berinjela (f)	berenjena (f)	[beren'χena]
abobrinha (f)	calabacín (m)	[kalʲaβa'θin]
abóbora (f)	calabaza (f)	[kalʲa'βaθa]
nabo (m)	nabo (m)	['naβo]

salsa (f)	perejil (m)	[pere'χilʲ]
endro, aneto (m)	eneldo (m)	[e'nelʲdo]
alface (f)	lechuga (f)	[le'tʃuga]
aipo (m)	apio (m)	['apio]
aspargo (m)	espárrago (m)	[es'parago]
espinafre (m)	espinaca (f)	[espi'naka]

ervilha (f)	guisante (m)	[gi'sante]
feijão (~ soja, etc.)	habas (f pl)	['aβas]
milho (m)	maíz (m)	[ma'iθ]
feijão (m) roxo	fréjol (m)	['freχolʲ]

pimentão (m)	pimiento (m) dulce	[pi'mjento 'dulθe]
rabanete (m)	rábano (m)	['raβano]
alcachofra (f)	alcachofa (f)	[alʲka'tʃofa]

47. Frutos. Nozes

fruta (f)	fruto (m)	['fruto]
maçã (f)	manzana (f)	[man'θana]
pera (f)	pera (f)	['pera]
limão (m)	limón (m)	[li'mon]
laranja (f)	naranja (f)	[na'ranχa]
morango (m)	fresa (f)	['fresa]

tangerina (f)	mandarina (f)	[manda'rina]
ameixa (f)	ciruela (f)	[θiru'elʲa]
pêssego (m)	melocotón (m)	[melʲoko'ton]
damasco (m)	albaricoque (m)	[alʲβari'koke]
framboesa (f)	frambuesa (f)	[frambu'esa]
abacaxi (m)	piña (f)	['pinja]

banana (f)	banana (f)	[ba'nana]
melancia (f)	sandía (f)	[san'dia]
uva (f)	uva (f)	['uβa]
ginja (f)	guinda (f)	['ginda]
cereja (f)	cereza (f)	[θe're θa]
melão (m)	melón (m)	[me'lʲon]

toranja (f)	pomelo (m)	[po'melʲo]
abacate (m)	aguacate (m)	[agua'kate]
mamão (m)	papaya (f)	[pa'paja]

| manga (f) | mango (m) | ['mango] |
| romã (f) | granada (f) | [gra'naða] |

groselha (f) vermelha	grosella (f) roja	[gro'seja 'roχa]
groselha (f) negra	grosella (f) negra	[gro'seja 'neɣra]
groselha (f) espinhosa	grosella (f) espinosa	[gro'seja espi'nosa]
mirtilo (m)	arándano (m)	[a'randano]
amora (f) silvestre	zarzamoras (f pl)	[θarθa'moras]

passa (f)	pasas (f pl)	['pasas]
figo (m)	higo (m)	['igo]
tâmara (f)	dátil (m)	['datiʎ]

amendoim (m)	cacahuete (m)	[kakau'ete]
amêndoa (f)	almendra (f)	[aʎ'mendra]
noz (f)	nuez (f)	[nu'eθ]
avelã (f)	avellana (f)	[aβe'jana]
coco (m)	nuez (f) de coco	[nu'eθ de 'koko]
pistaches (m pl)	pistachos (m pl)	[pis'tatʃos]

48. Pão. Bolaria

pastelaria (f)	pasteles (m pl)	[pas'teles]
pão (m)	pan (m)	[pan]
biscoito (m), bolacha (f)	galletas (f pl)	[ga'jetas]

chocolate (m)	chocolate (m)	[tʃoko'ʎate]
de chocolate	de chocolate (adj)	[de tʃoko'ʎate]
bala (f)	caramelo (m)	[kara'meʎo]
doce (bolo pequeno)	mini tarta (f)	['mini 'tarta]
bolo (m) de aniversário	tarta (f)	['tarta]

| torta (f) | tarta (f) | ['tarta] |
| recheio (m) | relleno (m) | [re'jeno] |

geleia (m)	confitura (f)	[komfi'tura]
marmelada (f)	mermelada (f)	[merme'ʎaða]
wafers (m pl)	gofre (m)	['gofre]
sorvete (m)	helado (m)	[e'ʎaðo]
pudim (m)	pudin (m)	['puðin]

49. Pratos cozinhados

prato (m)	plato (m)	['pʎato]
cozinha (~ portuguesa)	cocina (f)	[ko'θina]
receita (f)	receta (f)	[re'θeta]
porção (f)	porción (f)	[por'θjon]

salada (f)	ensalada (f)	[ensa'ʎaða]
sopa (f)	sopa (f)	['sopa]
caldo (m)	caldo (m)	['kaʎdo]
sanduíche (m)	bocadillo (m)	[boka'ðijo]

ovos (m pl) fritos	huevos (m pl) fritos	[u'eβos 'fritos]
hambúrguer (m)	hamburguesa (f)	[ambur'gesa]
bife (m)	bistec (m)	[bis'tek]

acompanhamento (m)	guarnición (f)	[guarni'θjon]
espaguete (m)	espagueti (m)	[espa'geti]
purê (m) de batata	puré (m) de patatas	[pu're de pa'tatas]
pizza (f)	pizza (f)	['pitsa]
mingau (m)	gachas (f pl)	['gatʃas]
omelete (f)	tortilla (f) francesa	[tor'tija fran'θesa]

fervido (adj)	cocido en agua (adj)	[ko'θiðo en 'agua]
defumado (adj)	ahumado (adj)	[au'maðo]
frito (adj)	frito (adj)	['frito]
seco (adj)	seco (adj)	['seko]
congelado (adj)	congelado (adj)	[konχe'lʲaðo]
em conserva (adj)	marinado (adj)	[mari'naðo]

doce (adj)	azucarado, dulce (adj)	[aθuka'raðo], ['dulʲθe]
salgado (adj)	salado (adj)	[sa'lʲaðo]
frio (adj)	frío (adj)	['frio]
quente (adj)	caliente (adj)	[ka'ljente]
amargo (adj)	amargo (adj)	[a'margo]
gostoso (adj)	sabroso (adj)	[sa'βroso]

cozinhar em água fervente	cocer (vt) en agua	[ko'θer en 'agua]
preparar (vt)	preparar (vt)	[prepa'rar]
fritar (vt)	freír (vt)	[fre'ir]
aquecer (vt)	calentar (vt)	[kalen'tar]

salgar (vt)	salar (vt)	[sa'lʲar]
apimentar (vt)	poner pimienta	[po'ner pi'mjenta]
ralar (vt)	rallar (vt)	[ra'jar]
casca (f)	piel (f)	[pjelʲ]
descascar (vt)	pelar (vt)	[pe'lʲar]

50. Especiarias

sal (m)	sal (f)	[salʲ]
salgado (adj)	salado (adj)	[sa'lʲaðo]
salgar (vt)	salar (vt)	[sa'lʲar]

pimenta-do-reino (f)	pimienta (f) negra	[pi'mjenta 'neɣra]
pimenta (f) vermelha	pimienta (f) roja	[pi'mjenta 'roχa]
mostarda (f)	mostaza (f)	[mos'taθa]
raiz-forte (f)	rábano (m) picante	['raβano pi'kante]

condimento (m)	condimento (m)	[kondi'mento]
especiaria (f)	especia (f)	[es'peθia]
molho (~ inglês)	salsa (f)	['salʲsa]
vinagre (m)	vinagre (m)	[bi'naɣre]

| anis estrelado (m) | anís (m) | [a'nis] |
| manjericão (m) | albahaca (f) | [alʲβa'aka] |

cravo (m)	clavo (m)	['kʎaβo]
gengibre (m)	jengibre (m)	[χen'χiβre]
coentro (m)	cilantro (m)	[θi'ʎantro]
canela (f)	canela (f)	[ka'neʎa]

gergelim (m)	sésamo (m)	['sesamo]
folha (f) de louro	hoja (f) de laurel	['oχa de ʎau'reʎ]
páprica (f)	paprika (f)	[pap'rika]
cominho (m)	comino (m)	[ko'mino]
açafrão (m)	azafrán (m)	[aθa'fran]

51. Refeições

| comida (f) | comida (f) | [ko'miða] |
| comer (vt) | comer (vi, vt) | [ko'mer] |

café (m) da manhã	desayuno (m)	[desa'juno]
tomar café da manhã	desayunar (vi)	[desaju'nar]
almoço (m)	almuerzo (m)	[aʎmu'erθo]
almoçar (vi)	almorzar (vi)	[aʎmor'θar]
jantar (m)	cena (f)	['θena]
jantar (vi)	cenar (vi)	[θe'nar]

| apetite (m) | apetito (m) | [ape'tito] |
| Bom apetite! | ¡Que aproveche! | [ke apro'βetʃe] |

abrir (~ uma lata, etc.)	abrir (vt)	[a'βrir]
derramar (~ líquido)	derramar (vt)	[dera'mar]
derramar-se (vr)	derramarse (vr)	[dera'marse]

ferver (vi)	hervir (vi)	[er'βir]
ferver (vt)	hervir (vt)	[er'βir]
fervido (adj)	hervido (adj)	[er'βiðo]

| esfriar (vt) | enfriar (vt) | [eɱfri'ar] |
| esfriar-se (vr) | enfriarse (vr) | [eɱfri'arse] |

| sabor, gosto (m) | sabor (m) | [sa'βor] |
| fim (m) de boca | regusto (m) | [re'gusto] |

emagrecer (vi)	adelgazar (vi)	[aðeʎga'θar]
dieta (f)	dieta (f)	[di'eta]
vitamina (f)	vitamina (f)	[bita'mina]
caloria (f)	caloría (f)	[kaʎo'ria]

| vegetariano (m) | vegetariano (m) | [beχeta'rjano] |
| vegetariano (adj) | vegetariano (adj) | [beχeta'rjano] |

gorduras (f pl)	grasas (f pl)	['grasas]
proteínas (f pl)	proteínas (f pl)	[prote'inas]
carboidratos (m pl)	carbohidratos (m pl)	[karβoi'ðratos]
fatia (~ de limão, etc.)	loncha (f)	['ʎontʃa]
pedaço (~ de bolo)	pedazo (m)	[pe'ðaθo]
migalha (f), farelo (m)	miga (f)	['miga]

52. Por a mesa

colher (f)	cuchara (f)	[ku'tʃara]
faca (f)	cuchillo (m)	[ku'tʃijo]
garfo (m)	tenedor (m)	[tene'ðor]
xícara (f)	taza (f)	['taθa]
prato (m)	plato (m)	['plʲato]
pires (m)	platillo (m)	[plʲa'tijo]
guardanapo (m)	servilleta (f)	[serβi'jeta]
palito (m)	mondadientes (m)	[monda'ðjentes]

53. Restaurante

restaurante (m)	restaurante (m)	[restau'rante]
cafeteria (f)	cafetería (f)	[kafete'ria]
bar (m), cervejaria (f)	bar (m)	[bar]
salão (m) de chá	salón (m) de té	[sa'lʲon de 'te]
garçom (m)	camarero (m)	[kama'rero]
garçonete (f)	camarera (f)	[kama'rera]
barman (m)	barman (m)	['barman]
cardápio (m)	carta (f), menú (m)	['karta], [me'nu]
lista (f) de vinhos	carta (f) de vinos	['karta de 'binos]
reservar uma mesa	reservar una mesa	[reser'βar 'una 'mesa]
prato (m)	plato (m)	['plʲato]
pedir (vt)	pedir (vt)	[pe'ðir]
fazer o pedido	hacer un pedido	[a'θer un pe'ðiðo]
aperitivo (m)	aperitivo (m)	[aperi'tiβo]
entrada (f)	entremés (m)	[entre'mes]
sobremesa (f)	postre (m)	['postre]
conta (f)	cuenta (f)	[ku'enta]
pagar a conta	pagar la cuenta	[pa'gar lʲa ku'enta]
dar o troco	dar la vuelta	['dar lʲa bu'elta]
gorjeta (f)	propina (f)	[pro'pina]

Família, parentes e amigos

54. Informação pessoal. Formulários

nome (m)	nombre (m)	['nombre]
sobrenome (m)	apellido (m)	[ape'jiðo]
data (f) de nascimento	fecha (f) de nacimiento	['fetʃa de naθi'mjento]
local (m) de nascimento	lugar (m) de nacimiento	[lʲu'gar de naθi'mjento]
nacionalidade (f)	nacionalidad (f)	[naθjonali'ðað]
lugar (m) de residência	domicilio (m)	[domi'θilio]
país (m)	país (m)	[pa'is]
profissão (f)	profesión (f)	[profe'sjon]
sexo (m)	sexo (m)	['sekso]
estatura (f)	estatura (f)	[esta'tura]
peso (m)	peso (m)	['peso]

55. Membros da família. Parentes

mãe (f)	madre (f)	['maðre]
pai (m)	padre (m)	['paðre]
filho (m)	hijo (m)	['iχo]
filha (f)	hija (f)	['iχa]
caçula (f)	hija (f) menor	['iχa me'nor]
caçula (m)	hijo (m) menor	['iχo me'nor]
filha (f) mais velha	hija (f) mayor	['iχa ma'jor]
filho (m) mais velho	hijo (m) mayor	['iχo ma'jor]
irmão (m)	hermano (m)	[er'mano]
irmão (m) mais velho	hermano (m) mayor	[er'mano ma'jor]
irmão (m) mais novo	hermano (m) menor	[er'mano me'nor]
irmã (f)	hermana (f)	[er'mana]
irmã (f) mais velha	hermana (f) mayor	[er'mana ma'jor]
irmã (f) mais nova	hermana (f) menor	[er'mana me'nor]
primo (m)	primo (m)	['primo]
prima (f)	prima (f)	['prima]
mamãe (f)	mamá (f)	[ma'ma]
papai (m)	papá (m)	[pa'pa]
pais (pl)	padres (pl)	['paðres]
criança (f)	niño (m), niña (f)	['ninjo], ['ninja]
crianças (f pl)	niños (pl)	['ninjos]
avó (f)	abuela (f)	[aβu'elʲa]
avô (m)	abuelo (m)	[aβu'elʲo]
neto (m)	nieto (m)	['njeto]

neta (f)	nieta (f)	['njeta]
netos (pl)	nietos (pl)	['njetos]
tio (m)	tío (m)	['tio]
tia (f)	tía (f)	['tia]
sobrinho (m)	sobrino (m)	[so'βrino]
sobrinha (f)	sobrina (f)	[so'βrina]
sogra (f)	suegra (f)	[su'eɣra]
sogro (m)	suegro (m)	[su'eɣro]
genro (m)	yerno (m)	['jerno]
madrasta (f)	madrastra (f)	[ma'ðrastra]
padrasto (m)	padrastro (m)	[pa'ðrastro]
criança (f) de colo	niño (m) de pecho	['ninjo de 'petʃo]
bebê (m)	bebé (m)	[be'βe]
menino (m)	chico (m)	['tʃiko]
mulher (f)	mujer (f)	[mu'χer]
marido (m)	marido (m)	[ma'riðo]
esposo (m)	esposo (m)	[es'poso]
esposa (f)	esposa (f)	[es'posa]
casado (adj)	casado (adj)	[ka'saðo]
casada (adj)	casada (adj)	[ka'saða]
solteiro (adj)	soltero (adj)	[sol'tero]
solteirão (m)	soltero (m)	[sol'tero]
divorciado (adj)	divorciado (adj)	[diβor'θjaðo]
viúva (f)	viuda (f)	['bjuða]
viúvo (m)	viudo (m)	['bjuðo]
parente (m)	pariente (m)	[pa'rjente]
parente (m) próximo	pariente (m) cercano	[pa'rjente θer'kano]
parente (m) distante	pariente (m) lejano	[pa'rjente le'χano]
parentes (m pl)	parientes (pl)	[pa'rjentes]
órfão (m)	huérfano (m)	[u'erfano]
órfã (f)	huérfana (f)	[u'erfana]
tutor (m)	tutor (m)	[tu'tor]
adotar (um filho)	adoptar, ahijar (vt)	[aðop'tar], [ai'χar]
adotar (uma filha)	adoptar, ahijar (vt)	[aðop'tar], [ai'χar]

56. Amigos. Colegas de trabalho

amigo (m)	amigo (m)	[a'migo]
amiga (f)	amiga (f)	[a'miga]
amizade (f)	amistad (f)	[amis'tað]
ser amigos	ser amigo	[ser a'migo]
amigo (m)	amigote (m)	[ami'gote]
amiga (f)	amiguete (f)	[ami'gete]
parceiro (m)	compañero (m)	[kompa'njero]
chefe (m)	jefe (m)	['χefe]
superior (m)	superior (m)	[supe'rjor]

proprietário (m)	propietario (m)	[propje'tario]
subordinado (m)	subordinado (m)	[suβorði'naðo]
colega (m, f)	colega (m, f)	[ko'lega]

conhecido (m)	conocido (m)	[kono'θiðo]
companheiro (m) de viagem	compañero (m) de viaje	[kompa'njero de 'bjaχe]
colega (m) de classe	condiscípulo (m)	[kondi'θipulʲo]

vizinho (m)	vecino (m)	[be'θino]
vizinha (f)	vecina (f)	[be'θina]
vizinhos (pl)	vecinos (pl)	[be'θinos]

57. Homem. Mulher

mulher (f)	mujer (f)	[mu'χer]
menina (f)	muchacha (f)	[mu'ʧaʧa]
noiva (f)	novia (f)	['noβia]

bonita, bela (adj)	guapa (adj)	[gu'apa]
alta (adj)	alta (adj)	['alʲta]
esbelta (adj)	esbelta (adj)	[es'βelʲta]
baixa (adj)	de estatura mediana	[de esta'tura me'ðjana]

| loira (f) | rubia (f) | ['ruβia] |
| morena (f) | morena (f) | [mo'rena] |

de senhora	de señora (adj)	[de se'njora]
virgem (f)	virgen (f)	['birχen]
grávida (adj)	embarazada (adj)	[embara'θaða]

homem (m)	hombre (m)	['ombre]
loiro (m)	rubio (m)	['ruβio]
moreno (m)	moreno (m)	[mo'reno]
alto (adj)	alto (adj)	['alʲto]
baixo (adj)	de estatura mediana	[de esta'tura me'ðjana]

rude (adj)	grosero (adj)	[gro'sero]
atarracado (adj)	rechoncho (adj)	[re'ʧonʧo]
robusto (adj)	robusto (adj)	[ro'βusto]
forte (adj)	fuerte (adj)	[fu'erte]
força (f)	fuerza (f)	[fu'erθa]

gordo (adj)	gordo (adj)	['gorðo]
moreno (adj)	moreno (adj)	[mo'reno]
esbelto (adj)	esbelto (adj)	[es'βelʲto]
elegante (adj)	elegante (adj)	[ele'gante]

58. Idade

idade (f)	edad (f)	[e'ðað]
juventude (f)	juventud (f)	[χuβen'tuð]
jovem (adj)	joven (adj)	['χoβen]

mais novo (adj)	menor (adj)	[me'nor]
mais velho (adj)	mayor (adj)	[ma'jor]

jovem (m)	joven (m)	['χoβen]
adolescente (m)	adolescente (m)	[aðole'θente]
rapaz (m)	muchacho (m)	[mu'ʧaʧo]

velho (m)	anciano (m)	[an'θjano]
velha (f)	anciana (f)	[an'θjana]

adulto	adulto	[a'ðulʲto]
de meia-idade	de edad media (adj)	[de e'ðað 'meðia]
idoso, de idade (adj)	anciano, mayor (adj)	[an'θjano], [ma'jor]
velho (adj)	viejo (adj)	['bjeχo]

aposentadoria (f)	jubilación (f)	[χuβilʲa'θjon]
aposentar-se (vr)	jubilarse (vr)	[χuβi'lʲarse]
aposentado (m)	jubilado (m)	[χuβi'lʲaðo]

59. Crianças

criança (f)	niño (m), niña (f)	['ninjo], ['ninja]
crianças (f pl)	niños (pl)	['ninjos]
gêmeos (m pl), gêmeas (f pl)	gemelos (pl)	[χe'melʲos]

berço (m)	cuna (f)	['kuna]
chocalho (m)	sonajero (m)	[sona'χero]
fralda (f)	pañal (m)	[pa'njalʲ]

chupeta (f), bico (m)	chupete (m)	[ʧu'pete]
carrinho (m) de bebê	cochecito (m)	[koʧe'θito]
jardim (m) de infância	jardín (m) de infancia	[χar'ðin de iɲ'fanθia]
babysitter, babá (f)	niñera (f)	[ni'njera]

infância (f)	infancia (f)	[iɲ'fanθia]
boneca (f)	muñeca (f)	[mu'njeka]
brinquedo (m)	juguete (m)	[χu'gete]
jogo (m) de montar	mecano (m)	[me'kano]

bem-educado (adj)	bien criado (adj)	[bjen kri'aðo]
malcriado (adj)	mal criado (adj)	[malʲ kri'aðo]
mimado (adj)	mimado (adj)	[mi'maðo]

ser travesso	hacer travesuras	[a'θer traβe'suras]
travesso, traquinas (adj)	travieso (adj)	[tra'βjeso]
travessura (f)	travesura (f)	[traβe'sura]
criança (f) travessa	travieso (m)	[tra'βjeso]

obediente (adj)	obediente (adj)	[oβe'ðjente]
desobediente (adj)	desobediente (adj)	[desoβe'ðjente]

dócil (adj)	dócil (adj)	['doθilʲ]
inteligente (adj)	inteligente (adj)	[inteli'χente]
prodígio (m)	niño (m) prodigio	['ninjo pro'ðiχio]

60. Casais. Vida de família

beijar (vt)	besar (vt)	[be'sar]
beijar-se (vr)	besarse (vr)	[be'sarse]
família (f)	familia (f)	[fa'milia]
familiar (vida ~)	familiar (adj)	[fami'ljar]
casal (m)	pareja (f)	[pa'reχa]
matrimônio (m)	matrimonio (m)	[matri'monio]
lar (m)	hogar (m) familiar	[o'gar fami'ljar]
dinastia (f)	dinastía (f)	[dinas'tia]
encontro (m)	cita (f)	['θita]
beijo (m)	beso (m)	['beso]
amor (m)	amor (m)	[a'mor]
amar (pessoa)	querer (vt)	[ke'rer]
amado, querido (adj)	querido (adj)	[ke'riðo]
ternura (f)	ternura (f)	[ter'nura]
afetuoso (adj)	tierno (adj)	['tjerno]
fidelidade (f)	fidelidad (f)	[fiðeli'ðað]
fiel (adj)	fiel (adj)	['fjelʲ]
cuidado (m)	cuidado (m)	[kui'ðaðo]
carinhoso (adj)	cariñoso (adj)	[kari'njoso]
recém-casados (pl)	recién casados (pl)	[re'θjen ka'saðos]
lua (f) de mel	luna (f) de miel	['lʲuna de mjelʲ]
casar-se (com um homem)	estar casada	[es'tar ka'saða]
casar-se (com uma mulher)	casarse (vr)	[ka'sarse]
casamento (m)	boda (f)	['boða]
bodas (f pl) de ouro	bodas (f pl) de oro	['boðas de 'oro]
aniversário (m)	aniversario (m)	[aniβer'sario]
amante (m)	amante (m)	[a'mante]
amante (f)	amante (f)	[a'mante]
adultério (m), traição (f)	adulterio (m)	[aðulʲ'terio]
cometer adultério	cometer adulterio	[kome'ter aðulʲ'terio]
ciumento (adj)	celoso (adj)	[θe'lʲoso]
ser ciumento, -a	tener celos	[te'ner 'θelʲos]
divórcio (m)	divorcio (m)	[di'βorθio]
divorciar-se (vr)	divorciarse (vr)	[diβor'θjarse]
brigar (discutir)	reñir (vi)	[re'njir]
fazer as pazes	reconciliarse (vr)	[rekonθi'ljarse]
juntos (ir ~)	juntos (adv)	['χuntos]
sexo (m)	sexo (m)	['sekso]
felicidade (f)	felicidad (f)	[feliθi'ðað]
feliz (adj)	feliz (adj)	[fe'liθ]
infelicidade (f)	desgracia (f)	[des'ɣraθia]
infeliz (adj)	desgraciado (adj)	[desɣra'θjaðo]

Caráter. Sentimentos. Emoções

61. Sentimentos. Emoções

sentimento (m)	sentimiento (m)	['senti'mjento]
sentimentos (m pl)	sentimientos (m pl)	[senti'mjentos]
sentir (vt)	sentir (vt)	[sen'tir]
fome (f)	hambre (f)	['ambre]
ter fome	tener hambre	[te'ner 'ambre]
sede (f)	sed (f)	[seð]
ter sede	tener sed	[te'ner 'seð]
sonolência (f)	somnolencia (f)	[somno'lenθia]
estar sonolento	tener sueño	[te'ner su'enjo]
cansaço (m)	cansancio (m)	[kan'sanθio]
cansado (adj)	cansado (adj)	[kan'saðo]
ficar cansado	estar cansado	[es'tar kan'saðo]
humor (m)	humor (m)	[u'mor]
tédio (m)	aburrimiento (m)	[aβuri'mjento]
entediar-se (vr)	aburrirse (vr)	[aβu'rirse]
reclusão (isolamento)	soledad (f)	[sole'ðað]
isolar-se (vr)	aislarse (vr)	[ais'lʲarse]
preocupar (vt)	inquietar (vt)	[inkje'tar]
estar preocupado	inquietarse (vr)	[inkje'tarse]
preocupação (f)	inquietud (f)	[inkje'tuð]
ansiedade (f)	preocupación (f)	[preokupa'θjon]
preocupado (adj)	preocupado (adj)	[preoku'paðo]
estar nervoso	estar nervioso	[es'tar ner'βjoso]
entrar em pânico	darse al pánico	['darse alʲ 'paniko]
esperança (f)	esperanza (f)	[espe'ranθa]
esperar (vt)	esperar (vi)	[espe'rar]
certeza (f)	seguridad (f)	[seguri'ðað]
certo, seguro de ...	seguro (adj)	[se'guro]
indecisão (f)	inseguridad (f)	[inseguri'ðað]
indeciso (adj)	inseguro (adj)	[inse'guro]
bêbado (adj)	borracho (adj)	[bo'ratʃo]
sóbrio (adj)	sobrio (adj)	['soβrio]
fraco (adj)	débil (adj)	['deβilʲ]
feliz (adj)	feliz (adj)	[fe'liθ]
assustar (vt)	asustar (vt)	[asus'tar]
fúria (f)	furia (f)	['furia]
ira, raiva (f)	rabia (f)	['raβia]
depressão (f)	depresión (f)	[depre'sjon]
desconforto (m)	incomodidad (f)	[iŋkomoði'ðað]

conforto (m)	comodidad (f)	[komoði'ðað]
arrepender-se (vr)	arrepentirse (vr)	[arepen'tirse]
arrependimento (m)	arrepentimiento (m)	[arepenti'mjento]
azar (m), má sorte (f)	mala suerte (f)	['malʲa su'erte]
tristeza (f)	tristeza (f)	[tris'teθa]
vergonha (f)	vergüenza (f)	[berɣu'enθa]
alegria (f)	júbilo (m)	['χuβilʲo]
entusiasmo (m)	entusiasmo (m)	[entu'sjasmo]
entusiasta (m)	entusiasta (m)	[entu'sjasta]
mostrar entusiasmo	mostrar entusiasmo	[mos'trar entu'sjasmo]

62. Caráter. Personalidade

caráter (m)	carácter (m)	[ka'rakter]
falha (f) de caráter	defecto (m)	[de'fekto]
mente (f)	mente (f)	['mente]
razão (f)	razón (f)	[ra'θon]
consciência (f)	consciencia (f)	[kon'θjenθia]
hábito, costume (m)	hábito (m)	['aβito]
habilidade (f)	habilidad (f)	[aβili'ðað]
saber (~ nadar, etc.)	poder (vt)	[po'ðer]
paciente (adj)	paciente (adj)	[pa'θjente]
impaciente (adj)	impaciente (adj)	[impa'θjente]
curioso (adj)	curioso (adj)	[ku'rjoso]
curiosidade (f)	curiosidad (f)	[ku'rjosi'ðað]
modéstia (f)	modestia (f)	[mo'ðestia]
modesto (adj)	modesto (adj)	[mo'ðesto]
imodesto (adj)	inmodesto (adj)	[inmo'ðesto]
preguiça (f)	pereza (f)	[pe'reθa]
preguiçoso (adj)	perezoso (adj)	[pere'θoso]
preguiçoso (m)	perezoso (m)	[pere'θoso]
astúcia (f)	astucia (f)	[as'tuθia]
astuto (adj)	astuto (adj)	[as'tuto]
desconfiança (f)	desconfianza (f)	[deskoɲ'fjanθa]
desconfiado (adj)	desconfiado (adj)	[deskoɲ'fjaðo]
generosidade (f)	generosidad (f)	[χenerosi'ðað]
generoso (adj)	generoso (adj)	[χene'roso]
talentoso (adj)	talentoso (adj)	[talen'toso]
talento (m)	talento (m)	[ta'lento]
corajoso (adj)	valiente (adj)	[ba'ljente]
coragem (f)	coraje (m)	[ko'raχe]
honesto (adj)	honesto (adj)	[o'nesto]
honestidade (f)	honestidad (f)	[onesti'ðað]
prudente, cuidadoso (adj)	prudente (adj)	[pru'ðente]
valoroso (adj)	valeroso (adj)	[bale'roso]

sério (adj)	serio (adj)	['serio]
severo (adj)	severo (adj)	[se'βero]
decidido (adj)	decidido (adj)	[deθi'ðiðo]
indeciso (adj)	indeciso (adj)	[inde'θiso]
tímido (adj)	tímido (adj)	['timiðo]
timidez (f)	timidez (f)	[timi'ðeθ]
confiança (f)	confianza (f)	[kom'fjanθa]
confiar (vt)	creer (vt)	[kre'er]
crédulo (adj)	confiado (adj)	[kom'fjaðo]
sinceramente	sinceramente (adv)	[sinθera'mente]
sincero (adj)	sincero (adj)	[sin'θero]
sinceridade (f)	sinceridad (f)	[sinθeri'ðað]
aberto (adj)	abierto (adj)	[a'βjerto]
calmo (adj)	calmado (adj)	[kalʲ'maðo]
franco (adj)	franco (adj)	['fraŋko]
ingênuo (adj)	ingenuo (adj)	[in'χenuo]
distraído (adj)	distraído (adj)	[distra'iðo]
engraçado (adj)	gracioso (adj)	[gra'θjoso]
ganância (f)	avaricia (f)	[aβa'riθia]
ganancioso (adj)	avaro (adj)	[a'βaro]
avarento, sovina (adj)	tacaño (adj)	[ta'kanjo]
mal (adj)	malvado (adj)	[malʲ'βaðo]
teimoso (adj)	terco (adj)	['terko]
desagradável (adj)	desagradable (adj)	[desaɣra'ðaβle]
egoísta (m)	egoísta (m)	[ego'ista]
egoísta (adj)	egoísta (adj)	[ego'ista]
covarde (m)	cobarde (m)	[ko'βarðe]
covarde (adj)	cobarde (adj)	[ko'βarðe]

63. O sono. Sonhos

dormir (vi)	dormir (vi)	[dor'mir]
sono (m)	sueño (m)	[su'enjo]
sonho (m)	sueño (m)	[su'enjo]
sonhar (ver sonhos)	soñar (vi)	[so'njar]
sonolento (adj)	adormilado (adj)	[aðormi'lʲaðo]
cama (f)	cama (f)	['kama]
colchão (m)	colchón (m)	[kolʲ'ʧon]
cobertor (m)	manta (f)	['manta]
travesseiro (m)	almohada (f)	[alʲmo'aða]
lençol (m)	sábana (f)	['saβana]
insônia (f)	insomnio (m)	[in'somnio]
sem sono (adj)	de insomnio (adj)	[de in'somnio]
sonífero (m)	somnífero (m)	[som'nifero]
tomar um sonífero	tomar el somnífero	[to'mar elʲ som'nifero]
estar sonolento	tener sueño	[te'ner su'enjo]

bocejar (vi)	bostezar (vi)	[boste'θar]
ir para a cama	irse a la cama	['irse a lʲa 'kama]
fazer a cama	hacer la cama	[a'θer lʲa 'kama]
adormecer (vi)	dormirse (vr)	[dor'mirse]

pesadelo (m)	pesadilla (f)	[pesa'ðija]
ronco (m)	ronquido (m)	[roŋ'kiðo]
roncar (vi)	roncar (vi)	[roŋ'kar]

despertador (m)	despertador (m)	[desperta'ðor]
acordar, despertar (vt)	despertar (vt)	[desper'tar]
acordar (vi)	despertarse (vr)	[desper'tarse]
levantar-se (vr)	levantarse (vr)	[leβan'tarse]
lavar-se (vr)	lavarse (vr)	[lʲa'βarse]

64. Humor. Riso. Alegria

humor (m)	humor (m)	[u'mor]
senso (m) de humor	sentido (m) del humor	[sen'tiðo delʲ u'mor]
divertir-se (vr)	divertirse (vr)	[diβer'tirse]
alegre (adj)	alegre (adj)	[a'leɣre]
diversão (f)	júbilo (m)	['χuβilʲo]

sorriso (m)	sonrisa (f)	[son'risa]
sorrir (vi)	sonreír (vi)	[sonre'ir]
começar a rir	echarse a reír	[e'ʧarse a re'ir]
rir (vi)	reírse (vr)	[re'irse]
riso (m)	risa (f)	['risa]

anedota (f)	anécdota (f)	[a'nekðota]
engraçado (adj)	gracioso (adj)	[gra'θjoso]
ridículo, cômico (adj)	ridículo (adj)	[ri'ðikulʲo]

brincar (vi)	bromear (vi)	[brome'ar]
piada (f)	broma (f)	['broma]
alegria (f)	alegría (f)	[ale'ɣria]
regozijar-se (vr)	alegrarse (vr)	[ale'ɣrarse]
alegre (adj)	alegre (adj)	[a'leɣre]

65. Discussão, conversação. Parte 1

comunicação (f)	comunicación (f)	[komunika'θjon]
comunicar-se (vr)	comunicarse (vr)	[komuni'karse]

conversa (f)	conversación (f)	[kombersa'θjon]
diálogo (m)	diálogo (m)	['djalʲogo]
discussão (f)	discusión (f)	[disku'sjon]
debate (m)	debate (m)	[de'βate]
debater (vt)	debatir (vi)	[deβa'tir]

interlocutor (m)	interlocutor (m)	[interlʲoku'tor]
tema (m)	tema (m)	['tema]

ponto (m) de vista	punto (m) de vista	['punto de 'bista]
opinião (f)	opinión (f)	[opi'njon]
discurso (m)	discurso (m)	[dis'kurso]
discussão (f)	discusión (f)	[disku'sjon]
discutir (vt)	discutir (vt)	[disku'tir]
conversa (f)	conversación (f)	[kombersa'θjon]
conversar (vi)	conversar (vi)	[komber'sar]
reunião (f)	reunión (f)	[reu'njon]
encontrar-se (vr)	encontrarse (vr)	[eŋkon'trarse]
provérbio (m)	proverbio (m)	[pro'βerβio]
ditado, provérbio (m)	dicho (m)	['diʧo]
adivinha (f)	adivinanza (f)	[aðiβi'nanθa]
dizer uma adivinha	contar una adivinanza	[kon'tar una aðiβi'nanθa]
senha (f)	contraseña (f)	[kontra'senja]
segredo (m)	secreto (m)	[se'kreto]
juramento (m)	juramento (m)	[χura'mento]
jurar (vi)	jurar (vt)	[χu'rar]
promessa (f)	promesa (f)	[pro'mesa]
prometer (vt)	prometer (vt)	[prome'ter]
conselho (m)	consejo (m)	[kon'seχo]
aconselhar (vt)	aconsejar (vt)	[akonse'χar]
seguir o conselho	seguir un consejo	[se'gir un kon'seχo]
escutar (~ os conselhos)	escuchar (vt)	[esku'ʧar]
novidade, notícia (f)	noticias (f pl)	[no'tiθias]
sensação (f)	sensación (f)	[sensa'θjon]
informação (f)	información (f)	[iɱforma'θjon]
conclusão (f)	conclusión (f)	[koŋklʲu'sjon]
voz (f)	voz (f)	[boθ]
elogio (m)	cumplido (m)	[kum'pliðo]
amável, querido (adj)	amable (adj)	[a'maβle]
palavra (f)	palabra (f)	[pa'lʲaβra]
frase (f)	frase (f)	['frase]
resposta (f)	respuesta (f)	[respu'esta]
verdade (f)	verdad (f)	[ber'ðað]
mentira (f)	mentira (f)	[men'tira]
pensamento (m)	pensamiento (m)	[pensa'mjento]
ideia (f)	idea (f)	[i'ðea]
fantasia (f)	fantasía (f)	[fanta'sia]

66. Discussão, conversação. Parte 2

estimado, respeitado (adj)	respetado (adj)	[respe'taðo]
respeitar (vt)	respetar (vt)	[respe'tar]
respeito (m)	respeto (m)	[res'peto]
Estimado ..., Caro ...	Estimado ...	[esti'maðo]
apresentar (alguém a alguém)	presentar (vt)	[presen'tar]

conhecer (vt)	conocer a alguien	[kono'θer a 'alʲgjen]
intenção (f)	intención (f)	[inten'θjon]
tencionar (~ fazer algo)	tener intención de ...	[te'ner inten'θjon de]
desejo (de boa sorte)	deseo (m)	[de'seo]
desejar (ex. ~ boa sorte)	desear (vt)	[dese'ar]

surpresa (f)	sorpresa (f)	[sor'presa]
surpreender (vt)	sorprender (vt)	[sorpren'der]
surpreender-se (vr)	sorprenderse (vr)	[sorpren'derse]

dar (vt)	dar (vt)	[dar]
pegar (tomar)	tomar (vt)	[to'mar]
devolver (vt)	devolver (vt)	[deβolʲ'βer]
retornar (vt)	retornar (vt)	[retor'nar]

desculpar-se (vr)	disculparse (vr)	[diskulʲ'parse]
desculpa (f)	disculpa (f)	[dis'kulʲpa]
perdoar (vt)	perdonar (vt)	[perðo'nar]

falar (vi)	hablar (vi)	[a'βlʲar]
escutar (vt)	escuchar (vt)	[esku'tʃar]
ouvir até o fim	escuchar hasta el final	[esku'tʃar 'asta elʲ fi'nalʲ]
entender (compreender)	comprender (vt)	[kompren'der]

mostrar (vt)	mostrar (vt)	[mos'trar]
olhar para ...	mirar a ...	[mi'rar a]
chamar (alguém para ...)	llamar (vt)	[ja'mar]
perturbar, distrair (vt)	distraer (vt)	[distra'er]
perturbar (vt)	molestar (vt)	[moles'tar]
entregar (~ em mãos)	pasar (vt)	[pa'sar]

pedido (m)	petición (f)	[peti'θjon]
pedir (ex. ~ ajuda)	pedir (vt)	[pe'ðir]
exigência (f)	exigencia (f)	[eksi'χenθia]
exigir (vt)	exigir (vt)	[eksi'χir]

insultar (chamar nomes)	motejar (vr)	[mote'χar]
zombar (vt)	burlarse (vr)	[bur'lʲarse]
zombaria (f)	burla (f)	['burlʲa]
alcunha (f), apelido (m)	apodo (m)	[a'poðo]

insinuação (f)	alusión (f)	[alʲu'θjon]
insinuar (vt)	aludir (vi)	[alʲu'ðir]
querer dizer	sobrentender (vt)	['soβrenten'der]

descrição (f)	descripción (f)	[deskrip'θjon]
descrever (vt)	describir (vt)	[deskri'βir]
elogio (m)	elogio (m)	[e'lʲoχio]
elogiar (vt)	elogiar (vt)	[elʲo'χjar]

desapontamento (m)	decepción (f)	[deθep'θjon]
desapontar (vt)	decepcionar (vt)	[deθepθjo'nar]
desapontar-se (vr)	estar decepcionado	[es'tar deθepθjo'naðo]

suposição (f)	suposición (f)	[suposi'θjon]
supor (vt)	suponer (vt)	[supo'ner]

| advertência (f) | advertencia (f) | [aðβer'tenθia] |
| advertir (vt) | prevenir (vt) | [preβe'nir] |

67. Discussão, conversação. Parte 3

| convencer (vt) | convencer (vt) | [komben'θer] |
| acalmar (vt) | calmar (vt) | [kaliˈmar] |

silêncio (o ~ é de ouro)	silencio (m)	[si'lenθio]
ficar em silêncio	no decir nada	[no de'θir 'naða]
sussurrar (vt)	susurrar (vt)	[susu'rar]
sussurro (m)	susurro (m)	[su'suro]

| francamente | francamente (adv) | [fraŋka'mente] |
| na minha opinião ... | en mi opinión ... | [en mi opi'njon] |

detalhe (~ da história)	detalle (m)	[de'taje]
detalhado (adj)	detallado (adj)	[deta'jaðo]
detalhadamente	detalladamente (adv)	[detajaða'mente]

| dica (f) | pista (f) | ['pista] |
| dar uma dica | dar una pista | [dar 'una 'pista] |

olhar (m)	mirada (f)	[mi'raða]
dar uma olhada	echar una mirada	[e'ʧar 'una mi'raða]
fixo (olhada ~a)	fija (adj)	['fiχa]
piscar (vi)	parpadear (vi)	[parpaðe'ar]
piscar (vt)	guiñar un ojo	[gi'njar un 'oχo]
acenar com a cabeça	asentir con la cabeza	[asen'tir kon lia ka'βeθa]

suspiro (m)	suspiro (m)	[sus'piro]
suspirar (vi)	suspirar (vi)	[suspi'rar]
estremecer (vi)	estremecerse (vr)	[estreme'θerse]
gesto (m)	gesto (m)	['χesto]
tocar (com as mãos)	tocar (vt)	[to'kar]
agarrar (~ pelo braço)	asir (vt)	[a'sir]
bater de leve	palmear (vt)	[palime'ar]

Cuidado!	¡Cuidado!	[kui'ðaðo]
Sério?	¿De veras?	[de 'beras]
Tem certeza?	¿Estás seguro?	[es'tas se'guro]
Boa sorte!	¡Suerte!	[su'erte]
Entendi!	¡Ya veo!	[ja 'beo]
Que pena!	¡Es una lástima!	[es 'una 'liastima]

68. Acordo. Recusa

consentimento (~ mútuo)	acuerdo (m)	[aku'erðo]
consentir (vi)	estar de acuerdo	[es'tar de aku'erðo]
aprovação (f)	aprobación (f)	[aproβa'θjon]
aprovar (vt)	aprobar (vt)	[apro'βar]
recusa (f)	rechazo (m)	[re'ʧaθo]

negar-se a ...	negarse (vr)	[ne'garse]
Ótimo!	¡Excelente!	[ekθe'lente]
Tudo bem!	¡De acuerdo!	[de aku'erðo]
Está bem! De acordo!	¡Vale!	['bale]

proibido (adj)	prohibido (adj)	[proi'βiðo]
é proibido	está prohibido	[es'ta proi'βiðo]
é impossível	es imposible	[es impo'siβle]
incorreto (adj)	incorrecto (adj)	[iŋko'rekto]

rejeitar (~ um pedido)	rechazar (vt)	[retʃa'θar]
apoiar (vt)	apoyar (vt)	[apo'jar]
aceitar (desculpas, etc.)	aceptar (vt)	[aθep'tar]

confirmar (vt)	confirmar (vt)	[koɱfir'mar]
confirmação (f)	confirmación (f)	[koɱfirma'θjon]
permissão (f)	permiso (m)	[per'miso]
permitir (vt)	permitir (vt)	[permi'tir]
decisão (f)	decisión (f)	[deθi'sjon]
não dizer nada	no decir nada	[no de'θir 'naða]

condição (com uma ~)	condición (f)	[kondi'θjon]
pretexto (m)	excusa (f)	[eks'kusa]
elogio (m)	elogio (m)	[e'lʲoxio]
elogiar (vt)	elogiar (vt)	[elʲo'xjar]

69. Sucesso. Boa sorte. Insucesso

êxito, sucesso (m)	éxito (m)	['eksito]
com êxito	con éxito (adv)	[kon 'eksito]
bem sucedido (adj)	exitoso (adj)	[eksi'toso]

sorte (fortuna)	suerte (f)	[su'erte]
Boa sorte!	¡Suerte!	[su'erte]
de sorte	de suerte (adj)	[de su'erte]
sortudo, felizardo (adj)	afortunado (adj)	[afortu'naðo]

fracasso (m)	fiasco (m)	['fjasko]
pouca sorte (f)	infortunio (m)	[iɱfor'tunio]
azar (m), má sorte (f)	mala suerte (f)	['malʲa su'erte]

| mal sucedido (adj) | fracasado (adj) | [fraka'saðo] |
| catástrofe (f) | catástrofe (f) | [ka'tastrofe] |

orgulho (m)	orgullo (m)	[or'gujo]
orgulhoso (adj)	orgulloso (adj)	[orgu'joso]
estar orgulhoso, -a	estar orgulloso	[es'tar orgu'joso]

vencedor (m)	ganador (m)	[gana'ðor]
vencer (vi, vt)	ganar (vi)	[ga'nar]
perder (vt)	perder (vi)	[per'ðer]
tentativa (f)	tentativa (f)	[tenta'tiβa]
tentar (vt)	intentar (vt)	[inten'tar]
chance (m)	chance (f)	['tʃanθe]

70. Conflitos. Emoções negativas

grito (m)	grito (m)	['grito]
gritar (vi)	gritar (vi)	[gri'tar]
começar a gritar	comenzar a gritar	[komen'θar a gri'tar]
discussão (f)	riña (f)	['rinja]
brigar (discutir)	reñir (vi)	[re'njir]
escândalo (m)	escándalo (m)	[es'kandalʲo]
criar escândalo	causar escándalo	[kau'sar es'kandalʲo]
conflito (m)	conflicto (m)	[koɱ'flikto]
mal-entendido (m)	malentendido (m)	[malenten'diðo]
insulto (m)	insulto (m)	[in'sulʲto]
insultar (vt)	insultar (vt)	[insulʲ'tar]
insultado (adj)	insultado (adj)	[insulʲ'taðo]
ofensa (f)	ofensa (f)	[o'fensa]
ofender (vt)	ofender (vt)	[ofen'der]
ofender-se (vr)	ofenderse (vr)	[ofen'derse]
indignação (f)	indignación (f)	[indiɣna'θjon]
indignar-se (vr)	indignarse (vr)	[indiɣ'narse]
queixa (f)	queja (f)	['keχa]
queixar-se (vr)	quejarse (vr)	[ke'χarse]
desculpa (f)	disculpa (f)	[dis'kulʲpa]
desculpar-se (vr)	disculparse (vr)	[diskulʲ'parse]
pedir perdão	pedir perdón	[pe'ðir per'ðon]
crítica (f)	crítica (f)	['kritika]
criticar (vt)	criticar (vt)	[kriti'kar]
acusação (f)	acusación (f)	[akusa'θjon]
acusar (vt)	acusar (vt)	[aku'sar]
vingança (f)	venganza (f)	[ben'ganθa]
vingar (vt)	vengar (vt)	[ben'gar]
vingar-se de	pagar (vt)	[pa'gar]
desprezo (m)	desprecio (m)	[des'preθio]
desprezar (vt)	despreciar (vt)	[despre'θjar]
ódio (m)	odio (m)	['oðio]
odiar (vt)	odiar (vt)	[o'ðjar]
nervoso (adj)	nervioso (adj)	[ner'βjoso]
estar nervoso	estar nervioso	[es'tar ner'βjoso]
zangado (adj)	enfadado (adj)	[eɱfa'ðaðo]
zangar (vt)	enfadar (vt)	[eɱfa'ðar]
humilhação (f)	humillación (f)	[umija'θjon]
humilhar (vt)	humillar (vt)	[umi'jar]
humilhar-se (vr)	humillarse (vr)	[umi'jarse]
choque (m)	choque (m)	['ʧoke]
chocar (vt)	chocar (vi)	[ʧo'kar]
aborrecimento (m)	molestia (f)	[mo'lestia]

desagradável (adj)	desagradable (adj)	[desaɣra'ðaβle]
medo (m)	miedo (m)	['mjeðo]
terrível (tempestade, etc.)	terrible (adj)	[te'riβle]
assustador (ex. história ~a)	de miedo (adj)	[de 'mjeðo]
horror (m)	horror (m)	[o'ror]
horrível (crime, etc.)	horrible (adj)	[o'riβle]
começar a tremer	empezar a temblar	[empe'θar a tem'blʲar]
chorar (vi)	llorar (vi)	[jo'rar]
começar a chorar	comenzar a llorar	[komen'θar a jo'rar]
lágrima (f)	lágrima (f)	['lʲaɣrima]
falta (f)	culpa (f)	['kulʲpa]
culpa (f)	remordimiento (m)	[remorði'mjento]
desonra (f)	deshonra (f)	[de'sonra]
protesto (m)	protesta (f)	[pro'testa]
estresse (m)	estrés (m)	[es'tres]
perturbar (vt)	molestar (vt)	[moles'tar]
zangar-se com ...	estar furioso	[es'tar fu'rjoθo]
zangado (irritado)	enfadado (adj)	[eɱfa'ðaðo]
terminar (vt)	terminar (vt)	[termi'nar]
praguejar	regañar (vt)	[rega'njar]
assustar-se	asustarse (vr)	[asus'tarse]
golpear (vt)	golpear (vt)	[golʲpe'ar]
brigar (na rua, etc.)	pelear (vi)	[pele'ar]
resolver (o conflito)	resolver (vt)	[resolʲ'βer]
descontente (adj)	descontento (adj)	[deskon'tento]
furioso (adj)	furioso (adj)	[fu'rjoso]
Não está bem!	¡No está bien!	[no es'ta 'bjen]
É ruim!	¡Está mal!	[es'ta 'malʲ]

Medicina

71. Doenças

doença (f)	enfermedad (f)	[eɲferme'ðað]
estar doente	estar enfermo	[es'tar eɲ'fermo]
saúde (f)	salud (f)	[sa'lʲuð]
nariz (m) escorrendo	resfriado (m)	[resfri'aðo]
amigdalite (f)	angina (f)	[an'xina]
resfriado (m)	resfriado (m)	[resfri'aðo]
ficar resfriado	resfriarse (vr)	[resfri'arse]
bronquite (f)	bronquitis (f)	[broŋ'kitis]
pneumonia (f)	pulmonía (f)	[pulʲmo'nia]
gripe (f)	gripe (f)	['gripe]
míope (adj)	miope (adj)	[mi'ope]
presbita (adj)	présbita (adj)	['presβita]
estrabismo (m)	estrabismo (m)	[estra'βismo]
estrábico, vesgo (adj)	estrábico (m) (adj)	[es'traβiko]
catarata (f)	catarata (f)	[kata'rata]
glaucoma (m)	glaucoma (m)	[glʲau'koma]
AVC (m), apoplexia (f)	insulto (m)	[in'sulʲto]
ataque (m) cardíaco	ataque (m) cardiaco	[a'take kar'ðjako]
enfarte (m) do miocárdio	infarto (m) de miocardio	[iɲ'farto de mio'karðio]
paralisia (f)	parálisis (f)	[pa'ralisis]
paralisar (vt)	paralizar (vt)	[parali'θar]
alergia (f)	alergia (f)	[a'lerxia]
asma (f)	asma (f)	['asma]
diabetes (f)	diabetes (f)	[dia'βetes]
dor (f) de dente	dolor (m) de muelas	[do'lʲor de mu'elʲas]
cárie (f)	caries (f)	['karies]
diarreia (f)	diarrea (f)	[dia'rea]
prisão (f) de ventre	estreñimiento (m)	[estrenji'mjento]
desarranjo (m) intestinal	molestia (f) estomacal	[mo'lestja estoma'kalʲ]
intoxicação (f) alimentar	envenenamiento (m)	[embenena'mjento]
intoxicar-se	envenenarse (vr)	[embene'narse]
artrite (f)	artritis (f)	[ar'tritis]
raquitismo (m)	raquitismo (m)	[raki'tismo]
reumatismo (m)	reumatismo (m)	[reuma'tismo]
arteriosclerose (f)	aterosclerosis (f)	[ateroskle'rosis]
gastrite (f)	gastritis (f)	[gas'tritis]
apendicite (f)	apendicitis (f)	[apendi'θitis]

colecistite (f)	colecistitis (f)	[koleθis'titis]
úlcera (f)	úlcera (f)	['ulʲθera]
sarampo (m)	sarampión (m)	[saram'pjon]
rubéola (f)	rubeola (f)	[ruβe'olʲa]
icterícia (f)	ictericia (f)	[ikte'riθia]
hepatite (f)	hepatitis (f)	[epa'titis]
esquizofrenia (f)	esquizofrenia (f)	[eskiθo'frenia]
raiva (f)	rabia (f)	['raβia]
neurose (f)	neurosis (f)	[neu'rosis]
contusão (f) cerebral	conmoción (f) cerebral	[konmo'θjon θere'βralʲ]
câncer (m)	cáncer (m)	['kanθer]
esclerose (f)	esclerosis (f)	[eskle'rosis]
esclerose (f) múltipla	esclerosis (f) múltiple	[eskle'rosis 'mulʲtiple]
alcoolismo (m)	alcoholismo (m)	[alʲkoo'lismo]
alcoólico (m)	alcohólico (m)	[alʲko'oliko]
sífilis (f)	sífilis (f)	['sifilis]
AIDS (f)	SIDA (m)	['siða]
tumor (m)	tumor (m)	[tu'mor]
maligno (adj)	maligno (adj)	[ma'liɣno]
benigno (adj)	benigno (adj)	[be'niɣno]
febre (f)	fiebre (f)	['fjeβre]
malária (f)	malaria (f)	[ma'lʲaria]
gangrena (f)	gangrena (f)	[gan'grena]
enjoo (m)	mareo (m)	[ma'reo]
epilepsia (f)	epilepsia (f)	[epi'lepsia]
epidemia (f)	epidemia (f)	[epi'ðemia]
tifo (m)	tifus (m)	['tifus]
tuberculose (f)	tuberculosis (f)	[tuβerku'lʲosis]
cólera (f)	cólera (f)	['kolera]
peste (f) bubônica	peste (f)	['peste]

72. Sintomas. Tratamentos. Parte 1

sintoma (m)	síntoma (m)	['sintoma]
temperatura (f)	temperatura (f)	[tempera'tura]
febre (f)	fiebre (f)	['fjeβre]
pulso (m)	pulso (m)	['pulʲso]
vertigem (f)	mareo (m)	[ma'reo]
quente (testa, etc.)	caliente (adj)	[ka'ljente]
calafrio (m)	escalofrío (m)	[eskalʲo'frio]
pálido (adj)	pálido (adj)	['paliðo]
tosse (f)	tos (f)	[tos]
tossir (vi)	toser (vi)	[to'ser]
espirrar (vi)	estornudar (vi)	[estornu'ðar]
desmaio (m)	desmayo (m)	[des'majo]
desmaiar (vi)	desmayarse (vr)	[desma'jarse]

mancha (f) preta	moradura (f)	[mora'ðura]
galo (m)	chichón (m)	[ʧi'ʧon]
machucar-se (vr)	golpearse (vr)	[golʲpe'arse]
contusão (f)	magulladura (f)	[maguja'ðura]
machucar-se (vr)	magullarse (vr)	[magu'jarse]

mancar (vi)	cojear (vi)	[koxe'ar]
deslocamento (f)	dislocación (f)	[dislʲoka'θjon]
deslocar (vt)	dislocar (vt)	[dislʲo'kar]
fratura (f)	fractura (f)	[frak'tura]
fraturar (vt)	tener una fractura	[te'ner 'una frak'tura]

corte (m)	corte (m)	['korte]
cortar-se (vr)	cortarse (vr)	[kor'tarse]
hemorragia (f)	hemorragia (f)	[emo'raxia]

queimadura (f)	quemadura (f)	[kema'ðura]
queimar-se (vr)	quemarse (vr)	[ke'marse]

picar (vt)	pincharse (vt)	[pin'ʧarse]
picar-se (vr)	pincharse (vr)	[pin'ʧarse]
lesionar (vt)	herir (vt)	[e'rir]
lesão (m)	herida (f)	[e'riða]
ferida (f), ferimento (m)	lesión (f)	[le'sjon]
trauma (m)	trauma (m)	['trauma]

delirar (vi)	delirar (vi)	[deli'rar]
gaguejar (vi)	tartamudear (vi)	[tartamuðe'ar]
insolação (f)	insolación (f)	[insolʲa'θjon]

73. Sintomas. Tratamentos. Parte 2

dor (f)	dolor (m)	[do'lʲor]
farpa (no dedo, etc.)	astilla (f)	[as'tija]

suor (m)	sudor (m)	[su'ðor]
suar (vi)	sudar (vi)	[su'ðar]
vômito (m)	vómito (m)	['bomito]
convulsões (f pl)	convulsiones (f pl)	[kombulʲi'sjones]

grávida (adj)	embarazada (adj)	[embara'θaða]
nascer (vi)	nacer (vi)	[na'θer]
parto (m)	parto (m)	['parto]
dar à luz	dar a luz	[dar a lʲuθ]
aborto (m)	aborto (m)	[a'βorto]

respiração (f)	respiración (f)	[respira'θjon]
inspiração (f)	inspiración (f)	[inspira'θjon]
expiração (f)	espiración (f)	[espira'θjon]
expirar (vi)	espirar (vi)	[espi'rar]
inspirar (vi)	inspirar (vi)	[inspi'rar]

inválido (m)	inválido (m)	[im'baliðo]
aleijado (m)	mutilado (m)	[muti'lʲaðo]

drogado (m)	drogadicto (m)	[droɣ·aˈðikto]
surdo (adj)	sordo (adj)	[ˈsorðo]
mudo (adj)	mudo (adj)	[ˈmuðo]
surdo-mudo (adj)	sordomudo (adj)	[sorðoˈmuðo]

louco, insano (adj)	loco (adj)	[ˈlʲoko]
louco (m)	loco (m)	[ˈlʲoko]
louca (f)	loca (f)	[ˈlʲoka]
ficar louco	volverse loco	[bolʲˈβerse ˈlʲoko]

gene (m)	gen (m)	[χen]
imunidade (f)	inmunidad (f)	[inmuniˈðað]
hereditário (adj)	hereditario (adj)	[ereðiˈtario]
congênito (adj)	de nacimiento (adj)	[de naθiˈmjento]

vírus (m)	virus (m)	[ˈbirus]
micróbio (m)	microbio (m)	[miˈkroβio]
bactéria (f)	bacteria (f)	[bakˈteria]
infecção (f)	infección (f)	[imɸekˈθjon]

74. Sintomas. Tratamentos. Parte 3

hospital (m)	hospital (m)	[ospiˈtalʲ]
paciente (m)	paciente (m)	[paˈθjente]

diagnóstico (m)	diagnosis (f)	[diaˈɣnosis]
cura (f)	cura (f)	[ˈkura]
tratamento (m) médico	tratamiento (m)	[trataˈmjento]
curar-se (vr)	curarse (vr)	[kuˈrarse]
tratar (vt)	tratar (vt)	[traˈtar]
cuidar (pessoa)	cuidar (vt)	[kuiˈðar]
cuidado (m)	cuidados (m pl)	[kuiˈðaðos]

operação (f)	operación (f)	[operaˈθjon]
enfaixar (vt)	vendar (vt)	[benˈdar]
enfaixamento (m)	vendaje (m)	[benˈdaχe]

vacinação (f)	vacunación (f)	[bakunaˈθjon]
vacinar (vt)	vacunar (vt)	[bakuˈnar]
injeção (f)	inyección (f)	[injekˈθjon]
dar uma injeção	aplicar una inyección	[apliˈkar ˈuna injekˈθjon]

ataque (~ de asma, etc.)	ataque (m)	[aˈtake]
amputação (f)	amputación (f)	[amputaˈθjon]
amputar (vt)	amputar (vt)	[ampuˈtar]
coma (f)	coma (m)	[ˈkoma]
estar em coma	estar en coma	[esˈtar en ˈkoma]
reanimação (f)	revitalización (f)	[reβitaliθaˈθjon]

recuperar-se (vr)	recuperarse (vr)	[rekupeˈrarse]
estado (~ de saúde)	estado (m)	[esˈtaðo]
consciência (perder a ~)	consciencia (f)	[konˈθjenθia]
memória (f)	memoria (f)	[meˈmoria]
tirar (vt)	extraer (vt)	[ekstraˈer]

obturação (f)	empaste (m)	[em'paste]
obturar (vt)	empastar (vt)	[empas'tar]
hipnose (f)	hipnosis (f)	[ip'nosis]
hipnotizar (vt)	hipnotizar (vt)	[ipnoti'θar]

75. Médicos

médico (m)	médico (m)	['meðiko]
enfermeira (f)	enfermera (f)	[eɱfer'mera]
médico (m) pessoal	médico (m) personal	['meðiko perso'nalʲ]
dentista (m)	dentista (m)	[den'tista]
oculista (m)	oftalmólogo (m)	[oftalʲ'molʲogo]
terapeuta (m)	internista (m)	[inter'nista]
cirurgião (m)	cirujano (m)	[θiru'χano]
psiquiatra (m)	psiquiatra (m)	[si'kjatra]
pediatra (m)	pediatra (m)	[pe'ðjatra]
psicólogo (m)	psicólogo (m)	[si'kolʲogo]
ginecologista (m)	ginecólogo (m)	[χine'kolʲogo]
cardiologista (m)	cardiólogo (m)	[karði'olʲogo]

76. Medicina. Drogas. Acessórios

medicamento (m)	medicamento (m), droga (f)	[meðika'mento], ['droga]
remédio (m)	remedio (m)	[re'meðio]
receitar (vt)	prescribir	[preskri'βir]
receita (f)	receta (f)	[re'θeta]
comprimido (m)	tableta (f)	[ta'βleta]
unguento (m)	ungüento (m)	[ungu'ento]
ampola (f)	ampolla (f)	[am'poja]
solução, preparado (m)	mixtura (f), mezcla (f)	[miks'tura], ['meθklʲa]
xarope (m)	sirope (m)	[si'rope]
cápsula (f)	píldora (f)	['pilʲdora]
pó (m)	polvo (m)	['polʲβo]
atadura (f)	venda (f)	['benda]
algodão (m)	algodón (m)	[alʲgo'ðon]
iodo (m)	yodo (m)	['joðo]
curativo (m) adesivo	tirita (f), curita (f)	[ti'rita], [ku'rita]
conta-gotas (m)	pipeta (f)	[pi'peta]
termômetro (m)	termómetro (m)	[ter'mometro]
seringa (f)	jeringa (f)	[χe'ringa]
cadeira (f) de rodas	silla (f) de ruedas	['sija de ru'eðas]
muletas (f pl)	muletas (f pl)	[mu'letas]
analgésico (m)	anestésico (m)	[anes'tesiko]
laxante (m)	purgante (m)	[pur'gante]

álcool (m)	alcohol (m)	[alˈkoˈolʲ]
ervas (f pl) medicinais	hierba (f) medicinal	[ˈjerβa meðiθiˈnalʲ]
de ervas (chá ~)	de hierbas (adj)	[de ˈjerβas]

77. Fumar. Produtos tabágicos

tabaco (m)	tabaco (m)	[taˈβako]
cigarro (m)	cigarrillo (m)	[θigaˈrijo]
charuto (m)	cigarro (m)	[θiˈgaro]
cachimbo (m)	pipa (f)	[ˈpipa]
maço (~ de cigarros)	paquete (m)	[paˈkete]

fósforos (m pl)	cerillas (f pl)	[θeˈrijas]
caixa (f) de fósforos	caja (f) de cerillas	[ˈkaχa de θeˈrijas]
isqueiro (m)	encendedor (m)	[enθendeˈðor]
cinzeiro (m)	cenicero (m)	[θeniˈθero]
cigarreira (f)	pitillera (f)	[pitiˈjera]

| piteira (f) | boquilla (f) | [boˈkija] |
| filtro (m) | filtro (m) | [ˈfilʲtro] |

fumar (vi, vt)	fumar (vi, vt)	[fuˈmar]
acender um cigarro	encender un cigarrillo	[enθenˈder un θigaˈrijo]
tabagismo (m)	tabaquismo (m)	[taβaˈkismo]
fumante (m)	fumador (m)	[fumaˈðor]

bituca (f)	colilla (f)	[koˈlija]
fumaça (f)	humo (m)	[ˈumo]
cinza (f)	ceniza (f)	[θeˈniθa]

HABITAT HUMANO

Cidade

78. Cidade. Vida na cidade

cidade (f)	ciudad (f)	[θju'ðað]
capital (f)	capital (f)	[kapi'tal]
aldeia (f)	aldea (f)	[al'ðea]
mapa (m) da cidade	plano (m) de la ciudad	['plano de l'a θju'ðað]
centro (m) da cidade	centro (m) de la ciudad	['θentro de l'a θju'ðað]
subúrbio (m)	suburbio (m)	[su'βurβio]
suburbano (adj)	suburbano (adj)	[suβur'βano]
periferia (f)	arrabal (m)	[ara'βal]
arredores (m pl)	afueras (f pl)	[afu'eras]
quarteirão (m)	barrio (m)	['bario]
quarteirão (m) residencial	zona (f) de viviendas	['θona de bi'βjendas]
tráfego (m)	tráfico (m)	['trafiko]
semáforo (m)	semáforo (m)	[se'maforo]
transporte (m) público	transporte (m) urbano	[trans'porte ur'βano]
cruzamento (m)	cruce (m)	['kruθe]
faixa (f)	paso (m) de peatones	['paso de pea'tones]
túnel (m) subterrâneo	paso (m) subterráneo	['paso suβte'raneo]
cruzar, atravessar (vt)	cruzar (vt)	[kru'θar]
pedestre (m)	peatón (m)	[pea'ton]
calçada (f)	acera (f)	[a'θera]
ponte (f)	puente (m)	[pu'ente]
margem (f) do rio	muelle (m)	[mu'eje]
fonte (f)	fuente (f)	[fu'ente]
alameda (f)	alameda (f)	[al'a'meða]
parque (m)	parque (m)	['parke]
bulevar (m)	bulevar (m)	[bule'βar]
praça (f)	plaza (f)	['pl'aθa]
avenida (f)	avenida (f)	[aβe'niða]
rua (f)	calle (f)	['kaje]
travessa (f)	callejón (m)	[kaje'χon]
beco (m) sem saída	callejón (m) sin salida	[kaje'χon sin sa'liða]
casa (f)	casa (f)	['kasa]
edifício, prédio (m)	edificio (m)	[eði'fiθio]
arranha-céu (m)	rascacielos (m)	[raska'θjel'os]
fachada (f)	fachada (f)	[fa'ʧaða]
telhado (m)	techo (m)	['teʧo]

janela (f)	ventana (f)	[ben'tana]
arco (m)	arco (m)	['arko]
coluna (f)	columna (f)	[ko'lʲumna]
esquina (f)	esquina (f)	[es'kina]

vitrine (f)	escaparate (f)	[eskapa'rate]
letreiro (m)	letrero (m)	[le'trero]
cartaz (do filme, etc.)	cartel (m)	[kar'telʲ]
cartaz (m) publicitário	cartel (m) publicitario	[kar'telʲ puβliθi'tario]
painel (m) publicitário	valla (f) publicitaria	['baja puβliθi'taria]

lixo (m)	basura (f)	[ba'sura]
lata (f) de lixo	cajón (m) de basura	[ka'xon de ba'sura]
jogar lixo na rua	tirar basura	[ti'rar ba'sura]
aterro (m) sanitário	basurero (m)	[basu'rero]

orelhão (m)	cabina (f) telefónica	[ka'βina tele'fonika]
poste (m) de luz	farola (f)	[fa'rolʲa]
banco (m)	banco (m)	['baŋko]

polícia (m)	policía (m)	[poli'θia]
polícia (instituição)	policía (f)	[poli'θia]
mendigo, pedinte (m)	mendigo (m)	[men'digo]
desabrigado (m)	persona (f) sin hogar	[per'sona sin o'gar]

79. Instituições urbanas

loja (f)	tienda (f)	['tjenda]
drogaria (f)	farmacia (f)	[far'maθia]
ótica (f)	óptica (f)	['optika]
centro (m) comercial	centro (m) comercial	['θentro komer'θjalʲ]
supermercado (m)	supermercado (m)	[supermer'kaðo]

padaria (f)	panadería (f)	[panaðe'ria]
padeiro (m)	panadero (m)	[pana'ðero]
pastelaria (f)	pastelería (f)	[pastele'ria]
mercearia (f)	tienda (f) de comestibles	['tjenda de komes'tiβles]
açougue (m)	carnicería (f)	[karniθe'ria]

fruteira (f)	verdulería (f)	[berðule'ria]
mercado (m)	mercado (m)	[mer'kaðo]

cafeteria (f)	cafetería (f)	[kafete'ria]
restaurante (m)	restaurante (m)	[restau'rante]
bar (m)	cervecería (f)	[θerβeθe'ria]
pizzaria (f)	pizzería (f)	[pitse'ria]

salão (m) de cabeleireiro	peluquería (f)	[pelʲuke'ria]
agência (f) dos correios	oficina (f) de correos	[ofi'θina de ko'reos]
lavanderia (f)	tintorería (f)	[tintore'ria]
estúdio (m) fotográfico	estudio (m) fotográfico	[es'tuðjo foto'ɣrafiko]

sapataria (f)	zapatería (f)	[θapate'ria]
livraria (f)	librería (f)	[liβre'ria]

loja (f) de artigos esportivos	tienda (f) deportiva	['tjenda depor'tiβa]
costureira (m)	arreglos (m pl) de ropa	[a'reɣlʲos de 'ropa]
aluguel (m) de roupa	alquiler (m) de ropa	[alʲki'ler de 'ropa]
videolocadora (f)	videoclub (m)	[biðeo·'klʲuβ]

circo (m)	circo (m)	['θirko]
jardim (m) zoológico	zoológico (m)	[θoo'lʲoχiko]
cinema (m)	cine (m)	['θine]
museu (m)	museo (m)	[mu'seo]
biblioteca (f)	biblioteca (f)	[biβlio'teka]

teatro (m)	teatro (m)	[te'atro]
ópera (f)	ópera (f)	['opera]
boate (casa noturna)	club (m) nocturno	[klʲuβ nok'turno]
cassino (m)	casino (m)	[ka'sino]

mesquita (f)	mezquita (f)	[meθ'kita]
sinagoga (f)	sinagoga (f)	[sina'goga]
catedral (f)	catedral (f)	[kate'ðralʲ]
templo (m)	templo (m)	['templʲo]
igreja (f)	iglesia (f)	[i'ɣlesia]

faculdade (f)	instituto (m)	[insti'tuto]
universidade (f)	universidad (f)	[uniβersi'ðað]
escola (f)	escuela (f)	[esku'elʲa]

prefeitura (f)	prefectura (f)	[prefek'tura]
câmara (f) municipal	alcaldía (f)	[alʲkalʲ'ðia]
hotel (m)	hotel (m)	[o'telʲ]
banco (m)	banco (m)	['baŋko]

embaixada (f)	embajada (f)	[emba'χaða]
agência (f) de viagens	agencia (f) de viajes	[a'χenθja de 'bjaχes]
agência (f) de informações	oficina (f) de información	[ofi'θina de imforma'θjon]
casa (f) de câmbio	oficina (f) de cambio	[ofi'θina de 'kambio]

metrô (m)	metro (m)	['metro]
hospital (m)	hospital (m)	[ospi'talʲ]

posto (m) de gasolina	gasolinera (f)	[gasoli'nera]
parque (m) de estacionamento	aparcamiento (m)	[aparka'mjento]

80. Sinais

letreiro (m)	letrero (m)	[le'trero]
aviso (m)	cartel (m)	[kar'telʲ]
cartaz, pôster (m)	pancarta (f)	[paŋ'karta]
placa (f) de direção	señal (m) de dirección	[se'njalʲ de direk'θjon]
seta (f)	flecha (f)	['fletʃa]

aviso (advertência)	advertencia (f)	[aðβer'tenθia]
sinal (m) de aviso	aviso (m)	[a'βiso]
avisar, advertir (vt)	advertir (vt)	[aðβer'tir]
dia (m) de folga	día (m) de descanso	['dia de des'kanso]

| horário (~ dos trens, etc.) | horario (m) | [o'rario] |
| horário (m) | horario (m) de apertura | [o'rarjo de aper'tura] |

BEM-VINDOS!	¡BIENVENIDOS!	[bjembe'niðos]
ENTRADA	ENTRADA	[en'traða]
SAÍDA	SALIDA	[sa'liða]

EMPURRE	EMPUJAR	[empu'χar]
PUXE	TIRAR	[ti'rar]
ABERTO	ABIERTO	[a'βjerto]
FECHADO	CERRADO	[θe'raðo]

| MULHER | MUJERES | [mu'χeres] |
| HOMEM | HOMBRES | ['ombres] |

DESCONTOS	REBAJAS	[re'βaχas]
SALDOS, PROMOÇÃO	SALDOS	['salʲdos]
NOVIDADE!	NOVEDAD	[noβe'ðað]
GRÁTIS	GRATIS	['gratis]

ATENÇÃO!	¡ATENCIÓN!	[aten'θjon]
NÃO HÁ VAGAS	COMPLETO	[kom'pleto]
RESERVADO	RESERVADO	[reser'βaðo]

ADMINISTRAÇÃO	ADMINISTRACIÓN	[aðministra'θjon]
SOMENTE PESSOAL	SÓLO PERSONAL	['sol?o perso'nal?
AUTORIZADO	AUTORIZADO	autori'?a?o]

CUIDADO CÃO FEROZ	CUIDADO CON EL PERRO	[kui'ðaðo kon elʲ 'pero]
PROIBIDO FUMAR!	PROHIBIDO FUMAR	[proi'βiðo fu'mar]
NÃO TOCAR	NO TOCAR	[no to'kar]

PERIGOSO	PELIGROSO	[peli'ɣroso]
PERIGO	PELIGRO	[pe'liɣro]
ALTA TENSÃO	ALTA TENSIÓN	['alʲta ten'sjon]
PROIBIDO NADAR	PROHIBIDO BAÑARSE	[proi'βiðo ba'njarse]
COM DEFEITO	NO FUNCIONA	[no fun'θjona]

INFLAMÁVEL	INFLAMABLE	[imflʲa'maβle]
PROIBIDO	PROHIBIDO	[proi'βiðo]
ENTRADA PROIBIDA	PROHIBIDO EL PASO	[proi'βiðo elʲ 'paso]
CUIDADO TINTA FRESCA	RECIÉN PINTADO	[re'θjen pin'taðo]

81. Transportes urbanos

ônibus (m)	autobús (m)	[auto'βus]
bonde (m) elétrico	tranvía (m)	[tram'bia]
trólebus (m)	trolebús (m)	[trole'βus]
rota (f), itinerário (m)	itinerario (m)	[itine'rario]
número (m)	número (m)	['numero]

ir de ... (carro, etc.)	ir en ...	[ir en]
entrar no ...	tomar (vt)	[to'mar]
descer do ...	bajar del ...	[ba'χar delʲ]

parada (f)	parada (f)	[pa'raða]
próxima parada (f)	próxima parada (f)	['proksima pa'raða]
terminal (m)	parada (f) final	[pa'raða fi'nalʲ]
horário (m)	horario (m)	[o'rario]
esperar (vt)	esperar (vt)	[espe'rar]

| passagem (f) | billete (m) | [bi'jete] |
| tarifa (f) | precio (m) del billete | ['preθjo delʲ bi'jete] |

bilheteiro (m)	cajero (m)	[ka'χero]
controle (m) de passagens	control (m) de billetes	[kon'trolʲ de bi'jetes]
revisor (m)	revisor (m)	[rebi'sor]

atrasar-se (vr)	llegar tarde (vi)	[je'gar 'tarðe]
perder (o autocarro, etc.)	perder (vt)	[per'ðer]
estar com pressa	tener prisa	[te'ner 'prisa]

táxi (m)	taxi (m)	['taksi]
taxista (m)	taxista (m)	[ta'ksista]
de táxi (ir ~)	en taxi	[en 'taksi]
ponto (m) de táxis	parada (f) de taxi	[pa'raða de 'taksi]
chamar um táxi	llamar un taxi	[ja'mar un 'taksi]
pegar um táxi	tomar un taxi	[to'mar un 'taksi]

tráfego (m)	tráfico (m)	['trafiko]
engarrafamento (m)	atasco (m)	[a'tasko]
horas (f pl) de pico	horas (f pl) de punta	['oras de 'punta]
estacionar (vi)	aparcar (vi)	[apar'kar]
estacionar (vt)	aparcar (vt)	[apar'kar]
parque (m) de estacionamento	aparcamiento (m)	[aparka'mjento]

metrô (m)	metro (m)	['metro]
estação (f)	estación (f)	[esta'θjon]
ir de metrô	ir en el metro	[ir en elʲ 'metro]
trem (m)	tren (m)	['tren]
estação (f) de trem	estación (f)	[esta'θjon]

82. Turismo

monumento (m)	monumento (m)	[monu'mento]
fortaleza (f)	fortaleza (f)	[forta'leθa]
palácio (m)	palacio (m)	[pa'lʲaθio]
castelo (m)	castillo (m)	[kas'tijo]
torre (f)	torre (f)	['tore]
mausoléu (m)	mausoleo (m)	[mauso'leo]

arquitetura (f)	arquitectura (f)	[arkitek'tura]
medieval (adj)	medieval (adj)	[meðje'βalʲ]
antigo (adj)	antiguo (adj)	[an'tiguo]
nacional (adj)	nacional (adj)	[naθjo'nalʲ]
famoso, conhecido (adj)	conocido (adj)	[kono'θiðo]

| turista (m) | turista (m) | [tu'rista] |
| guia (pessoa) | guía (m) | ['gia] |

excursão (f)	excursión (f)	[eskur'θjon]
mostrar (vt)	mostrar (vt)	[mos'trar]
contar (vt)	contar (vt)	[kon'tar]

encontrar (vt)	encontrar (vt)	[eŋkon'trar]
perder-se (vr)	perderse (vr)	[per'ðerse]
mapa (~ do metrô)	plano (m), mapa (m)	['plʲano], ['mapa]
mapa (~ da cidade)	mapa (m)	['mapa]

lembrança (f), presente (m)	recuerdo (m)	[reku'erðo]
loja (f) de presentes	tienda (f) de regalos	['tjenda de re'galʲos]
tirar fotos, fotografar	hacer fotos	[a'θer 'fotos]
fotografar-se (vr)	fotografiarse (vr)	[fotoɣra'fjarse]

83. Compras

comprar (vt)	comprar (vt)	[kom'prar]
compra (f)	compra (f)	['kompra]
fazer compras	hacer compras	[a'θer 'kompras]
compras (f pl)	compras (f pl)	['kompras]

estar aberta (loja)	estar abierto	[es'tar a'βjerto]
estar fechada	estar cerrado	[es'tar θe'raðo]

calçado (m)	calzado (m)	[kalʲ'θaðo]
roupa (f)	ropa (f)	['ropa]
cosméticos (m pl)	cosméticos (m pl)	[kos'metikos]
alimentos (m pl)	productos alimenticios	[pro'ðuktos alimen'tiθjos]
presente (m)	regalo (m)	[re'galʲo]

vendedor (m)	vendedor (m)	[bende'ðor]
vendedora (f)	vendedora (f)	[bende'ðora]

caixa (f)	caja (f)	['kaχa]
espelho (m)	espejo (m)	[es'peχo]
balcão (m)	mostrador (m)	[mostra'ðor]
provador (m)	probador (m)	[proβa'ðor]

provar (vt)	probar (vt)	[pro'βar]
servir (roupa, caber)	quedar (vi)	[ke'ðar]
gostar (apreciar)	gustar (vi)	[gus'tar]

preço (m)	precio (m)	['preθio]
etiqueta (f) de preço	etiqueta (f) de precio	[eti'keta de 'preθio]
custar (vt)	costar (vt)	[kos'tar]
Quanto?	¿Cuánto?	[ku'anto]
desconto (m)	descuento (m)	[desku'ento]

não caro (adj)	no costoso (adj)	[no kos'toso]
barato (adj)	barato (adj)	[ba'rato]
caro (adj)	caro (adj)	['karo]
É caro	Es caro	[es 'karo]
aluguel (m)	alquiler (m)	[alʲki'ler]
alugar (roupas, etc.)	alquilar (vt)	[alʲki'lʲar]

| crédito (m) | crédito (m) | ['kreðito] |
| a crédito | a crédito (adv) | [a 'kreðito] |

84. Dinheiro

dinheiro (m)	dinero (m)	[di'nero]
câmbio (m)	cambio (m)	['kambio]
taxa (f) de câmbio	curso (m)	['kurso]
caixa (m) eletrônico	cajero (m) automático	[ka'xero auto'matiko]
moeda (f)	moneda (f)	[mo'neða]

| dólar (m) | dólar (m) | ['dolʲar] |
| euro (m) | euro (m) | ['euro] |

lira (f)	lira (f)	['lira]
marco (m)	marco (m) alemán	['marko ale'man]
franco (m)	franco (m)	['fraŋko]
libra (f) esterlina	libra esterlina (f)	['liβra ester'lina]
iene (m)	yen (m)	[jen]

dívida (f)	deuda (f)	['deuða]
devedor (m)	deudor (m)	[deu'ðor]
emprestar (vt)	prestar (vt)	[pres'tar]
pedir emprestado	tomar prestado	[to'mar pres'taðo]

banco (m)	banco (m)	['baŋko]
conta (f)	cuenta (f)	[ku'enta]
depositar (vt)	ingresar (vt)	[ingre'sar]
depositar na conta	ingresar en la cuenta	[ingre'sar en lʲa ku'enta]
sacar (vt)	sacar de la cuenta	[sa'kar de lʲa ku'enta]

cartão (m) de crédito	tarjeta (f) de crédito	[tar'xeta de 'kreðito]
dinheiro (m) vivo	dinero (m) en efectivo	[di'nero en efek'tiβo]
cheque (m)	cheque (m)	['tʃeke]
passar um cheque	sacar un cheque	[sa'kar un 'tʃeke]
talão (m) de cheques	talonario (m)	[talʲo'nario]

carteira (f)	cartera (f)	[kar'tera]
niqueleira (f)	monedero (m)	[mone'ðero]
cofre (m)	caja (f) fuerte	['kaxa fu'erte]

herdeiro (m)	heredero (m)	[ere'ðero]
herança (f)	herencia (f)	[e'renθia]
fortuna (riqueza)	fortuna (f)	[for'tuna]

arrendamento (m)	arriendo (m)	[a'rjendo]
aluguel (pagar o ~)	alquiler (m)	[alʲki'ler]
alugar (vt)	alquilar (vt)	[alʲki'lʲar]

preço (m)	precio (m)	['preθio]
custo (m)	coste (m)	['koste]
soma (f)	suma (f)	['suma]
gastar (vt)	gastar (vt)	[gas'tar]
gastos (m pl)	gastos (m pl)	['gastos]

economizar (vi)	economizar (vi, vt)	[ekonomi'θar]
econômico (adj)	económico (adj)	[eko'nomiko]

pagar (vt)	pagar (vi, vt)	[pa'gar]
pagamento (m)	pago (m)	['pago]
troco (m)	cambio (m)	['kambio]

imposto (m)	impuesto (m)	[impu'esto]
multa (f)	multa (f)	['mulʲta]
multar (vt)	multar (vt)	[mulʲ'tar]

85. Correios. Serviço postal

agência (f) dos correios	oficina (f) de correos	[ofi'θina de ko'reos]
correio (m)	correo (m)	[ko'reo]
carteiro (m)	cartero (m)	[kar'tero]
horário (m)	horario (m) de apertura	[o'rarjo de aper'tura]

carta (f)	carta (f)	['karta]
carta (f) registada	carta (f) certificada	['karta θertifi'kaða]
cartão (m) postal	tarjeta (f) postal	[tar'χeta pos'talʲ]
telegrama (m)	telegrama (m)	[tele'ɣrama]
encomenda (f)	paquete (m) postal	[pa'kete pos'talʲ]
transferência (f) de dinheiro	giro (m) postal	['χiro pos'talʲ]

receber (vt)	recibir (vt)	[reθi'βir]
enviar (vt)	enviar (vt)	[em'bjar]
envio (m)	envío (m)	[em'bio]

endereço (m)	dirección (f)	[direk'θjon]
código (m) postal	código (m) postal	['koðigo pos'talʲ]
remetente (m)	expedidor (m)	[ekspeði'ðor]
destinatário (m)	destinatario (m)	[destina'tario]

nome (m)	nombre (m)	['nombre]
sobrenome (m)	apellido (m)	[ape'jiðo]

tarifa (f)	tarifa (f)	[ta'rifa]
ordinário (adj)	ordinario (adj)	[orði'nario]
econômico (adj)	económico (adj)	[eko'nomiko]

peso (m)	peso (m)	['peso]
pesar (estabelecer o peso)	pesar (vt)	[pe'sar]
envelope (m)	sobre (m)	['soβre]
selo (m) postal	sello (m)	['sejo]
colar o selo	poner un sello	[po'ner un 'sejo]

Moradia. Casa. Lar

86. Casa. Habitação

casa (f)	casa (f)	['kasa]
em casa	en casa (adv)	[en 'kasa]
pátio (m), quintal (f)	patio (m)	['patio]
cerca, grade (f)	verja (f)	['berχa]
tijolo (m)	ladrillo (m)	[lʲa'ðrijo]
de tijolos	de ladrillo (adj)	[de lʲa'ðrijo]
pedra (f)	piedra (f)	['pjeðra]
de pedra	de piedra (adj)	[de 'pjeðra]
concreto (m)	hormigón (m)	[ormi'ɣon]
concreto (adj)	de hormigón (adj)	[de ormi'ɣon]
novo (adj)	nuevo (adj)	[nu'eβo]
velho (adj)	viejo (adj)	['bjeχo]
decrépito (adj)	deteriorado (adj)	[deterjo'raðo]
moderno (adj)	moderno (adj)	[mo'ðerno]
de vários andares	de muchos pisos	[de 'muʧos 'pisos]
alto (adj)	alto (adj)	['alʲto]
andar (m)	piso (m), planta (f)	['piso], ['plʲanta]
de um andar	de una sola planta	[de una 'solʲa 'plʲanta]
térreo (m)	piso (m) bajo	['piso 'baχo]
andar (m) de cima	piso (m) alto	['piso 'alʲto]
telhado (m)	techo (m)	['teʧo]
chaminé (f)	chimenea (f)	[ʧime'nea]
telha (f)	tejas (f pl)	['teχas]
de telha	de tejas (adj)	[de 'teχas]
sótão (m)	desván (m)	[des'βan]
janela (f)	ventana (f)	[ben'tana]
vidro (m)	vidrio (m)	['biðrio]
parapeito (m)	alféizar (m)	[alʲ'fejθar]
persianas (f pl)	contraventanas (f pl)	[kontraβen'tanas]
parede (f)	pared (f)	[pa'reð]
varanda (f)	balcón (m)	[balʲ'kon]
calha (f)	gotera (f)	[go'tera]
em cima	arriba	[a'riβa]
subir (vi)	subir (vi)	[su'βir]
descer (vi)	descender (vi)	[deθen'der]
mudar-se (vr)	mudarse (vr)	[mu'ðarse]

87. Casa. Entrada. Elevador

entrada (f)	entrada (f)	[en'traða]
escada (f)	escalera (f)	[eska'lera]
degraus (m pl)	escalones (m pl)	[eska'lʲones]
corrimão (m)	baranda (f)	[ba'randa]
hall (m) de entrada	vestíbulo (m)	[bes'tiβulʲo]
caixa (f) de correio	buzón (m)	[bu'θon]
lata (f) do lixo	contenedor (m) de basura	[kontene'ðor de ba'sura]
calha (f) de lixo	bajante (f) de basura	[ba'χante de ba'sura]
elevador (m)	ascensor (m)	[aθen'sor]
elevador (m) de carga	ascensor (m) de carga	[aθen'sor de 'karga]
cabine (f)	cabina (f)	[ka'βina]
pegar o elevador	ir en el ascensor	[ir en elʲ aθen'sor]
apartamento (m)	apartamento (m)	[aparta'mento]
residentes (pl)	inquilinos (pl)	[iŋki'linos]
vizinho (m)	vecino (m)	[be'θino]
vizinha (f)	vecina (f)	[be'θina]
vizinhos (pl)	vecinos (pl)	[be'θinos]

88. Casa. Eletricidade

eletricidade (f)	electricidad (f)	[elektriθi'ðað]
lâmpada (f)	bombilla (f)	[bom'bija]
interruptor (m)	interruptor (m)	[interup'tor]
fusível, disjuntor (m)	fusible (m)	[fu'siβle]
fio, cabo (m)	cable, hilo (m)	['kaβle], ['ilʲo]
instalação (f) elétrica	instalación (f) eléctrica	[instalʲa'θjon e'lektrika]
medidor (m) de eletricidade	contador (m) de luz	[konta'ðor de lʲuθ]
indicação (f), registro (m)	lectura (f)	[lek'tura]

89. Casa. Portas. Fechaduras

porta (f)	puerta (f)	[pu'erta]
portão (m)	portón (m)	[por'ton]
maçaneta (f)	tirador (m)	[tira'ðor]
destrancar (vt)	abrir el cerrojo	[a'βrir elʲ θe'roχo]
abrir (vt)	abrir (vt)	[a'βrir]
fechar (vt)	cerrar (vt)	[θe'rar]
chave (f)	llave (f)	['jaβe]
molho (m)	manojo (m) de llaves	[ma'noχo de 'jaβes]
ranger (vi)	crujir (vi)	[kru'χir]
rangido (m)	crujido (m)	[kru'χiðo]
dobradiça (f)	gozne (m)	['goθne]
capacho (m)	felpudo (m)	[felʲ'puðo]
fechadura (f)	cerradura (f)	[θera'ðura]

buraco (m) da fechadura	ojo (m) de cerradura	['oχo de θera'ðura]
barra (f)	cerrojo (m)	[θe'roχo]
fecho (ferrolho pequeno)	pestillo (m)	[pes'tijo]
cadeado (m)	candado (m)	[kan'daðo]

tocar (vt)	tocar el timbre	[to'kar elʲ 'timbre]
toque (m)	campanillazo (m)	[kampani'jaθo]
campainha (f)	timbre (m)	['timbre]
botão (m)	botón (m)	[bo'ton]
batida (f)	toque (m) a la puerta	['toke a lʲa pu'erta]
bater (vi)	tocar la puerta	[to'kar lʲa pu'erta]

código (m)	código (m)	['koðigo]
fechadura (f) de código	cerradura (f) de contraseña	[θera'ðura de kontra'senja]
interfone (m)	telefonillo (m)	[telefo'nijo]
número (m)	número (m)	['numero]
placa (f) de porta	placa (f) de puerta	['plʲaka de pu'erta]
olho (m) mágico	mirilla (f)	[mi'rija]

90. Casa de campo

aldeia (f)	aldea (f)	[alʲ'ðea]
horta (f)	huerta (f)	[u'erta]
cerca (f)	empalizada (f)	[empali'θaða]
cerca (f) de piquete	valla (f)	['baja]
portão (f) do jardim	puertecilla (f)	[puerte'θija]

celeiro (m)	granero (m)	[gra'nero]
adega (f)	sótano (m)	['sotano]
galpão, barracão (m)	cobertizo (m)	[koβer'tiθo]
poço (m)	pozo (m)	['poθo]

fogão (m)	estufa (f)	[es'tufa]
atiçar o fogo	calentar la estufa	[kalen'tar lʲa es'tufa]
lenha (carvão ou ~)	leña (f)	['lenja]
acha, lenha (f)	leño (m)	['lenjo]

varanda (f)	veranda (f)	[be'randa]
alpendre (m)	terraza (f)	[te'raθa]
degraus (m pl) de entrada	porche (m)	['portʃe]
balanço (m)	columpio (m)	[ko'lʲumpio]

91. Moradia. Mansão

casa (f) de campo	casa (f) de campo	['kasa de 'kampo]
vila (f)	villa (f)	['bija]
ala (~ do edifício)	ala (f)	['alʲa]

jardim (m)	jardín (m)	[χar'ðin]
parque (m)	parque (m)	['parke]
estufa (f)	invernadero (m)	[imberna'ðero]
cuidar de ...	cuidar (vt)	[kui'ðar]

piscina (f)	piscina (f)	[pi'θina]
academia (f) de ginástica	gimnasio (m)	[xim'nasio]
quadra (f) de tênis	cancha (f) de tenis	['kantʃa de 'tenis]
cinema (m)	sala (f) de cine	['salʲa de 'θine]
garagem (f)	garaje (m)	[ga'raxe]

| propriedade (f) privada | propiedad (f) privada | [propje'ðað pri'βaða] |
| terreno (m) privado | terreno (m) privado | [te'reno pri'βaðo] |

| advertência (f) | advertencia (f) | [aðβer'tenθia] |
| sinal (m) de aviso | letrero (m) de aviso | [le'trero de a'βiθo] |

guarda (f)	seguridad (f)	[seguri'ðað]
guarda (m)	guardia (m) de seguridad	[gu'arðja de seguri'ðað]
alarme (m)	alarma (f) antirrobo	[a'lʲarma anti'roβo]

92. Castelo. Palácio

castelo (m)	castillo (m)	[kas'tijo]
palácio (m)	palacio (m)	[pa'lʲaθio]
fortaleza (f)	fortaleza (f)	[forta'leθa]
muralha (f)	muralla (f)	[mu'raja]
torre (f)	torre (f)	['tore]
calabouço (m)	torre (f) principal	['tore prinθi'palʲ]

grade (f) levadiça	rastrillo (m)	[ras'trijo]
passagem (f) subterrânea	pasaje (m) subterráneo	[pa'saxe suβte'raneo]
fosso (m)	foso (m)	['foso]
corrente, cadeia (f)	cadena (f)	[ka'ðena]
seteira (f)	aspillera (f)	[aspi'jera]

magnífico (adj)	magnífico (adj)	[maɣ'nifiko]
majestoso (adj)	majestuoso (adj)	[maxestu'oso]
inexpugnável (adj)	inexpugnable (adj)	[inekspuɣ'naβle]
medieval (adj)	medieval (adj)	[meðje'βalʲ]

93. Apartamento

apartamento (m)	apartamento (m)	[aparta'mento]
quarto, cômodo (m)	habitación (f)	[aβita'θjon]
quarto (m) de dormir	dormitorio (m)	[dormi'torio]
sala (f) de jantar	comedor (m)	[kome'ðor]
sala (f) de estar	salón (m)	[sa'lʲon]
escritório (m)	despacho (m)	[des'patʃo]

sala (f) de entrada	antecámara (f)	[ante'kamara]
banheiro (m)	cuarto (m) de baño	[ku'arto de 'banjo]
lavabo (m)	servicio (m)	[ser'βiθio]

teto (m)	techo (m)	['tetʃo]
chão, piso (m)	suelo (m)	[su'elʲo]
canto (m)	rincón (m)	[rin'kon]

94. Apartamento. Limpeza

arrumar, limpar (vt)	hacer la limpieza	[a'θer lʲa lim'pjeθa]
guardar (no armário, etc.)	quitar (vt)	[ki'tar]
pó (m)	polvo (m)	['polʲβo]
empoeirado (adj)	polvoriento (adj)	[polʲβo'rjento]
tirar o pó	limpiar el polvo	[lim'pjar elʲ 'polʲβo]
aspirador (m)	aspirador (m), aspiradora (f)	[aspira'ðor], [aspira'ðora]
aspirar (vt)	limpiar con la aspiradora	[lim'pjar kon lʲa aspira'ðora]

varrer (vt)	barrer (vi, vt)	[ba'rer]
sujeira (f)	barreduras (f pl)	[bare'ðuras]
arrumação, ordem (f)	orden (m)	['orðen]
desordem (f)	desorden (m)	[de'sorðen]

esfregão (m)	fregona (f)	[fre'gona]
pano (m), trapo (m)	trapo (m)	['trapo]
vassoura (f)	escoba (f)	[es'koβa]
pá (f) de lixo	cogedor (m)	[koχe'ðor]

95. Mobiliário. Interior

mobiliário (m)	muebles (m pl)	[mu'eβles]
mesa (f)	mesa (f)	['mesa]
cadeira (f)	silla (f)	['sija]
cama (f)	cama (f)	['kama]
sofá, divã (m)	sofá (m)	[so'fa]
poltrona (f)	sillón (m)	[si'jon]

estante (f)	librería (f)	[liβre'ria]
prateleira (f)	estante (m)	[es'tante]

guarda-roupas (m)	armario (m)	[ar'mario]
cabide (m) de parede	percha (f)	['pertʃa]
cabideiro (m) de pé	perchero (m) de pie	[per'tʃero de pje]

cômoda (f)	cómoda (f)	['komoða]
mesinha (f) de centro	mesa (f) de café	['mesa de ka'fe]
espelho (m)	espejo (m)	[es'peχo]
tapete (m)	tapiz (m)	[ta'piθ]
tapete (m) pequeno	alfombra (f)	[alʲ'fombra]

lareira (f)	chimenea (f)	[tʃime'nea]
vela (f)	vela (f)	['belʲa]
castiçal (m)	candelero (m)	[kande'lero]

cortinas (f pl)	cortinas (f pl)	[kor'tinas]
papel (m) de parede	empapelado (m)	[empape'lʲaðo]
persianas (f pl)	estor (m) de láminas	[es'tor de 'lʲaminas]

luminária (f) de mesa	lámpara (f) de mesa	['lʲampara de 'mesa]
luminária (f) de parede	aplique (m)	[ap'like]
abajur (m) de pé	lámpara (f) de pie	['lʲampara de pje]

lustre (m)	lámpara (f) de araña	['lʲampara de a'ranja]
pé (de mesa, etc.)	pata (f)	['pata]
braço, descanso (m)	brazo (m)	['braθo]
costas (f pl)	espaldar (m)	[espalʲ'ðar]
gaveta (f)	cajón (m)	[ka'χon]

96. Quarto de dormir

roupa (f) de cama	ropa (f) de cama	['ropa de 'kama]
travesseiro (m)	almohada (f)	[alʲmo'aða]
fronha (f)	funda (f)	['funda]
cobertor (m)	manta (f)	['manta]
lençol (m)	sábana (f)	['saβana]
colcha (f)	sobrecama (f)	[soβre'kama]

97. Cozinha

cozinha (f)	cocina (f)	[ko'θina]
gás (m)	gas (m)	[gas]
fogão (m) a gás	cocina (f) de gas	[ko'θina de 'gas]
fogão (m) elétrico	cocina (f) eléctrica	[ko'θina e'lektrika]
forno (m)	horno (m)	['orno]
forno (m) de micro-ondas	horno (m) microondas	['orno mikro·'ondas]
geladeira (f)	frigorífico (m)	[frigo'rifiko]
congelador (m)	congelador (m)	[konχelʲa'ðor]
máquina (f) de lavar louça	lavavajillas (m)	['lʲaβa·βa'χijas]
moedor (m) de carne	picadora (f) de carne	[pika'ðora de 'karne]
espremedor (m)	exprimidor (m)	[eksprimi'ðor]
torradeira (f)	tostador (m)	[tosta'ðor]
batedeira (f)	batidora (f)	[bati'ðora]
máquina (f) de café	cafetera (f)	[kafe'tera]
cafeteira (f)	cafetera (f)	[kafe'tera]
moedor (m) de café	molinillo (m) de café	[moli'nijo de ka'fe]
chaleira (f)	hervidor (m) de agua	[erβi'ðor de 'agua]
bule (m)	tetera (f)	[te'tera]
tampa (f)	tapa (f)	['tapa]
coador (m) de chá	colador (m) de té	[kolʲa'ðor de te]
colher (f)	cuchara (f)	[ku'tʃara]
colher (f) de chá	cucharilla (f)	[kutʃa'rija]
colher (f) de sopa	cuchara (f) de sopa	[ku'tʃara de 'sopa]
garfo (m)	tenedor (m)	[tene'ðor]
faca (f)	cuchillo (m)	[ku'tʃijo]
louça (f)	vajilla (f)	[ba'χija]
prato (m)	plato (m)	['plʲato]
pires (m)	platillo (m)	[plʲa'tijo]
cálice (m)	vaso (m) de chupito	['baso de tʃu'pito]

| copo (m) | vaso (m) | ['baso] |
| xícara (f) | taza (f) | ['taθa] |

açucareiro (m)	azucarera (f)	[aθuka'rera]
saleiro (m)	salero (m)	[sa'lero]
pimenteiro (m)	pimentero (m)	[pimen'tero]
manteigueira (f)	mantequera (f)	[mante'kera]

panela (f)	cacerola (f)	[kaθe'roli̯a]
frigideira (f)	sartén (f)	[sar'ten]
concha (f)	cucharón (m)	[kutʃa'ron]
coador (m)	colador (m)	[koli̯a'ðor]
bandeja (f)	bandeja (f)	[ban'deχa]

garrafa (f)	botella (f)	[bo'teja]
pote (m) de vidro	tarro (m) de vidrio	['taro de 'biðrio]
lata (~ de cerveja)	lata (f)	['li̯ata]

abridor (m) de garrafa	abrebotellas (m)	[aβre·βo'tejas]
abridor (m) de latas	abrelatas (m)	[aβre·'li̯atas]
saca-rolhas (m)	sacacorchos (m)	[saka'kortʃos]
filtro (m)	filtro (m)	['fili̯tro]
filtrar (vt)	filtrar (vt)	[fili̯'trar]

| lixo (m) | basura (f) | [ba'sura] |
| lixeira (f) | cubo (m) de basura | ['kuβo de ba'sura] |

98. Casa de banho

banheiro (m)	cuarto (m) de baño	[ku'arto de 'banjo]
água (f)	agua (f)	['agua]
torneira (f)	grifo (m)	['grifo]
água (f) quente	agua (f) caliente	['agua ka'ljente]
água (f) fria	agua (f) fría	['agua 'fria]

pasta (f) de dente	pasta (f) de dientes	['pasta de 'djentes]
escovar os dentes	limpiarse los dientes	[lim'pjarse los 'djentes]
escova (f) de dente	cepillo (m) de dientes	[θe'pijo de 'djentes]

barbear-se (vr)	afeitarse (vr)	[afej'tarse]
espuma (f) de barbear	espuma (f) de afeitar	[es'puma de afej'tar]
gilete (f)	maquinilla (f) de afeitar	[maki'nija de afej'tar]

lavar (vt)	lavar (vt)	[li̯a'βar]
tomar banho	darse un baño	['darse un 'banjo]
chuveiro (m), ducha (f)	ducha (f)	['dutʃa]
tomar uma ducha	darse una ducha	['darse 'una 'dutʃa]

banheira (f)	bañera (f)	[ba'njera]
vaso (m) sanitário	inodoro (m)	[ino'ðoro]
pia (f)	lavabo (m)	[li̯a'βaβo]

| sabonete (m) | jabón (m) | [χa'βon] |
| saboneteira (f) | jabonera (f) | [χaβo'nera] |

esponja (f)	esponja (f)	[es'ponχa]
xampu (m)	champú (m)	[ʧam'pu]
toalha (f)	toalla (f)	[to'aja]
roupão (m) de banho	bata (f) de baño	['bata de 'banjo]

lavagem (f)	colada (f), lavado (m)	[ko'lʲaða], [lʲa'βaðo]
lavadora (f) de roupas	lavadora (f)	[lʲaβa'ðora]
lavar a roupa	lavar la ropa	[lʲa'βar lʲa 'ropa]
detergente (m)	detergente (m) en polvo	[deter'χente en 'polʲβo]

99. Eletrodomésticos

televisor (m)	televisor (m)	[teleβi'sor]
gravador (m)	magnetófono (m)	[maɣne'tofono]
videogravador (m)	vídeo (m)	['biðeo]
rádio (m)	radio (m)	['raðio]
leitor (m)	reproductor (m)	[reproðuk'tor]

projetor (m)	proyector (m) de vídeo	[projek'tor de 'biðeo]
cinema (m) em casa	sistema (m) home cinema	[sis'tema 'χoum 'θinema]
DVD Player (m)	reproductor (m) de DVD	reproðuk'tor de deβe'de]
amplificador (m)	amplificador (m)	[amplifika'ðor]
console (f) de jogos	videoconsola (f)	[biðeo·kon'solʲa]

câmera (f) de vídeo	cámara (f) de vídeo	['kamara de 'biðeo]
máquina (f) fotográfica	cámara (f) fotográfica	['kamara foto'ɣrafika]
câmera (f) digital	cámara (f) digital	['kamara diχi'talʲ]

aspirador (m)	aspirador (m), aspiradora (f)	[aspira'ðor], [aspira'ðora]
ferro (m) de passar	plancha (f)	['plʲanʧa]
tábua (f) de passar	tabla (f) de planchar	['taβlʲa de plʲan'ʧar]

telefone (m)	teléfono (m)	[te'lefono]
celular (m)	teléfono (m) móvil	[te'lefono 'moβilʲ]
máquina (f) de escrever	máquina (f) de escribir	['makina de eskri'βir]
máquina (f) de costura	máquina (f) de coser	['makina de ko'ser]

microfone (m)	micrófono (m)	[mi'krofono]
fone (m) de ouvido	auriculares (m pl)	[auriku'lʲares]
controle remoto (m)	mando (m) a distancia	['mando a dis'tanθia]

CD (m)	disco compacto (m)	['disko kom'pakto]
fita (f) cassete	casete (m)	[ka'sete]
disco (m) de vinil	disco (m) de vinilo	['disko de bi'nilʲo]

100. Reparações. Renovação

renovação (f)	renovación (f)	[renoβa'θjon]
renovar (vt), fazer obras	renovar (vt)	[reno'βar]
reparar (vt)	reparar (vt)	[repa'rar]
consertar (vt)	poner en orden	[po'ner en 'orðen]
refazer (vt)	rehacer (vt)	[rea'θer]

tinta (f)	pintura (f)	[pin'tura]
pintar (vt)	pintar (vt)	[pin'tar]
pintor (m)	pintor (m)	[pin'tor]
pincel (m)	brocha (f)	['brotʃa]

cal (f)	cal (f)	[kalʲ]
caiar (vt)	encalar (vt)	[eŋka'lʲar]

papel (m) de parede	empapelado (m)	[empape'lʲaðo]
colocar papel de parede	empapelar (vt)	[empape'lʲar]
verniz (m)	barniz (m)	[bar'niθ]
envernizar (vt)	cubrir con barniz	[ku'βrir kon bar'niθ]

101. Canalizações

água (f)	agua (f)	['agua]
água (f) quente	agua (f) caliente	['agua ka'ljente]
água (f) fria	agua (f) fría	['agua 'fria]
torneira (f)	grifo (m)	['grifo]

gota (f)	gota (f)	['gota]
gotejar (vi)	gotear (vi)	[gote'ar]
vazar (vt)	gotear (vi)	[gote'ar]
vazamento (m)	escape (m) de agua	[es'kape de 'agua]
poça (f)	charco (m)	['tʃarko]

tubo (m)	tubo (m)	['tuβo]
válvula (f)	válvula (f)	['balʲβulʲa]
entupir-se (vr)	estar atascado	[es'tar atas'kaðo]

ferramentas (f pl)	instrumentos (m pl)	[instru'mentos]
chave (f) inglesa	llave (f) inglesa	['jaβe in'glesa]
desenroscar (vt)	destornillar (vt)	[destorni'jar]
enroscar (vt)	atornillar (vt)	[atorni'jar]

desentupir (vt)	desatascar (vt)	[desatas'kar]
encanador (m)	fontanero (m)	[fonta'nero]
porão (m)	sótano (m)	['sotano]
rede (f) de esgotos	alcantarillado (m)	[alʲkantari'jaðo]

102. Fogo. Deflagração

incêndio (m)	incendio (m)	[in'θendjo]
chama (f)	llama (f)	['jama]
faísca (f)	chispa (f)	['tʃispa]
fumaça (f)	humo (m)	['umo]
tocha (f)	antorcha (f)	[an'tortʃa]
fogueira (f)	hoguera (f)	[o'gera]

gasolina (f)	gasolina (f)	[gaso'lina]
querosene (m)	queroseno (m)	[kero'sene]
inflamável (adj)	inflamable (adj)	[imflʲa'maβle]

explosivo (adj)	explosivo (adj)	[eksplʲoˈsiβo]
PROIBIDO FUMAR!	PROHIBIDO FUMAR	[proiˈβiðo fuˈmar]
segurança (f)	seguridad (f)	[seguriˈðað]
perigo (m)	peligro (m)	[peˈliɣro]
perigoso (adj)	peligroso (adj)	[peliˈɣroso]
incendiar-se (vr)	prenderse fuego	[prenˈderse fuˈego]
explosão (f)	explosión (f)	[eksplʲoˈsjon]
incendiar (vt)	incendiar (vt)	[inθenˈdjar]
incendiário (m)	incendiario (m)	[inθenˈdjario]
incêndio (m) criminoso	incendio (m) provocado	[inˈθendjo proβoˈkaðo]
flamejar (vi)	estar en llamas	[esˈtar en ˈjamas]
queimar (vi)	arder (vi)	[arˈðer]
queimar tudo (vi)	incendiarse	[inθenˈdjarse]
chamar os bombeiros	llamar a los bomberos	[jaˈmar a los bomˈberos]
bombeiro (m)	bombero (m)	[bomˈbero]
caminhão (m) de bombeiros	coche (m) de bomberos	[ˈkotʃe de bomˈberos]
corpo (m) de bombeiros	cuerpo (m) de bomberos	[kuˈerpo de bomˈberos]
escada (f) extensível	escalera (f) telescópica	[eskaˈlera telesˈkopika]
mangueira (f)	manguera (f)	[manˈgera]
extintor (m)	extintor (m)	[ekstinˈtor]
capacete (m)	casco (m)	[ˈkasko]
sirene (f)	sirena (f)	[siˈrena]
gritar (vi)	gritar (vi)	[griˈtar]
chamar por socorro	pedir socorro	[peˈðir soˈkoro]
socorrista (m)	socorrista (m)	[sokoˈrista]
salvar, resgatar (vt)	salvar (vt)	[salʲˈβar]
chegar (vi)	llegar (vi)	[jeˈgar]
apagar (vt)	apagar (vt)	[apaˈgar]
água (f)	agua (f)	[ˈagua]
areia (f)	arena (f)	[aˈrena]
ruínas (f pl)	ruinas (f pl)	[ruˈinas]
ruir (vi)	colapsarse (vr)	[kolʲapˈsarse]
desmoronar (vi)	hundirse (vr)	[unˈdirse]
desabar (vi)	derrumbarse (vr)	[derumˈbarse]
fragmento (m)	trozo (m)	[ˈtroθo]
cinza (f)	ceniza (f)	[θeˈniθa]
sufocar (vi)	morir asfixiado	[moˈrir asfiˈksjaðo]
perecer (vi)	perecer (vi)	[pereˈθer]

ATIVIDADES HUMANAS

Emprego. Negócios. Parte 1

103. Escritório. O trabalho no escritório

escritório (~ de advogados)	oficina (f)	[ofi'θina]
escritório (do diretor, etc.)	despacho (m)	[des'patʃo]
recepção (f)	recepción (f)	[resep'θjon]
secretário (m)	secretario (m)	[sekre'tario]
secretária (f)	secretaria (f)	[sekre'taria]
diretor (m)	director (m)	[direk'tor]
gerente (m)	manager (m)	['meneχer]
contador (m)	contable (m)	[kon'taβle]
empregado (m)	colaborador (m)	[kolʲaβora'ðor]
mobiliário (m)	muebles (m pl)	[mu'eβles]
mesa (f)	escritorio (m)	[eskri'torio]
cadeira (f)	silla (f)	['sija]
gaveteiro (m)	cajonera (f)	[kaχo'nera]
cabideiro (m) de pé	perchero (m) de pie	[per'tʃero de pje]
computador (m)	ordenador (m)	[orðena'ðor]
impressora (f)	impresora (f)	[impre'sora]
fax (m)	fax (m)	['faks]
fotocopiadora (f)	fotocopiadora (f)	[foto·kopia'ðora]
papel (m)	papel (m)	[pa'pelʲ]
artigos (m pl) de escritório	papelería (f)	[papele'ria]
tapete (m) para mouse	alfombrilla (f) para ratón	[alʲfom'brija 'para ra'ton]
folha (f)	hoja (f)	['oχa]
pasta (f)	carpeta (f)	[kar'peta]
catálogo (m)	catálogo (m)	[ka'talʲogo]
lista (f) telefônica	directorio (m) telefónico	[direk'torio tele'foniko]
documentação (f)	documentación (f)	[dokumenta'θjon]
brochura (f)	folleto (m)	[fo'jeto]
panfleto (m)	prospecto (m)	[pros'pekto]
amostra (f)	muestra (f)	[mu'estra]
formação (f)	reunión (f) de formación	[reu'njon de forma'θjon]
reunião (f)	reunión (f)	[reu'njon]
hora (f) de almoço	pausa (f) del almuerzo	['pausa del almu'erθo]
fazer uma cópia	hacer una copia	[a'θer 'una 'kopia]
tirar cópias	hacer copias	[a'θer 'kopias]
receber um fax	recibir un fax	[reθi'βir un 'faks]
enviar um fax	enviar un fax	[em'bjar un 'faks]

fazer uma chamada	llamar por teléfono	[ja'mar por te'lefono]
responder (vt)	responder (vi, vt)	[respon'der]
passar (vt)	poner en comunicación	[po'ner en komunika'θjon]

marcar (vt)	fijar (vt)	[fi'χar]
demonstrar (vt)	demostrar (vt)	[demos'trar]
estar ausente	estar ausente	[es'tar au'sente]
ausência (f)	ausencia (f)	[au'senθia]

104. Processos negociais. Parte 1

negócio (m)	negocio (m), comercio (m)	[ne'goθio], [ko'merθio]
ocupação (f)	ocupación (f)	[okupa'θjon]
firma, empresa (f)	firma (f)	['firma]
companhia (f)	compañía (f)	[kompa'njia]
corporação (f)	corporación (f)	[korpora'θjon]
empresa (f)	empresa (f)	[em'presa]
agência (f)	agencia (f)	[a'χenθia]

acordo (documento)	acuerdo (m)	[aku'erðo]
contrato (m)	contrato (m)	[kon'trato]
acordo (transação)	trato (m), acuerdo (m)	['trato], [aku'erðo]
pedido (m)	pedido (m)	[pe'ðiðo]
termos (m pl)	condición (f)	[kondi'θjon]

por atacado	al por mayor (adv)	[alʲ por ma'jor]
por atacado (adj)	al por mayor (adj)	[alʲ por ma'jor]
venda (f) por atacado	venta (f) al por mayor	['benta alʲ por ma'jor]
a varejo	al por menor (adj)	[alʲ por me'nor]
venda (f) a varejo	venta (f) al por menor	['benta alʲ por me'nor]

concorrente (m)	competidor (m)	[kompeti'ðor]
concorrência (f)	competencia (f)	[kompe'tenθia]
competir (vi)	competir (vi)	[kompe'tir]

sócio (m)	socio (m)	['soθio]
parceria (f)	sociedad (f)	[soθje'ðað]

crise (f)	crisis (f)	['krisis]
falência (f)	bancarrota (f)	[baŋka'rota]
entrar em falência	ir a la bancarrota	[ir a lʲa baŋka'rota]
dificuldade (f)	dificultad (f)	[difikulʲ'tað]
problema (m)	problema (m)	[pro'βlema]
catástrofe (f)	catástrofe (f)	[ka'tastrofe]

economia (f)	economía (f)	[ekono'mia]
econômico (adj)	económico (adj)	[eko'nomiko]
recessão (f) econômica	recesión (f) económica	[rese'θjon eko'nomika]

objetivo (m)	meta (f)	['meta]
tarefa (f)	objetivo (m)	[oβχe'tiβo]

comerciar (vi, vt)	comerciar (vi)	[komer'θjar]
rede (de distribuição)	red (f)	[reð]

estoque (m)	existencias (f pl)	[eksis'tenθias]
sortimento (m)	surtido (m)	[sur'tiðo]
líder (m)	líder (m)	['liðer]
grande (~ empresa)	grande (adj)	['grande]
monopólio (m)	monopolio (m)	[mono'polio]
teoria (f)	teoría (f)	[teo'ria]
prática (f)	práctica (f)	['praktika]
experiência (f)	experiencia (f)	[ekspe'rjenθia]
tendência (f)	tendencia (f)	[ten'denθia]
desenvolvimento (m)	desarrollo (m)	[desa'rojo]

105. Processos negociais. Parte 2

rentabilidade (f)	rentabilidad (f)	[rentaβili'ðað]
rentável (adj)	rentable (adj)	[ren'taβle]
delegação (f)	delegación (f)	[delega'θjon]
salário, ordenado (m)	salario (m)	[sa'lʲario]
corrigir (~ um erro)	corregir (vt)	[kore'χir]
viagem (f) de negócios	viaje (m) de negocios	['bjaχe de ne'goθjos]
comissão (f)	comisión (f)	[komi'sjon]
controlar (vt)	controlar (vt)	[kontro'lʲar]
conferência (f)	conferencia (f)	[koɱfe'renθia]
licença (f)	licencia (f)	[li'θenθia]
confiável (adj)	fiable (adj)	['fjaβle]
empreendimento (m)	iniciativa (f)	[iniθja'tiβa]
norma (f)	norma (f)	['norma]
circunstância (f)	circunstancia (f)	[θirkuns'tanθia]
dever (do empregado)	deber (m)	[de'βer]
empresa (f)	empresa (f)	[em'presa]
organização (f)	organización (f)	[organiθa'θjon]
organizado (adj)	organizado (adj)	[organi'θaðo]
anulação (f)	anulación (f)	[anulʲa'θjon]
anular, cancelar (vt)	anular (vt)	[anu'lʲar]
relatório (m)	informe (m)	[iɱ'forme]
patente (f)	patente (m)	[pa'tente]
patentear (vt)	patentar (vt)	[paten'tar]
planejar (vt)	planear (vt)	[plʲane'ar]
bônus (m)	premio (m)	['premio]
profissional (adj)	profesional (adj)	[profesjo'nalʲ]
procedimento (m)	procedimiento (m)	[proθeði'mjento]
examinar (~ a questão)	examinar (vt)	[eksami'nar]
cálculo (m)	cálculo (m)	['kalʲkulʲo]
reputação (f)	reputación (f)	[reputa'θjon]
risco (m)	riesgo (m)	['rjesgo]
dirigir (~ uma empresa)	dirigir (vt)	[diri'χir]

informação (f)	información (f)	[iɱforma'θjon]
propriedade (f)	propiedad (f)	[propje'ðað]
união (f)	unión (f)	[u'njon]

seguro (m) de vida	seguro (m) de vida	[se'guro de 'biða]
fazer um seguro	asegurar (vt)	[asegu'rar]
seguro (m)	seguro (m)	[se'guro]

leilão (m)	subasta (f)	[su'βasta]
notificar (vt)	notificar (vt)	[notifi'kar]
gestão (f)	gestión (f)	[xes'tjon]
serviço (indústria de ~s)	servicio (m)	[ser'βiθio]

fórum (m)	foro (m)	['foro]
funcionar (vi)	funcionar (vi)	[funθjo'nar]
estágio (m)	etapa (f)	[e'tapa]
jurídico, legal (adj)	jurídico (adj)	[xu'riðiko]
advogado (m)	jurista (m)	[xu'rista]

106. Produção. Trabalhos

usina (f)	planta (f)	['plʲanta]
fábrica (f)	fábrica (f)	['faβrika]
oficina (f)	taller (m)	[ta'jer]
local (m) de produção	planta (f) de producción	['plʲanta de proðuk'θjon]

indústria (f)	industria (f)	[in'dustria]
industrial (adj)	industrial (adj)	[indus'trjalʲ]
indústria (f) pesada	industria (f) pesada	[in'dustrja pe'saða]
indústria (f) ligeira	industria (f) ligera	[in'dustrja li'xera]

produção (f)	producción (f)	[proðuk'θjon]
produzir (vt)	producir (vt)	[proðu'θir]
matérias-primas (f pl)	materias (f pl) primas	[ma'terjas 'primas]

chefe (m) de obras	jefe (m) de brigada	['xefe de bri'gaða]
equipe (f)	brigada (f)	[bri'gaða]
operário (m)	obrero (m)	[o'βrero]

dia (m) de trabalho	día (m) de trabajo	['dia de tra'βaχo]
intervalo (m)	descanso (m)	[des'kanso]
reunião (f)	reunión (f)	[reu'njon]
discutir (vt)	discutir (vt)	[disku'tir]

plano (m)	plan (m)	[plʲan]
cumprir o plano	cumplir el plan	[kum'plir elʲ 'plʲan]
taxa (f) de produção	tasa (f) de producción	['tasa de proðuk'θjon]
qualidade (f)	calidad (f)	[kali'ðað]
controle (m)	control (m)	[kon'trolʲ]
controle (m) da qualidade	control (m) de calidad	[kon'trolʲ de kali'ðað]

segurança (f) no trabalho	seguridad (f) de trabajo	[seguri'ðað de tra'βaχo]
disciplina (f)	disciplina (f)	[diθi'plina]
infração (f)	infracción (f)	[iɱfrak'θjon]

violar (as regras)	violar, infringir (vt)	[bioˈlʲar], [imɟfrinˈχir]
greve (f)	huelga (f)	[uˈelʲga]
grevista (m)	huelguista (m)	[uelʲˈgista]
estar em greve	estar en huelga	[esˈtar en uˈelʲga]
sindicato (m)	sindicato (m)	[sindiˈkato]
inventar (vt)	inventar (vt)	[imbenˈtar]
invenção (f)	invención (f)	[imbenˈθjon]
pesquisa (f)	investigación (f)	[imbestigaˈθjon]
melhorar (vt)	mejorar (vt)	[meχoˈrar]
tecnologia (f)	tecnología (f)	[teknolʲoˈχia]
desenho (m) técnico	dibujo (m) técnico	[diˈβuχo ˈtekniko]
carga (f)	cargamento (m)	[kargaˈmento]
carregador (m)	cargador (m)	[kargaˈðor]
carregar (o caminhão, etc.)	cargar (vt)	[karˈgar]
carregamento (m)	carga (f)	[ˈkarga]
descarregar (vt)	descargar (vt)	[deskarˈgar]
descarga (f)	descarga (f)	[desˈkarga]
transporte (m)	transporte (m)	[transˈporte]
companhia (f) de transporte	compañía (f) de transporte	[kompaˈnjia de transˈporte]
transportar (vt)	transportar (vt)	[transporˈtar]
vagão (m) de carga	vagón (m)	[baˈɣon]
tanque (m)	cisterna (f)	[θisˈterna]
caminhão (m)	camión (m)	[kaˈmjon]
máquina (f) operatriz	máquina (f) herramienta	[ˈmakina eraˈmjenta]
mecanismo (m)	mecanismo (m)	[mekaˈnismo]
resíduos (m pl) industriais	desperdicios (m pl)	[desperˈðiθjos]
embalagem (f)	empaquetado (m)	[empakeˈtaðo]
embalar (vt)	empaquetar (vt)	[empakeˈtar]

107. Contrato. Acordo

contrato (m)	contrato (m)	[konˈtrato]
acordo (m)	acuerdo (m)	[akuˈerðo]
adendo, anexo (m)	anexo (m)	[aˈnekso]
assinar o contrato	firmar un contrato	[firˈmar un konˈtrato]
assinatura (f)	firma (f)	[ˈfirma]
assinar (vt)	firmar (vt)	[firˈmar]
carimbo (m)	sello (m)	[ˈsejo]
objeto (m) do contrato	objeto (m) del acuerdo	[oβˈχeto delʲ akuˈerðo]
cláusula (f)	cláusula (f)	[ˈklʲausulʲa]
partes (f pl)	partes (f pl)	[ˈpartes]
domicílio (m) legal	domicilio (m) legal	[domiˈθilio leˈgalʲ]
violar o contrato	violar el contrato	[bioˈlʲar elʲ konˈtrato]
obrigação (f)	obligación (f)	[oβligaˈθjon]
responsabilidade (f)	responsabilidad (f)	[responsaβiliˈðað]

força (f) maior	fuerza (f) mayor	[fu'erθa ma'jor]
litígio (m), disputa (f)	disputa (f)	[dis'puta]
multas (f pl)	penalidades (f pl)	[penali'ðaðes]

108. Importação & Exportação

importação (f)	importación (f)	[importa'θjon]
importador (m)	importador (m)	[importa'ðor]
importar (vt)	importar (vt)	[impor'tar]
de importação	de importación (adj)	[de importa'θjon]

exportação (f)	exportación (f)	[eksporta'θjon]
exportador (m)	exportador (m)	[eksporta'ðor]
exportar (vt)	exportar (vt)	[ekspor'tar]
de exportação	de exportación (adj)	[de eksporta'θjon]

| mercadoria (f) | mercancía (f) | [merkan'θia] |
| lote (de mercadorias) | lote (m) de mercancías | ['lʲote de merkan'θias] |

peso (m)	peso (m)	['peso]
volume (m)	volumen (m)	[bo'lʲumen]
metro (m) cúbico	metro (m) cúbico	['metro 'kuβiko]

produtor (m)	productor (m)	[proðuk'tor]
companhia (f) de transporte	compañía (f) de transporte	[kompa'njia de trans'porte]
contêiner (m)	contenedor (m)	[kontene'ðor]

fronteira (f)	frontera (f)	[fron'tera]
alfândega (f)	aduana (f)	[aðu'ana]
taxa (f) alfandegária	derechos (m pl) arancelarios	[de'retʃos aranθe'lʲarios]
funcionário (m) da alfândega	aduanero (m)	[aðua'nero]
contrabando (atividade)	contrabandismo (m)	[kontraβan'dismo]
contrabando (produtos)	contrabando (m)	[kontra'βando]

109. Finanças

ação (f)	acción (f)	[ak'θjon]
obrigação (f)	bono (m), obligación (f)	['bono], [oβliga'θjon]
nota (f) promissória	letra (f) de cambio	['letra de 'kambio]

| bolsa (f) de valores | bolsa (f) | ['bolʲsa] |
| cotação (m) das ações | cotización (f) de valores | [kotiθa'θjon de ba'lʲores] |

| tornar-se mais barato | abaratarse (vr) | [aβar'tarse] |
| tornar-se mais caro | encarecerse (vr) | [eŋkare'θerse] |

| parte (f) | parte (f) | ['parte] |
| participação (f) majoritária | interés (m) mayoritario | [inte'res majori'tario] |

investimento (m)	inversiones (f pl)	[imber'sjones]
investir (vt)	invertir (vi, vt)	[imber'tir]
porcentagem (f)	porcentaje (m)	[porθen'taχe]

juros (m pl)	interés (m)	[inte'res]
lucro (m)	beneficio (m)	[bene'fiθio]
lucrativo (adj)	beneficioso (adj)	[benefi'θjoso]
imposto (m)	impuesto (m)	[impu'esto]

divisa (f)	divisa (f)	[di'βisa]
nacional (adj)	nacional (adj)	[naθjo'nalʲ]
câmbio (m)	cambio (m)	['kambio]

| contador (m) | contable (m) | [kon'taβle] |
| contabilidade (f) | contaduría (f) | [kontaðu'ria] |

falência (f)	bancarrota (f)	[baŋka'rota]
falência, quebra (f)	quiebra (f)	['kjeβra]
ruína (f)	ruina (f)	[ru'ina]
estar quebrado	arruinarse (vr)	[arui'narse]
inflação (f)	inflación (f)	[imflʲa'θjon]
desvalorização (f)	devaluación (f)	[deβalʲua'θjon]

capital (m)	capital (m)	[kapi'talʲ]
rendimento (m)	ingresos (m pl)	[in'gresos]
volume (m) de negócios	volumen (m) de negocio	[bo'lʲumen de ne'goθio]
recursos (m pl)	recursos (m pl)	[re'kursos]
recursos (m pl) financeiros	recursos (m pl) monetarios	[re'kursos mone'tarjos]

| despesas (f pl) gerais | gastos (m pl) accesorios | ['gastos akθe'sorjos] |
| reduzir (vt) | reducir (vt) | [reðu'θir] |

110. Marketing

marketing (m)	mercadotecnia (f)	[merkaðo'teknia]
mercado (m)	mercado (m)	[mer'kaðo]
segmento (m) do mercado	segmento (m) del mercado	[seɣ'mento delʲ mer'kaðo]
produto (m)	producto (m)	[pro'ðukto]
mercadoria (f)	mercancía (f)	[merkan'θia]

marca (f)	marca (f)	['marka]
marca (f) registrada	marca (f) comercial	['marka komer'θjalʲ]
logotipo (m)	logotipo (m)	[lʲoɣo'tipo]
logo (m)	logo (m)	['lʲoɣo]

demanda (f)	demanda (f)	[de'manda]
oferta (f)	oferta (f)	[o'ferta]
necessidade (f)	necesidad (f)	[neθesi'ðað]
consumidor (m)	consumidor (m)	[konsumi'ðor]

análise (f)	análisis (m)	[a'nalisis]
analisar (vt)	analizar (vt)	[anali'θar]
posicionamento (m)	posicionamiento (m)	[posiθjona'mjento]
posicionar (vt)	posicionar (vt)	[posiθjo'nar]

preço (m)	precio (m)	['preθio]
política (f) de preços	política (f) de precios	[po'litika de 'preθjos]
formação (f) de preços	formación (f) de precios	[forma'θjon de 'preθjos]

111. Publicidade

publicidade (f)	publicidad (f)	[puβliθi'ðað]
fazer publicidade	publicitar (vt)	[puβliθi'tar]
orçamento (m)	presupuesto (m)	[presupu'esto]

anúncio (m)	anuncio (m)	[a'nunθio]
publicidade (f) na TV	publicidad (f) televisiva	[puβliθi'ðað teleβi'siβa]
publicidade (f) na rádio	publicidad (f) radiofónica	[puβliθi'ðað raðjo'fonika]
publicidade (f) exterior	publicidad (f) exterior	[puβliθi'ðað ekste'rjor]

comunicação (f) de massa	medios (m pl) de comunicación de masas	['meðjos de komunika'θjon de 'masas]
periódico (m)	periódico (m)	[pe'rjoðiko]
imagem (f)	imagen (f)	[i'maχen]

slogan (m)	consigna (f)	[kon'signa]
mote (m), lema (f)	divisa (f)	[di'βisa]

campanha (f)	campaña (f)	[kam'panja]
campanha (f) publicitária	campaña (f) publicitaria	[kam'panja puβliθi'taria]
grupo (m) alvo	auditorio (m) objetivo	[auði'torio oβχe'tiβo]

cartão (m) de visita	tarjeta (f) de visita	[tar'χeta de bi'sita]
panfleto (m)	prospecto (m)	[pros'pekto]
brochura (f)	folleto (m)	[fo'jeto]
folheto (m)	panfleto (m)	[pamֿ'fleto]
boletim (~ informativo)	boletín (m)	[bole'tin]

letreiro (m)	letrero (m)	[le'trero]
cartaz, pôster (m)	pancarta (f)	[paŋ'karta]
painel (m) publicitário	valla (f) publicitaria	['baja puβliθi'taria]

112. Banca

banco (m)	banco (m)	['baŋko]
balcão (f)	sucursal (f)	[sukur'salʲ]

consultor (m) bancário	consultor (m)	[konsulʲ'tor]
gerente (m)	gerente (m)	[χe'rente]

conta (f)	cuenta (f)	[ku'enta]
número (m) da conta	numero (m) de la cuenta	['numero de lʲa ku'enta]
conta (f) corrente	cuenta (f) corriente	[ku'enta ko'rjente]
conta (f) poupança	cuenta (f) de ahorros	[ku'enta de a'oros]

abrir uma conta	abrir una cuenta	[a'βrir una ku'enta]
fechar uma conta	cerrar la cuenta	[θe'rar lʲa ku'enta]
depositar na conta	ingresar en la cuenta	[ingre'sar en lʲa ku'enta]
sacar (vt)	sacar de la cuenta	[sa'kar de lʲa ku'enta]

depósito (m)	depósito (m)	[de'posito]
fazer um depósito	hacer un depósito	[a'θer un de'posito]

| transferência (f) bancária | giro (m) | ['χiro] |
| transferir (vt) | hacer un giro | [a'θer un 'χiro] |

| soma (f) | suma (f) | ['suma] |
| Quanto? | ¿Cuánto? | [ku'anto] |

| assinatura (f) | firma (f) | ['firma] |
| assinar (vt) | firmar (vt) | [fir'mar] |

cartão (m) de crédito	tarjeta (f) de crédito	[tar'χeta de 'kreðito]
senha (f)	código (m)	['koðigo]
número (m) do cartão	número (m)	['numero
de crédito	de tarjeta de crédito	de tar'χeta de 'kreðito]
caixa (m) eletrônico	cajero (m) automático	[ka'χero auto'matiko]

cheque (m)	cheque (m)	['tʃeke]
passar um cheque	sacar un cheque	[sa'kar un 'tʃeke]
talão (m) de cheques	talonario (m)	[talʲo'nario]

empréstimo (m)	crédito (m)	['kreðito]
pedir um empréstimo	pedir el crédito	[pe'ðir elʲ 'kreðito]
obter empréstimo	obtener un crédito	[oβte'ner un 'kreðito]
dar um empréstimo	conceder un crédito	[konθe'ðer un 'kreðito]
garantia (f)	garantía (f)	[garan'tia]

113. Telefone. Conversação telefônica

telefone (m)	teléfono (m)	[te'lefono]
celular (m)	teléfono (m) móvil	[te'lefono 'moβilʲ]
secretária (f) eletrônica	contestador (m)	[kontesta'ðor]

| fazer uma chamada | llamar, telefonear | [ja'mar], [telefone'ar] |
| chamada (f) | llamada (f) | [ja'maða] |

discar um número	marcar un número	[mar'kar un 'numero]
Alô!	¿Sí?, ¿Dígame?	[si], ['digame]
perguntar (vt)	preguntar (vt)	[pregun'tar]
responder (vt)	responder (vi, vt)	[respon'der]

ouvir (vt)	oír (vt)	[o'ir]
bem	bien (adv)	[bjen]
mal	mal (adv)	[malʲ]
ruído (m)	ruidos (m pl)	[ru'iðos]

fone (m)	auricular (m)	[auriku'lʲar]
pegar o telefone	descolgar (vt)	[deskolʲ'gar]
desligar (vi)	colgar el auricular	[kolʲ'gar elʲ auriku'lʲar]
ocupado (adj)	ocupado (adj)	[oku'paðo]
tocar (vi)	sonar (vi)	[so'nar]
lista (f) telefônica	guía (f) de teléfonos	['gia de te'lefonos]

local (adj)	local (adj)	[lʲo'kalʲ]
chamada (f) local	llamada (f) local	[ja'maða lʲo'kalʲ]
de longa distância	de larga distancia	[de 'lʲarga dis'tanθia]

chamada (f) de longa distância	llamada (f) de larga distancia	[ja'maða de 'lʲarga dis'tanθia]
internacional (adj)	internacional (adj)	[internaθjo'nalʲ]
chamada (f) internacional	llamada (f) internacional	[ja'maða internaθjo'nalʲ]

114. Telefone móvel

celular (m)	teléfono (m) móvil	[te'lefono 'moβilʲ]
tela (f)	pantalla (f)	[pan'taja]
botão (m)	botón (m)	[bo'ton]
cartão SIM (m)	tarjeta SIM (f)	[tar'χeta sim]
bateria (f)	pila (f)	['pilʲa]
descarregar-se (vr)	descargarse (vr)	[deskar'garse]
carregador (m)	cargador (m)	[karga'ðor]
menu (m)	menú (m)	[me'nu]
configurações (f pl)	preferencias (f pl)	[prefe'renθias]
melodia (f)	melodía (f)	[melʲo'ðia]
escolher (vt)	seleccionar (vt)	[selekθjo'nar]
calculadora (f)	calculadora (f)	[kalʲkulʲa'ðora]
correio (m) de voz	contestador (m)	[kontesta'ðor]
despertador (m)	despertador (m)	[desperta'ðor]
contatos (m pl)	contactos (m pl)	[kon'taktos]
mensagem (f) de texto	mensaje (m) de texto	[men'saχe de 'teksto]
assinante (m)	abonado (m)	[aβo'naðo]

115. Estacionário

caneta (f)	bolígrafo (m)	[bo'liɣrafo]
caneta (f) tinteiro	pluma (f) estilográfica	['plʲuma estilʲo'ɣrafika]
lápis (m)	lápiz (m)	['lʲapiθ]
marcador (m) de texto	marcador (m)	[marka'ðor]
caneta (f) hidrográfica	rotulador (m)	[rotulʲa'ðor]
bloco (m) de notas	bloc (m) de notas	['blʲok de 'notas]
agenda (f)	agenda (f)	[a'χenda]
régua (f)	regla (f)	['reɣlʲa]
calculadora (f)	calculadora (f)	[kalʲkulʲa'ðora]
borracha (f)	goma (f) de borrar	['goma de bo'rar]
alfinete (m)	chincheta (f)	[ʧin'ʧeta]
clipe (m)	clip (m)	[klip]
cola (f)	cola (f), pegamento (m)	['kolʲa], [pega'mento]
grampeador (m)	grapadora (f)	[grapa'ðora]
furador (m) de papel	perforador (m)	[perfora'ðor]
apontador (m)	sacapuntas (m)	[saka'puntas]

116. Vários tipos de documentos

relatório (m)	informe (m)	[im'forme]
acordo (m)	acuerdo (m)	[aku'erðo]
ficha (f) de inscrição	formulario (m) de solicitud	[formu'l ario de soliθi'tuð]
autêntico (adj)	auténtico (adj)	[au'tentiko]
crachá (m)	tarjeta (f)	[tar'χeta]
cartão (m) de visita	tarjeta (f) de visita	[tar'χeta de bi'sita]

certificado (m)	certificado (m)	[θertifi'kaðo]
cheque (m)	cheque (m)	['ʧeke]
conta (f)	cuenta (f)	[ku'enta]
constituição (f)	constitución (f)	[konstitu'θjon]

contrato (m)	contrato (m)	[kon'trato]
cópia (f)	copia (f)	['kopia]
exemplar (~ assinado)	ejemplar (m)	[eχemp'l ar]

declaração (f) alfandegária	declaración (f) de aduana	[dekl ara'θjon de aðu'ana]
documento (m)	documento (m)	[doku'mento]
carteira (f) de motorista	permiso (m) de conducir	[per'miso de kondu'θir]
adendo, anexo (m)	anexo (m)	[a'nekso]
questionário (m)	cuestionario (m)	[kuestjo'nario]

carteira (f) de identidade	carnet (m) de identidad	[karnet de iðenti'ðað]
inquérito (m)	solicitud (f) de información	[soliθi'tuð de imforma'θjon]
convite (m)	tarjeta (f) de invitación	[tar'χeta de imbita'θjon]
fatura (f)	factura (f)	[fak'tura]

lei (f)	ley (f)	[lej]
carta (correio)	carta (f)	['karta]
papel (m) timbrado	hoja (f) membretada	['oχa mem'bretaða]
lista (f)	lista (f)	['lista]
manuscrito (m)	manuscrito (m)	[manus'krito]
boletim (~ informativo)	boletín (m)	[bole'tin]
bilhete (mensagem breve)	nota (f)	['nota]

passe (m)	pase (m)	['pase]
passaporte (m)	pasaporte (m)	[pasa'porte]
permissão (f)	permiso (m)	[per'miso]
currículo (m)	curriculum vitae (m)	[ku'rikul um bi'tae]
nota (f) promissória	pagaré (m)	[paga're]
recibo (m)	recibo (m)	[re'θiβo]
talão (f)	ticket (m) de compra	[ti'ket de 'kompra]
relatório (m)	informe (m)	[im'forme]

mostrar (vt)	presentar (vt)	[presen'tar]
assinar (vt)	firmar (vt)	[fir'mar]
assinatura (f)	firma (f)	['firma]
carimbo (m)	sello (m)	['sejo]
texto (m)	texto (m)	['teksto]
ingresso (m)	billete (m)	[bi'jete]

riscar (vt)	tachar (vt)	[ta'ʧar]
preencher (vt)	rellenar (vt)	[reje'nar]

| carta (f) de porte | guía (f) de embarque | ['gia de em'barke] |
| testamento (m) | testamento (m) | [testa'mento] |

117. Tipos de negócios

serviços (m pl) de contabilidade	contabilidad (f)	[kontaβili'ðað]
publicidade (f)	publicidad (f)	[puβliθi'ðað]
agência (f) de publicidade	agencia (f) de publicidad	[a'χenθja de puβliθi'ðað]
ar (m) condicionado	climatizadores (m pl)	[klimatiθa'ðores]
companhia (f) aérea	compañía (f) aérea	[kompa'njia a'erea]

bebidas (f pl) alcoólicas	bebidas (f pl) alcohólicas	[be'βiðas alʲko'olikas]
comércio (m) de antiguidades	antigüedad (f)	[antiχue'ðað]
galeria (f) de arte	galería (f) de arte	[gale'ria de 'arte]
serviços (m pl) de auditoria	servicios (m pl) de auditoría	[ser'βiθjos de auðito'ria]

negócios (m pl) bancários	negocio (m) bancario	[ne'goθjo baŋ'kario]
bar (m)	bar (m)	[bar]
salão (m) de beleza	salón (m) de belleza	[sa'lʲon de be'jeθa]
livraria (f)	librería (f)	[liβre'ria]
cervejaria (f)	fábrica (f) de cerveza	['faβrika de θer'βeθa]
centro (m) de escritórios	centro (m) de negocios	['θentro de ne'goθjos]
escola (f) de negócios	escuela (f) de negocios	[esku'elʲa de ne'goθjos]

cassino (m)	casino (m)	[ka'sino]
construção (f)	construcción (f)	[konstruk'θjon]
consultoria (f)	consultoría (f)	[konsulʲto'ria]

clínica (f) dentária	estomatología (f)	[estomatolʲo'χia]
design (m)	diseño (m)	[di'senjo]
drogaria (f)	farmacia (f)	[far'maθia]
lavanderia (f)	tintorería (f)	[tintore'ria]
agência (f) de emprego	agencia (f) de empleo	[a'χenθja de em'pleo]

serviços (m pl) financeiros	servicios (m pl) financieros	[ser'βiθjos finan'θjeros]
alimentos (m pl)	productos alimenticios	[pro'ðuktos alimen'tiθjos]
funerária (f)	funeraria (f)	[fune'raria]
mobiliário (m)	muebles (m pl)	[mu'eβles]
roupa (f)	ropa (f)	['ropa]
hotel (m)	hotel (m)	[o'telʲ]

sorvete (m)	helado (m)	[e'lʲaðo]
indústria (f)	industria (f)	[in'dustria]
seguro (~ de vida, etc.)	seguro (m)	[se'guro]
internet (f)	internet (m), red (f)	[inter'net], [reð]
investimento (m)	inversiones (f pl)	[imber'sjones]

joalheiro (m)	joyero (m)	[χo'jero]
joias (f pl)	joyería (f)	[χoje'ria]
lavanderia (f)	lavandería (f)	[lʲaβande'ria]
assessorias (f pl) jurídicas	asesoría (f) jurídica	[aseso'ria χu'riðika]
indústria (f) ligeira	industria (f) ligera	[in'dustrja li'χera]
revista (f)	revista (f)	[re'βista]

vendas (f pl) por catálogo	venta (f) por catálogo	['benta por ka'talⁱogo]
medicina (f)	medicina (f)	[meði'θina]
cinema (m)	cine (m)	['θine]
museu (m)	museo (m)	[mu'seo]
agência (f) de notícias	agencia (f) de información	[a'xenθja de imforma'θjon]
jornal (m)	periódico (m)	[pe'rjoðiko]
boate (casa noturna)	club (m) nocturno	[klⁱuβ nok'turno]
petróleo (m)	petróleo (m)	[pe'troleo]
serviços (m pl) de remessa	servicio (m) de entrega	[ser'βiθjo de en'trega]
indústria (f) farmacêutica	industria (f) farmacéutica	[in'dustrja farma'θeutika]
tipografia (f)	poligrafía (f)	[poliɣra'fia]
editora (f)	editorial (f)	[eðito'rjalⁱ]
rádio (m)	radio (f)	['raðio]
imobiliário (m)	inmueble (m)	[inmu'eβle]
restaurante (m)	restaurante (m)	[restau'rante]
empresa (f) de segurança	agencia (f) de seguridad	[a'xenθja de seguri'ðað]
esporte (m)	deporte (m)	[de'porte]
bolsa (f) de valores	bolsa (f) de comercio	['bolⁱsa de ko'merθio]
loja (f)	tienda (f)	['tjenda]
supermercado (m)	supermercado (m)	[supermer'kaðo]
piscina (f)	piscina (f)	[pi'θina]
alfaiataria (f)	taller (m)	[ta'jer]
televisão (f)	televisión (f)	[teleβi'θjon]
teatro (m)	teatro (m)	[te'atro]
comércio (m)	comercio (m)	[ko'merθio]
serviços (m pl) de transporte	servicios de transporte	[ser'βiθjos de trans'porte]
viagens (f pl)	turismo (m)	[tu'rismo]
veterinário (m)	veterinario (m)	[beteri'nario]
armazém (m)	almacén (m)	[alⁱma'θen]
recolha (f) do lixo	recojo (m) de basura	[re'koxo de ba'sura]

Emprego. Negócios. Parte 2

118. Espetáculo. Feira

feira, exposição (f)	exposición (f)	[eksposi'θjon]
feira (f) comercial	feria (f) comercial	['ferja komer'θjalʲ]
participação (f)	participación (f)	[partiθipa'θjon]
participar (vi)	participar (vi)	[partiθi'par]
participante (m)	participante (m)	[partiθi'pante]
diretor (m)	director (m)	[direk'tor]
direção (f)	dirección (f)	[direk'θjon]
organizador (m)	organizador (m)	[organiθa'ðor]
organizar (vt)	organizar (vt)	[organi'θar]
ficha (f) de inscrição	solicitud (f) de participación	[soliθi'tuð de partiθipa'θjon]
preencher (vt)	rellenar (vt)	[reje'nar]
detalhes (m pl)	detalles (m pl)	[de'tajes]
informação (f)	información (f)	[iɱforma'θjon]
preço (m)	precio (m)	['preθio]
incluindo	incluso (adj)	[iŋk'lʲuso]
incluir (vt)	incluir (vt)	[iŋklʲu'ir]
pagar (vt)	pagar (vi, vt)	[pa'gar]
taxa (f) de inscrição	cuota (f) de registro	[ku'ota de re'χistro]
entrada (f)	entrada (f)	[en'traða]
pavilhão (m), salão (f)	pabellón (m)	[paβe'jon]
inscrever (vt)	registrar (vt)	[reχis'trar]
crachá (m)	tarjeta (f)	[tar'χeta]
stand (m)	stand (m) de feria	[stand de 'feria]
reservar (vt)	reservar (vt)	[reser'βar]
vitrine (f)	vitrina (f)	[bi'trina]
lâmpada (f)	lámpara (f)	['lʲampara]
design (m)	diseño (m)	[di'senjo]
pôr (posicionar)	poner (vt)	[po'ner]
ser colocado, -a	situarse (vr)	[situ'arse]
distribuidor (m)	distribuidor (m)	[distriβui'ðor]
fornecedor (m)	proveedor (m)	[proβee'ðor]
fornecer (vt)	suministrar (vt)	[suminis'trar]
país (m)	país (m)	[pa'is]
estrangeiro (adj)	extranjero (adj)	[ekstran'χero]
produto (m)	producto (m)	[pro'ðukto]
associação (f)	asociación (f)	[asoθja'θjon]

sala (f) de conferência	sala (f) de conferencias	['salʲa de koɲfe'renθias]
congresso (m)	congreso (m)	[kon'greso]
concurso (m)	concurso (m)	[ko'ŋkurso]

visitante (m)	visitante (m)	[bisi'tante]
visitar (vt)	visitar (vt)	[bisi'tar]
cliente (m)	cliente (m)	[kli'ente]

119. Media

jornal (m)	periódico (m)	[pe'rjoðiko]
revista (f)	revista (f)	[re'βista]
imprensa (f)	prensa (f)	['prensa]
rádio (m)	radio (f)	['raðio]
estação (f) de rádio	estación (f) de radio	[esta'θjon de 'raðio]
televisão (f)	televisión (f)	[teleβi'θjon]

apresentador (m)	presentador (m)	[presenta'ðor]
locutor (m)	presentador (m) de noticias	[presenta'ðor de no'tiθias]
comentarista (m)	comentarista (m)	[komenta'rista]

jornalista (m)	periodista (m)	[perjo'ðista]
correspondente (m)	corresponsal (m)	[korespon'salʲ]
repórter (m) fotográfico	corresponsal (m) fotográfico	[korespon'salʲ foto'ɣrafiko]
repórter (m)	reportero (m)	[repor'tero]

| redator (m) | redactor (m) | [reðak'tor] |
| redator-chefe (m) | redactor jefe (m) | [reðak'tor 'χefe] |

assinar a ...	suscribirse (vr)	[suskri'βirse]
assinatura (f)	suscripción (f)	[suskrip'θjon]
assinante (m)	suscriptor (m)	[suskrip'tor]
ler (vt)	leer (vi, vt)	[le'er]
leitor (m)	lector (m)	[lek'tor]

tiragem (f)	tirada (f)	[ti'raða]
mensal (adj)	mensual (adj)	[mensu'alʲ]
semanal (adj)	semanal (adj)	[sema'nalʲ]
número (jornal, revista)	número (m)	['numero]
recente, novo (adj)	nuevo (adj)	[nu'eβo]

manchete (f)	titular (m)	[titu'lʲar]
pequeno artigo (m)	noticia (f)	[no'tiθia]
coluna (~ semanal)	columna (f)	[ko'lʲumna]
artigo (m)	artículo (m)	[ar'tikulʲo]
página (f)	página (f)	['paχina]

reportagem (f)	reportaje (m)	[repor'taχe]
evento (festa, etc.)	evento (m)	[e'βento]
sensação (f)	sensación (f)	[sensa'θjon]
escândalo (m)	escándalo (m)	[es'kandalʲo]
escandaloso (adj)	escandaloso (adj)	[eskanda'lʲoso]
grande (adj)	gran (adj)	[gran]
programa (m)	emisión (f)	[emi'sjon]

entrevista (f)	entrevista (f)	[entre'βista]
transmissão (f) ao vivo	transmisión (f) en vivo	[transmi'θjon en 'biβo]
canal (m)	canal (m)	[ka'nalʲ]

120. Agricultura

agricultura (f)	agricultura (f)	[aɣrikulʲ'tura]
camponês (m)	campesino (m)	[kampe'sino]
camponesa (f)	campesina (f)	[kampe'sina]
agricultor, fazendeiro (m)	granjero (m)	[gran'ɣero]
trator (m)	tractor (m)	[trak'tor]
colheitadeira (f)	cosechadora (f)	[koseʧa'ðora]
arado (m)	arado (m)	[a'raðo]
arar (vt)	arar (vi, vt)	[a'rar]
campo (m) lavrado	labrado (m)	[lʲa'βraðo]
sulco (m)	surco (m)	['surko]
semear (vt)	sembrar (vi, vt)	[sem'brar]
plantadeira (f)	sembradora (f)	[sembra'ðora]
semeadura (f)	siembra (f)	['sjembra]
foice (m)	guadaña (f)	[gua'ðanja]
cortar com foice	segar (vi, vt)	[se'gar]
pá (f)	pala (f)	['palʲa]
cavar (vt)	layar (vt)	[lʲa'jar]
enxada (f)	azada (f)	[a'θaða]
capinar (vt)	sachar, escardar	[sa'ʧar], [eskar'ðar]
erva (f) daninha	mala hierba (f)	['malʲa 'jerβa]
regador (m)	regadera (f)	[rega'ðera]
regar (plantas)	regar (vt)	[re'gar]
rega (f)	riego (m)	['rjego]
forquilha (f)	horquilla (f)	[or'kija]
ancinho (m)	rastrillo (m)	[ras'trijo]
fertilizante (m)	fertilizante (m)	[fertili'θante]
fertilizar (vt)	abonar (vt)	[aβo'nar]
estrume, esterco (m)	estiércol (m)	[es'tjerkolʲ]
campo (m)	campo (m)	['kampo]
prado (m)	prado (m)	['praðo]
horta (f)	huerta (f)	[u'erta]
pomar (m)	jardín (m)	[ɣar'ðin]
pastar (vt)	pacer (vt)	[pa'θer]
pastor (m)	pastor (m)	[pas'tor]
pastagem (f)	pastadero (m)	[pasta'ðero]
pecuária (f)	ganadería (f)	[ganaðe'ria]
criação (f) de ovelhas	cría (f) de ovejas	['kria de o'βeɣas]

plantação (f)	plantación (f)	[pl'anta'θjon]
canteiro (m)	hilera (f)	[i'lera]
estufa (f)	invernadero (m)	[imberna'ðero]

| seca (f) | sequía (f) | [se'kia] |
| seco (verão ~) | seco, árido (adj) | ['seko], ['ariðo] |

grão (m)	grano (m)	['grano]
cereais (m pl)	cereales (m pl)	[θere'ales]
colher (vt)	recolectar (vt)	[rekolek'tar]

moleiro (m)	molinero (m)	[moli'nero]
moinho (m)	molino (m)	[mo'lino]
moer (vt)	moler (vt)	[mo'ler]
farinha (f)	harina (f)	[a'rina]
palha (f)	paja (f)	['paχa]

121. Construção. Processo de construção

canteiro (m) de obras	obra (f)	['oβra]
construir (vt)	construir (vt)	[konstru'ir]
construtor (m)	albañil (m)	[al'βa'njil']

projeto (m)	proyecto (m)	[pro'jekto]
arquiteto (m)	arquitecto (m)	[arki'tekto]
operário (m)	obrero (m)	[o'βrero]

fundação (f)	cimientos (m pl)	[θi'mjentos]
telhado (m)	techo (m)	['tetʃo]
estaca (f)	pila (f) de cimentación	['pil'a de θimenta'θjon]
parede (f)	muro (m)	['muro]

| colunas (f pl) de sustentação | armadura (f) | [arma'ðura] |
| andaime (m) | andamio (m) | [an'damio] |

concreto (m)	hormigón (m)	[ormi'γon]
granito (m)	granito (m)	[gra'nito]
pedra (f)	piedra (f)	['pjeðra]
tijolo (m)	ladrillo (m)	[l'a'ðrijo]

areia (f)	arena (f)	[a'rena]
cimento (m)	cemento (m)	[θe'mento]
emboço, reboco (m)	estuco (m)	[es'tuko]
emboçar, rebocar (vt)	estucar (vt)	[estu'kar]
tinta (f)	pintura (f)	[pin'tura]
pintar (vt)	pintar (vt)	[pin'tar]
barril (m)	barril (m)	[ba'ril']

grua (f), guindaste (m)	grúa (f)	['grua]
erguer (vt)	levantar (vt)	[leβan'tar]
baixar (vt)	bajar (vt)	[ba'χar]

| buldózer (m) | bulldózer (m) | [bul'ðoθer] |
| escavadora (f) | excavadora (f) | [ekskaβa'ðora] |

caçamba (f)	cuchara (f)	[ku'tʃara]
escavar (vt)	cavar (vt)	[ka'βar]
capacete (m) de proteção	casco (m)	['kasko]

122. Ciência. Investigação. Cientistas

ciência (f)	ciencia (f)	['θjenθia]
científico (adj)	científico (adj)	[θjen'tifiko]
cientista (m)	científico (m)	[θjen'tifiko]
teoria (f)	teoría (f)	[teo'ria]
axioma (m)	axioma (m)	[aksi'oma]
análise (f)	análisis (m)	[a'nalisis]
analisar (vt)	analizar (vt)	[anali'θar]
argumento (m)	argumento (m)	[argu'mento]
substância (f)	sustancia (f)	[sus'tanθia]
hipótese (f)	hipótesis (f)	[i'potesis]
dilema (m)	dilema (m)	[di'lema]
tese (f)	tesis (f) de grado	['tesis de 'graðo]
dogma (m)	dogma (m)	['doɣma]
doutrina (f)	doctrina (f)	[dok'trina]
pesquisa (f)	investigación (f)	[imbestiga'θjon]
pesquisar (vt)	investigar (vt)	[imbesti'gar]
testes (m pl)	prueba (f)	[pru'eβa]
laboratório (m)	laboratorio (m)	[lʲaβora'torio]
método (m)	método (m)	['metoðo]
molécula (f)	molécula (f)	[mo'lekulʲa]
monitoramento (m)	seguimiento (m)	[segi'mjento]
descoberta (f)	descubrimiento (m)	[deskuβri'mjento]
postulado (m)	postulado (m)	[postu'lʲaðo]
princípio (m)	principio (m)	[prin'θipio]
prognóstico (previsão)	pronóstico (m)	[pro'nostiko]
prognosticar (vt)	pronosticar (vt)	[pronosti'kar]
síntese (f)	síntesis (f)	['sintesis]
tendência (f)	tendencia (f)	[ten'denθia]
teorema (m)	teorema (m)	[teo'rema]
ensinamentos (m pl)	enseñanzas (f pl)	[ense'njanθas]
fato (m)	hecho (m)	['etʃo]
expedição (f)	expedición (f)	[ekspeði'θjon]
experiência (f)	experimento (m)	[eksperi'mento]
acadêmico (m)	académico (m)	[aka'ðemiko]
bacharel (m)	bachiller (m)	[batʃi'jer]
doutor (m)	doctorado (m)	[dokto'raðo]
professor (m) associado	docente (m)	[do'θente]
mestrado (m)	Master (m)	['master]
professor (m)	profesor (m)	[profe'sor]

Profissões e ocupações

trabalho (m)	trabajo (m)	[tra'βaχo]
equipe (f)	empleados (pl)	[emple'aðos]
pessoal (m)	personal (m)	[perso'nalʲ]
carreira (f)	carrera (f)	[ka'rera]
perspectivas (f pl)	perspectiva (f)	[perspek'tiβa]
habilidades (f pl)	maestría (f)	[maes'tria]
seleção (f)	selección (f)	[selek'θjon]
agência (f) de emprego	agencia (f) de empleo	[a'χenθja de em'pleo]
currículo (m)	curriculum vitae (m)	[ku'rikulʲum bi'tae]
entrevista (f) de emprego	entrevista (f)	[entre'βista]
vaga (f)	vacancia (f)	[ba'kanθia]
salário (m)	salario (m)	[sa'lʲario]
salário (m) fixo	salario (m) fijo	[sa'lʲario 'fiχo]
pagamento (m)	remuneración (f)	[remunera'θjon]
cargo (m)	puesto (m)	[pu'esto]
dever (do empregado)	deber (m)	[de'βer]
gama (f) de deveres	gama (f) de deberes	['gama de de'βeres]
ocupado (adj)	ocupado (adj)	[oku'paðo]
despedir, demitir (vt)	despedir (vt)	[despe'ðir]
demissão (f)	despido (m)	[des'piðo]
desemprego (m)	desempleo (m)	[desem'pleo]
desempregado (m)	desempleado (m)	[desemple'aðo]
aposentadoria (f)	jubilación (f)	[χuβilʲa'θjon]
aposentar-se (vr)	jubilarse (vr)	[χuβi'lʲarse]

diretor (m)	director (m)	[direk'tor]
gerente (m)	gerente (m)	[χe'rente]
patrão, chefe (m)	jefe (m)	['χefe]
superior (m)	superior (m)	[supe'rjor]
superiores (m pl)	superiores (m pl)	[supe'rjores]
presidente (m)	presidente (m)	[presi'ðente]
chairman (m)	presidente (m)	[presi'ðente]
substituto (m)	adjunto (m)	[að'χunto]
assistente (m)	asistente (m)	[asis'tente]

secretário (m)	secretario (m), secretaria (f)	[sekre'tario], [sekre'taria]
secretário (m) pessoal	secretario (m) particular	[sekre'tarjo partiku'lʲar]
homem (m) de negócios	hombre (m) de negocios	['ombre de ne'goθjos]
empreendedor (m)	emprendedor (m)	[emprende'ðor]
fundador (m)	fundador (m)	[funda'ðor]
fundar (vt)	fundar (vt)	[fun'dar]
principiador (m)	institutor (m)	[institu'tor]
parceiro, sócio (m)	socio (m)	['soθio]
acionista (m)	accionista (m)	[akθjo'nista]
milionário (m)	millonario (m)	[mijo'nario]
bilionário (m)	multimillonario (m)	[mulʲti·mijo'nario]
proprietário (m)	propietario (m)	[propje'tario]
proprietário (m) de terras	terrateniente (m)	[tera·te'njente]
cliente (m)	cliente (m)	[kli'ente]
cliente (m) habitual	cliente (m) habitual	[kli'ente aβitu'alʲ]
comprador (m)	comprador (m)	[kompra'ðor]
visitante (m)	visitante (m)	[bisi'tante]
profissional (m)	profesional (m)	[profesjo'nalʲ]
perito (m)	experto (m)	[eks'perto]
especialista (m)	especialista (m)	[espeθja'lista]
banqueiro (m)	banquero (m)	[baŋ'kero]
corretor (m)	broker (m)	['broker]
caixa (m, f)	cajero (m)	[ka'χero]
contador (m)	contable (m)	[kon'taβle]
guarda (m)	guardia (m) de seguridad	[gu'arðja de seguri'ðað]
investidor (m)	inversionista (m)	[imbersjo'nista]
devedor (m)	deudor (m)	[deu'ðor]
credor (m)	acreedor (m)	[akree'ðor]
mutuário (m)	prestatario (m)	[presta'tario]
importador (m)	importador (m)	[importa'ðor]
exportador (m)	exportador (m)	[eksporta'ðor]
produtor (m)	productor (m)	[proðuk'tor]
distribuidor (m)	distribuidor (m)	[distriβui'ðor]
intermediário (m)	intermediario (m)	[interme'ðjario]
consultor (m)	asesor (m)	[ase'sor]
representante comercial	representante (m)	[represen'tante]
agente (m)	agente (m)	[a'χente]
agente (m) de seguros	agente (m) de seguros	[a'χente de se'guros]

125. Profissões de serviços

cozinheiro (m)	cocinero (m)	[koθi'nero]
chefe (m) de cozinha	jefe (m) de cocina	['χefe de ko'θina]

padeiro (m)	panadero (m)	[pana'ðero]
barman (m)	barman (m)	['barman]
garçom (m)	camarero (m)	[kama'rero]
garçonete (f)	camarera (f)	[kama'rera]

advogado (m)	abogado (m)	[aβo'gaðo]
jurista (m)	jurista (m)	[χu'rista]
notário (m)	notario (m)	[no'tario]

eletricista (m)	electricista (m)	[elektri'θista]
encanador (m)	fontanero (m)	[fonta'nero]
carpinteiro (m)	carpintero (m)	[karpin'tero]

massagista (m)	masajista (m)	[masa'χista]
massagista (f)	masajista (f)	[masa'χista]
médico (m)	médico (m)	['meðiko]

taxista (m)	taxista (m)	[ta'ksista]
condutor (automobilista)	chofer (m)	['ʧofer]
entregador (m)	repartidor (m)	[reparti'ðor]

camareira (f)	camarera (f)	[kama'rera]
guarda (m)	guardia (m) de seguridad	[gu'arðja de seguri'ðað]
aeromoça (f)	azafata (f)	[aθa'fata]

professor (m)	profesor (m)	[profe'sor]
bibliotecário (m)	bibliotecario (m)	[biβliote'kario]
tradutor (m)	traductor (m)	[traðuk'tor]
intérprete (m)	intérprete (m)	[in'terprete]
guia (m)	guía (m)	['gia]

cabeleireiro (m)	peluquero (m)	[pelʲu'kero]
carteiro (m)	cartero (m)	[kar'tero]
vendedor (m)	vendedor (m)	[bende'ðor]

jardineiro (m)	jardinero (m)	[χarði'nero]
criado (m)	servidor (m)	[serβi'ðor]
criada (f)	criada (f)	[kri'aða]
empregada (f) de limpeza	mujer (f) de la limpieza	[mu'χer de lʲa lim'pjeθa]

126. Profissões militares e postos

soldado (m) raso	soldado (m) raso	[solʲ'ðaðo 'raso]
sargento (m)	sargento (m)	[sar'χento]
tenente (m)	teniente (m)	[te'njente]
capitão (m)	capitán (m)	[kapi'tan]

major (m)	mayor (m)	[ma'jor]
coronel (m)	coronel (m)	[koro'nelʲ]
general (m)	general (m)	[χene'ralʲ]
marechal (m)	mariscal (m)	[maris'kalʲ]
almirante (m)	almirante (m)	[alʲmi'rante]
militar (m)	militar (m)	[mili'tar]
soldado (m)	soldado (m)	[solʲ'ðaðo]

oficial (m)	oficial (m)	[ofi'θjalʲ]
comandante (m)	comandante (m)	[koman'dante]
guarda (m) de fronteira	guardafronteras (m)	[guarða·fron'teras]
operador (m) de rádio	radio-operador (m)	['raðjo opera'ðor]
explorador (m)	explorador (m)	[eksplʲora'ðor]
sapador-mineiro (m)	zapador (m)	[θapa'ðor]
atirador (m)	tirador (m)	[tira'ðor]
navegador (m)	navegador (m)	[naβega'ðor]

127. Oficiais. Padres

rei (m)	rey (m)	[rej]
rainha (f)	reina (f)	['rejna]
príncipe (m)	príncipe (m)	['prinθipe]
princesa (f)	princesa (f)	[prin'θesa]
czar (m)	zar (m)	[θar]
czarina (f)	zarina (f)	[θa'rina]
presidente (m)	presidente (m)	[presi'ðente]
ministro (m)	ministro (m)	[mi'nistro]
primeiro-ministro (m)	primer ministro (m)	[pri'mer mi'nistro]
senador (m)	senador (m)	[sena'ðor]
diplomata (m)	diplomático (m)	[diplʲo'matiko]
cônsul (m)	cónsul (m)	['konsulʲ]
embaixador (m)	embajador (m)	[embaχa'ðor]
conselheiro (m)	consejero (m)	[konse'χero]
funcionário (m)	funcionario (m)	[funθjo'nario]
prefeito (m)	prefecto (m)	[pre'fekto]
Presidente (m) da Câmara	alcalde (m)	[alʲˈkalʲde]
juiz (m)	juez (m)	[χu'eθ]
procurador (m)	fiscal (m)	[fis'kalʲ]
missionário (m)	misionero (m)	[misjo'nero]
monge (m)	monje (m)	['monχe]
abade (m)	abad (m)	[a'βað]
rabino (m)	rabino (m)	[ra'βino]
vizir (m)	visir (m)	[bi'sir]
xá (m)	sha, shah (m)	[ʃa]
xeique (m)	jeque (m)	['χeke]

128. Profissões agrícolas

abelheiro (m)	apicultor (m)	[apikulʲ'tor]
pastor (m)	pastor (m)	[pas'tor]
agrônomo (m)	agrónomo (m)	[a'ɣronomo]

criador (m) de gado	ganadero (m)	[gana'ðero]
veterinário (m)	veterinario (m)	[beteri'nario]

agricultor, fazendeiro (m)	granjero (m)	[gran'χero]
vinicultor (m)	vinicultor (m)	[binikuⁱ'tor]
zoólogo (m)	zoólogo (m)	[θo'olⁱogo]
vaqueiro (m)	vaquero (m)	[ba'kero]

129. Profissões artísticas

ator (m)	actor (m)	[ak'tor]
atriz (f)	actriz (f)	[ak'triθ]

cantor (m)	cantante (m)	[kan'tante]
cantora (f)	cantante (f)	[kan'tante]

bailarino (m)	bailarín (m)	[bajⁱa'rin]
bailarina (f)	bailarina (f)	[bajⁱa'rina]

artista (m)	artista (m)	[ar'tista]
artista (f)	artista (f)	[ar'tista]

músico (m)	músico (m)	['musiko]
pianista (m)	pianista (m)	[pja'nista]
guitarrista (m)	guitarrista (m)	[gita'rista]

maestro (m)	director (m) de orquesta	[direk'tor de or'kesta]
compositor (m)	compositor (m)	[komposi'tor]
empresário (m)	empresario (m)	[empre'sario]

diretor (m) de cinema	director (m) de cine	[direk'tor de 'θine]
produtor (m)	productor (m)	[proðuk'tor]
roteirista (m)	guionista (m)	[gijo'nista]
crítico (m)	crítico (m)	['kritiko]

escritor (m)	escritor (m)	[eskri'tor]
poeta (m)	poeta (m)	[po'eta]
escultor (m)	escultor (m)	[eskulⁱ'tor]
pintor (m)	pintor (m)	[pin'tor]

malabarista (m)	malabarista (m)	[malⁱaβa'rista]
palhaço (m)	payaso (m)	[pa'jaso]
acrobata (m)	acróbata (m)	[a'kroβata]
ilusionista (m)	ilusionista (m)	[ilⁱusjo'nista]

130. Várias profissões

médico (m)	médico (m)	['meðiko]
enfermeira (f)	enfermera (f)	[eɱfer'mera]
psiquiatra (m)	psiquiatra (m)	[si'kjatra]
dentista (m)	dentista (m)	[den'tista]
cirurgião (m)	cirujano (m)	[θiru'χano]

astronauta (m)	astronauta (m)	[astro'nauta]
astrônomo (m)	astrónomo (m)	[as'tronomo]
piloto (m)	piloto (m)	[pi'lʲoto]
motorista (m)	conductor (m)	[konduk'tor]
maquinista (m)	maquinista (m)	[maki'nista]
mecânico (m)	mecánico (m)	[me'kaniko]
mineiro (m)	minero (m)	[mi'nero]
operário (m)	obrero (m)	[o'βrero]
serralheiro (m)	cerrajero (m)	[θera'χero]
marceneiro (m)	carpintero (m)	[karpin'tero]
torneiro (m)	tornero (m)	[tor'nero]
construtor (m)	albañil (m)	[alʲβa'njilʲ]
soldador (m)	soldador (m)	[solʲda'ðor]
professor (m)	profesor (m)	[profe'sor]
arquiteto (m)	arquitecto (m)	[arki'tekto]
historiador (m)	historiador (m)	[istorja'ðor]
cientista (m)	científico (m)	[θjen'tifiko]
físico (m)	físico (m)	['fisiko]
químico (m)	químico (m)	['kimiko]
arqueólogo (m)	arqueólogo (m)	[arke'olʲogo]
geólogo (m)	geólogo (m)	[χe'olʲogo]
pesquisador (cientista)	investigador (m)	[imbestiga'ðor]
babysitter, babá (f)	niñera (f)	[ni'njera]
professor (m)	pedagogo (m)	[peða'gogo]
redator (m)	redactor (m)	[reðak'tor]
redator-chefe (m)	redactor jefe (m)	[reðak'tor 'χefe]
correspondente (m)	corresponsal (m)	[korespon'salʲ]
datilógrafa (f)	mecanógrafa (f)	[meka'noɣrafa]
designer (m)	diseñador (m)	[disenja'ðor]
especialista (m)	especialista (m)	[espeθja'lista
em informática	en ordenadores	en orðena'ðores]
programador (m)	programador (m)	[proɣrama'ðor]
engenheiro (m)	ingeniero (m)	[inχe'njero]
marujo (m)	marino (m)	[ma'rino]
marinheiro (m)	marinero (m)	[mari'nero]
socorrista (m)	socorrista (m)	[soko'rista]
bombeiro (m)	bombero (m)	[bom'bero]
polícia (m)	policía (m)	[poli'θia]
guarda-noturno (m)	vigilante (m) nocturno	[biχi'lʲante nok'turno]
detetive (m)	detective (m)	[detek'tiβe]
funcionário (m) da alfândega	aduanero (m)	[aðua'nero]
guarda-costas (m)	guardaespaldas (m)	[guarða·es'palʲdas]
guarda (m) prisional	guardia (m) de prisiones	[gu'arðja de pri'sjones]
inspetor (m)	inspector (m)	[inspek'tor]
esportista (m)	deportista (m)	[depor'tista]
treinador (m)	entrenador (m)	[entrena'ðor]

açougueiro (m)	carnicero (m)	[karni'θero]
sapateiro (m)	zapatero (m)	[θapa'tero]
comerciante (m)	comerciante (m)	[komer'θjante]
carregador (m)	cargador (m)	[karga'ðor]

estilista (m)	diseñador (m) de moda	[disenja'ðor de 'moða]
modelo (f)	modelo (f)	[mo'ðeljo]

131. Ocupações. Estatuto social

estudante (~ de escola)	escolar (m)	[esko'ljar]
estudante (~ universitária)	estudiante (m)	[estu'ðjante]
filósofo (m)	filósofo (m)	[fi'ljosofo]
economista (m)	economista (m)	[ekono'mista]
inventor (m)	inventor (m)	[imben'tor]
desempregado (m)	desempleado (m)	[desemple'aðo]
aposentado (m)	jubilado (m)	[χuβi'ljaðo]
espião (m)	espía (m)	[es'pia]
preso, prisioneiro (m)	prisionero (m)	[prisjo'nero]
grevista (m)	huelguista (m)	[uel'gista]
burocrata (m)	burócrata (m)	[bu'rokrata]
viajante (m)	viajero (m)	[bja'χero]
homossexual (m)	homosexual (m)	[omoseksu'alj]
hacker (m)	hacker (m)	['aker]
hippie (m, f)	hippie (m)	['χipi]
bandido (m)	bandido (m)	[ban'diðo]
assassino (m)	sicario (m)	[si'kario]
drogado (m)	drogadicto (m)	[droγ·a'ðikto]
traficante (m)	narcotraficante (m)	[narko·trafi'kante]
prostituta (f)	prostituta (f)	[prosti'tuta]
cafetão (m)	chulo (m), proxeneta (m)	['ʧuljo], [prokse'neta]
bruxo (m)	brujo (m)	['bruχo]
bruxa (f)	bruja (f)	['bruχa]
pirata (m)	pirata (m)	[pi'rata]
escravo (m)	esclavo (m)	[es'kljaβo]
samurai (m)	samurai (m)	[samu'raj]
selvagem (m)	salvaje (m)	[salj'βaχe]

117

Desportos

esportista (m)	deportista (m)	[depor'tista]
tipo (m) de esporte	tipo (m) de deporte	['tipo de de'porte]
basquete (m)	baloncesto (m)	[balʲon'θesto]
jogador (m) de basquete	baloncestista (m)	[balʲonθes'tista]
beisebol (m)	béisbol (m)	['bejsβolʲ]
jogador (m) de beisebol	beisbolista (m)	[bejsβo'lista]
futebol (m)	fútbol (m)	['futβolʲ]
jogador (m) de futebol	futbolista (m)	[futβo'lista]
goleiro (m)	portero (m)	[por'tero]
hóquei (m)	hockey (m)	['χokej]
jogador (m) de hóquei	jugador (m) de hockey	[χuga'ðor de 'χokej]
vôlei (m)	voleibol (m)	[bolej'βolʲ]
jogador (m) de vôlei	voleibolista (m)	[bolejβo'lista]
boxe (m)	boxeo (m)	[bo'kseo]
boxeador (m)	boxeador (m)	[boksea'ðor]
luta (f)	lucha (f)	['lʲutʃa]
lutador (m)	luchador (m)	[lʲutʃa'ðor]
caratê (m)	kárate (m)	['karate]
carateca (m)	karateka (m)	[kara'teka]
judô (m)	judo (m)	['juðo]
judoca (m)	judoka (m)	[ju'ðoka]
tênis (m)	tenis (m)	['tenis]
tenista (m)	tenista (m)	[te'nista]
natação (f)	natación (f)	[nata'θjon]
nadador (m)	nadador (m)	[naða'ðor]
esgrima (f)	esgrima (f)	[ez'ɣrima]
esgrimista (m)	esgrimidor (m)	[ezɣrimi'ðor]
xadrez (m)	ajedrez (m)	[aχe'ðreθ]
jogador (m) de xadrez	ajedrecista (m)	[aχeðre'θista]
alpinismo (m)	alpinismo (m)	[alʲpi'nismo]
alpinista (m)	alpinista (m)	[alʲpi'nista]
corrida (f)	carrera (f)	[ka'rera]

corredor (m)	corredor (m)	[kore'ðor]
atletismo (m)	atletismo (m)	[atle'tismo]
atleta (m)	atleta (m)	[at'leta]

| hipismo (m) | deporte (m) hípico | [de'porte 'χipiko] |
| cavaleiro (m) | jinete (m) | [χi'nete] |

patinação (f) artística	patinaje (m) artístico	[pati'naχe ar'tistiko]
patinador (m)	patinador (m)	[patina'ðor]
patinadora (f)	patinadora (f)	[patina'ðora]

halterofilismo (m)	levantamiento (m) de pesas	[leβanta'mjento de 'pesas]
halterofilista (m)	levantador (m) de pesas	[leβanta'ðor de 'pesas]
corrida (f) de carros	carreras (f pl) de coches	[ka'reras de 'kotʃes]
piloto (m)	piloto (m) de carreras	[pi'lʲoto de ka'reras]

| ciclismo (m) | ciclismo (m) | [θik'lismo] |
| ciclista (m) | ciclista (m) | [θik'lista] |

salto (m) em distância	salto (m) de longitud	['salʲto de lʲonχi'tuð]
salto (m) com vara	salto (m) con pértiga	['salʲto kon 'pertiga]
atleta (m) de saltos	saltador (m)	[salʲta'ðor]

133. Tipos de desportos. Diversos

futebol (m) americano	fútbol (m) americano	['futβolʲ ameri'kano]
badminton (m)	bádminton (m)	['baðminton]
biatlo (m)	biatlón (m)	[biat'lʲon]
bilhar (m)	billar (m)	[bi'jar]

bobsled (m)	bobsleigh (m)	['boβslej]
musculação (f)	culturismo (m)	[kulʲtu'rismo]
polo (m) aquático	waterpolo (m)	[water'polʲo]
handebol (m)	balonmano (m)	[balʲon'mano]
golfe (m)	golf (m)	[golʲf]

remo (m)	remo (m)	['remo]
mergulho (m)	buceo (m)	[bu'θeo]
corrida (f) de esqui	esquí (m) de fondo	[es'ki de 'fondo]
tênis (m) de mesa	tenis (m) de mesa	['tenis de 'mesa]

vela (f)	vela (f)	['belʲa]
rali (m)	rally (m)	['rali]
rúgbi (m)	rugby (m)	['ruχβi]
snowboard (m)	snowboard (m)	[eznow'βorðɪŋ]
arco-e-flecha (m)	tiro (m) con arco	['tiro kon 'arko]

134. Ginásio

barra (f)	barra (f) de pesas	['bara de 'pesas]
halteres (m pl)	pesas (f pl)	['pesas]
aparelho (m) de musculação	aparato (m) de ejercicios	[apa'rato de eχer'θiθjos]

| bicicleta (f) ergométrica | bicicleta (f) estática | [biθik'leta es'tatika] |
| esteira (f) de corrida | cinta (f) de correr | ['θinta de ko'rer] |

barra (f) fixa	barra (f) fija	['bara 'fiχa]
barras (f pl) paralelas	barras (f pl) paralelas	['baras para'leljas]
cavalo (m)	potro (m)	['potro]
tapete (m) de ginástica	colchoneta (f)	[koljʧo'neta]

corda (f) de saltar	comba (f)	['komba]
aeróbica (f)	aeróbica (f)	[ae'roβika]
ioga, yoga (f)	yoga (m)	['joga]

135. Hóquei

hóquei (m)	hockey (m)	['χokej]
jogador (m) de hóquei	jugador (m) de hockey	[χuga'ðor de 'χokej]
jogar hóquei	jugar al hockey	[χu'gar alj 'χokej]
gelo (m)	hielo (m)	['jeljo]

disco (m)	disco (m)	['disko]
taco (m) de hóquei	palo (m) de hockey	['paljo de 'χokej]
patins (m pl) de gelo	patines (m pl)	[pa'tines]

| muro (m) | muro (m) | ['muro] |
| tiro (m) | tiro (m) | ['tiro] |

goleiro (m)	portero (m)	[por'tero]
gol (m)	gol (m)	[golj]
marcar um gol	marcar un gol	[mar'kar un 'golj]

tempo (m)	periodo (m)	[pe'rjoðo]
segundo tempo (m)	segundo periodo (m)	[se'ɣundo pe'rjoðo]
banco (m) de reservas	banquillo (m) de reserva	[baŋ'kijo de re'serβa]

136. Futebol

futebol (m)	fútbol (m)	['futβolj]
jogador (m) de futebol	futbolista (m)	[futβo'lista]
jogar futebol	jugar al fútbol	[χu'gar alj 'futβolj]

Time (m) Principal	liga (f) superior	['liga supe'rjor]
time (m) de futebol	club (m) de fútbol	[kljuβ de 'futβolj]
treinador (m)	entrenador (m)	[entrena'ðor]
proprietário (m)	propietario (m)	[propje'tario]

equipe (f)	equipo (m)	[e'kipo]
capitão (m)	capitán (m) del equipo	[kapi'tan delj e'kipo]
jogador (m)	jugador (m)	[χuga'ðor]
jogador (m) reserva	reserva (m)	[re'serβa]

| atacante (m) | delantero (m) | [deljan'tero] |
| centroavante (m) | delantero (m) centro | [deljan'tero 'θentro] |

marcador (m)	goleador (m)	[golea'ðor]
defesa (f)	defensa (f)	[de'fensa]
meio-campo (m)	medio (m)	['meðio]

jogo (m), partida (f)	match (m)	[matʃ]
encontrar-se (vr)	encontrarse (vr)	[eŋkon'trarse]
final (m)	final (f)	[fi'nalʲ]
semifinal (f)	semifinal (f)	[semifi'nalʲ]
campeonato (m)	campeonato (m)	[kampeo'nato]

tempo (m)	tiempo (m)	['tjempo]
primeiro tempo (m)	primer tiempo (m)	[pri'mer 'tjempo]
intervalo (m)	descanso (m)	[des'kanso]

goleira (f)	puerta (f)	[pu'erta]
goleiro (m)	portero (m)	[por'tero]
trave (f)	poste (m)	['poste]
travessão (m)	larguero (m)	[ʎar'gero]
rede (f)	red (f)	[reð]
tomar um gol	recibir un gol	[reθi'βir un golʲ]

bola (f)	balón (m)	[ba'ʎon]
passe (m)	pase (m)	['pase]
chute (m)	tiro (m)	['tiro]
chutar (vt)	lanzar un tiro	[ʎan'θar un 'tiro]
pontapé (m)	tiro (m) de castigo	['tiro de kas'tigo]
escanteio (m)	saque (m) de esquina	['sake de es'kina]

ataque (m)	ataque (m)	[a'take]
contra-ataque (m)	contraataque (m)	[kontra·a'take]
combinação (f)	combinación (f)	[kombina'θjon]

árbitro (m)	árbitro (m)	['arβitro]
apitar (vi)	silbar (vi)	[silʲ'βar]
apito (m)	silbato (m)	[silʲ'βato]
falta (f)	infracción (f)	[iɱfrak'θjon]
cometer a falta	cometer una infracción	[kome'ter una iɱfrak'θjon]
expulsar (vt)	expulsar del campo	[ekspulʲ'sar delʲ 'kampo]

cartão (m) amarelo	tarjeta (f) amarilla	[tar'χeta ama'rija]
cartão (m) vermelho	tarjeta (f) roja	[tar'χeta 'roχa]
desqualificação (f)	descalificación (f)	[deskalifika'θjon]
desqualificar (vt)	descalificar (vt)	[deskalifi'kar]

pênalti (m)	penalti (m)	[pe'nalʲti]
barreira (f)	barrera (f)	[ba'rera]
marcar (vt)	meter un gol	[me'ter un 'golʲ]
gol (m)	gol (m)	[golʲ]
marcar um gol	marcar un gol	[mar'kar un 'golʲ]

substituição (f)	reemplazo (m)	[reem'plʲaθo]
substituir (vt)	reemplazar (vt)	[reemplʲa'θar]
regras (f pl)	reglas (f pl)	['reɣlʲas]
tática (f)	táctica (f)	['taktika]
estádio (m)	estadio (m)	[es'taðio]
arquibancadas (f pl)	gradería (f)	[graðe'ria]

fã, torcedor (m)	hincha (m)	['intʃa]
gritar (vi)	gritar (vi)	[gri'tar]
placar (m)	tablero (m)	[ta'βlero]
resultado (m)	tanteo (m)	[tan'teo]
derrota (f)	derrota (f)	[de'rota]
perder (vt)	perder (vi)	[per'ðer]
empate (m)	empate (m)	[em'pate]
empatar (vi)	empatar (vi)	[empa'tar]
vitória (f)	victoria (f)	[bik'toria]
vencer (vi, vt)	ganar (vi)	[ga'nar]
campeão (m)	campeón (m)	[kampe'on]
melhor (adj)	mejor (adj)	[me'χor]
felicitar (vt)	felicitar (vt)	[feliθi'tar]
comentarista (m)	comentarista (m)	[komenta'rista]
comentar (vt)	comentar (vt)	[komen'tar]
transmissão (f)	transmisión (f)	[transmi'θjon]

137. Esqui alpino

esqui (m)	esquís (m pl)	[es'kis]
esquiar (vi)	esquiar (vi)	[es'kjar]
estação (f) de esqui	estación (f) de esquí	[esta'θjon de es'ki]
teleférico (m)	telesquí (m)	[teles'ki]
bastões (m pl) de esqui	bastones (m pl)	[bas'tones]
declive (m)	cuesta (f)	[ku'esta]
slalom (m)	eslalon (m)	[es'lʲalʲon]

138. Tênis. Golfe

golfe (m)	golf (m)	[golʲf]
clube (m) de golfe	club (m) de golf	['klʲuβ de 'golʲf]
jogador (m) de golfe	jugador (m) de golf	[χuga'ðor de 'golʲf]
buraco (m)	hoyo (m)	['ojo]
taco (m)	palo (m)	['palʲo]
trolley (m)	carro (m) de golf	['karo de 'golʲf]
tênis (m)	tenis (m)	['tenis]
quadra (f) de tênis	cancha (f) de tenis	['kantʃa de 'tenis]
saque (m)	saque (m)	['sake]
sacar (vi)	sacar (vi)	[sa'kar]
raquete (f)	raqueta (f)	[ra'keta]
rede (f)	red (f)	[reð]
bola (f)	pelota (f)	[pe'lʲota]

139. Xadrez

xadrez (m)	ajedrez (m)	[aχe'ðreθ]
peças (f pl) de xadrez	piezas (f pl)	['pjeθas]
jogador (m) de xadrez	ajedrecista (m)	[aχeðre'θista]
tabuleiro (m) de xadrez	tablero (m) de ajedrez	[ta'βlero de aχe'ðreθ]
peça (f)	pieza (f)	['pjeθa]
brancas (f pl)	blancas (f pl)	['blʲaŋkas]
pretas (f pl)	negras (f pl)	['neɣras]
peão (m)	peón (m)	[pe'on]
bispo (m)	alfil (m)	[alʲ'filʲ]
cavalo (m)	caballo (m)	[ka'βajo]
torre (f)	torre (f)	['tore]
dama (f)	reina (f)	['rejna]
rei (m)	rey (m)	[rej]
vez (f)	jugada (f)	[χu'gaða]
mover (vt)	jugar (vt)	[χu'gar]
sacrificar (vt)	sacrificar (vt)	[sakrifi'kar]
roque (m)	enroque (m)	[en'roke]
xeque (m)	jaque (m)	['χake]
xeque-mate (m)	mate (m)	['mate]
torneio (m) de xadrez	torneo (m) de ajedrez	[tor'neo de aχe'ðreθ]
grão-mestre (m)	gran maestro (m)	[gran ma'estro]
combinação (f)	combinación (f)	[kombina'θjon]
partida (f)	partida (f)	[par'tiða]
jogo (m) de damas	damas (f pl)	['damas]

140. Boxe

boxe (m)	boxeo (m)	[bo'kseo]
combate (m)	combate (m)	[kom'bate]
luta (f) de boxe	pelea (f) de boxeo	[pe'lea de bo'kseo]
round (m)	asalto (m)	[a'salʲto]
ringue (m)	cuadrilátero (m)	[kuaðri'lʲatero]
gongo (m)	campana (f)	[kam'pana]
murro, soco (m)	golpe (m)	['golʲpe]
derrubada (f)	knockdown (m)	[nok'ðaun]
nocaute (m)	nocaut (m)	[no'kaut]
nocautear (vt)	noquear (vt)	[noke'ar]
luva (f) de boxe	guante (m) de boxeo	[gu'ante de bo'kseo]
juiz (m)	árbitro (m)	['arβitro]
peso-pena (m)	peso (m) ligero	['peso li'χero]
peso-médio (m)	peso (m) medio	['peso 'meðio]
peso-pesado (m)	peso (m) pesado	['peso pe'saðo]

141. Desportos. Diversos

Jogos (m pl) Olímpicos	Juegos (m pl) Olímpicos	[χu'egos o'limpikos]
vencedor (m)	vencedor (m)	[benθe'ðor]
vencer (vi)	vencer (vi)	[ben'θer]
vencer (vi, vt)	ganar (vi)	[ga'nar]
líder (m)	líder (m)	['liðer]
liderar (vt)	liderar (vt)	[liðe'rar]
primeiro lugar (m)	primer puesto (m)	[pri'mer pu'esto]
segundo lugar (m)	segundo puesto (m)	[se'gundo pu'esto]
terceiro lugar (m)	tercer puesto (m)	[ter'θer pu'esto]
medalha (f)	medalla (f)	[me'ðaja]
troféu (m)	trofeo (m)	[tro'feo]
taça (f)	copa (f)	['kopa]
prêmio (m)	premio (m)	['premio]
prêmio (m) principal	premio (m) principal	['premio prinθi'palʲ]
recorde (m)	record (m)	['rekorð]
estabelecer um recorde	establecer un record	[estaβle'θer un 'rekorð]
final (m)	final (m)	[fi'nalʲ]
final (adj)	de final (adj)	[de fi'nalʲ]
campeão (m)	campeón (m)	[kampe'on]
campeonato (m)	campeonato (m)	[kampeo'nato]
estádio (m)	estadio (m)	[es'taðio]
arquibancadas (f pl)	gradería (f)	[graðe'ria]
fã, torcedor (m)	hincha (m)	['intʃa]
adversário (m)	adversario (m)	[aðβer'sario]
partida (f)	arrancadero (m)	[araŋka'ðero]
linha (f) de chegada	línea (f) de meta	['linea de 'meta]
derrota (f)	derrota (f)	[de'rota]
perder (vt)	perder (vi)	[per'ðer]
árbitro, juiz (m)	árbitro (m)	['arβitro]
júri (m)	jurado (m)	[χu'raðo]
resultado (m)	cuenta (f)	[ku'enta]
empate (m)	empate (m)	[em'pate]
empatar (vi)	empatar (vi)	[empa'tar]
ponto (m)	punto (m)	['punto]
resultado (m) final	resultado (m)	[resulʲ'taðo]
tempo (m)	tiempo (m)	['tjempo]
intervalo (m)	descanso (m)	[des'kanso]
doping (m)	droga (f), doping (m)	['droga], ['dopin]
penalizar (vt)	penalizar (vt)	[penali'θar]
desqualificar (vt)	descalificar (vt)	[deskalifi'kar]
aparelho, aparato (m)	aparato (m)	[apa'rato]
dardo (m)	jabalina (f)	[χaβa'lina]

peso (m)	peso (m)	['peso]
bola (f)	bola (f)	['boḽa]
alvo, objetivo (m)	objetivo (m)	[oβxe'tiβo]
alvo (~ de papel)	blanco (m)	['bḽaŋko]
disparar, atirar (vi)	tirar (vi)	[ti'rar]
preciso (tiro ~)	preciso (adj)	[pre'θiso]
treinador (m)	entrenador (m)	[entrena'ðor]
treinar (vt)	entrenar (vt)	[entre'nar]
treinar-se (vr)	entrenarse (vr)	[entre'narse]
treino (m)	entrenamiento (m)	[entrena'mjento]
academia (f) de ginástica	gimnasio (m)	[xim'nasio]
exercício (m)	ejercicio (m)	[exer'θiθio]
aquecimento (m)	calentamiento (m)	[kalenta'mjento]

Educação

escola (f)	escuela (f)	[esku'eˡʲa]
diretor (m) de escola	director (m) de escuela	[direk'tor de esku'eˡʲa]
aluno (m)	alumno (m)	[a'lʲumno]
aluna (f)	alumna (f)	[a'lʲumna]
estudante (m)	escolar (m)	[esko'lʲar]
estudante (f)	escolar (f)	[esko'lʲar]
ensinar (vt)	enseñar (vt)	[ense'njar]
aprender (vt)	aprender (vt)	[apren'der]
decorar (vt)	aprender de memoria	[apren'der de me'moria]
estudar (vi)	aprender (vt)	[apren'der]
estar na escola	estar en la escuela	[es'tar en lʲa esku'eˡʲa]
ir à escola	ir a la escuela	[ir a lʲa esku'eˡʲa]
alfabeto (m)	alfabeto (m)	[alʲfa'βeto]
disciplina (f)	materia (f)	[ma'teria]
sala (f) de aula	aula (f)	[aulʲa]
lição, aula (f)	lección (f)	[lek'θjon]
recreio (m)	recreo (m)	[re'kreo]
toque (m)	campana (f)	[kam'pana]
classe (f)	pupitre (m)	[pu'pitre]
quadro (m) negro	pizarra (f)	[pi'θara]
nota (f)	nota (f)	['nota]
boa nota (f)	buena nota (f)	[bu'ena 'nota]
nota (f) baixa	mala nota (f)	['malʲa 'nota]
dar uma nota	poner una nota	[po'ner 'una 'nota]
erro (m)	falta (f)	['falʲta]
errar (vi)	hacer faltas	[a'θer 'falʲtas]
corrigir (~ um erro)	corregir (vt)	[kore'χir]
cola (f)	chuleta (f)	[tʃu'leta]
dever (m) de casa	deberes (m pl) de casa	[de'βeres de 'kasa]
exercício (m)	ejercicio (m)	[eχer'θiθio]
estar presente	estar presente	[es'tar pre'sente]
estar ausente	estar ausente	[es'tar au'sente]
faltar às aulas	faltar a las clases	[falʲ'tar a lʲas 'klʲases]
punir (vt)	castigar (vt)	[kasti'gar]
punição (f)	castigo (m)	[kas'tigo]
comportamento (m)	conducta (f)	[kon'dukta]

boletim (m) escolar	libreta (f) de notas	[li'βreta de 'notas]
lápis (m)	lápiz (m)	['lʲapiθ]
borracha (f)	goma (f) de borrar	['goma de bo'rar]
giz (m)	tiza (f)	['tiθa]
porta-lápis (m)	cartuchera (f)	[kartu'tʃera]
mala, pasta, mochila (f)	mochila (f)	[mo'tʃilʲa]
caneta (f)	bolígrafo (m)	[bo'liɣrafo]
caderno (m)	cuaderno (m)	[kua'ðerno]
livro (m) didático	manual (m)	[manu'alʲ]
compasso (m)	compás (m)	[kom'pas]
traçar (vt)	trazar (vi, vt)	[tra'θar]
desenho (m) técnico	dibujo (m) técnico	[di'βuχo 'tekniko]
poesia (f)	poema (m), poesía (f)	[po'ema], [poe'sia]
de cor	de memoria (adv)	[de me'moria]
decorar (vt)	aprender de memoria	[apren'der de me'moria]
férias (f pl)	vacaciones (f pl)	[baka'θjones]
estar de férias	estar de vacaciones	[es'tar de baka'θjones]
passar as férias	pasar las vacaciones	[pa'sar lʲas baka'θjones]
teste (m), prova (f)	prueba (f) escrita	[pru'eβa es'krita]
redação (f)	composición (f)	[komposi'θjon]
ditado (m)	dictado (m)	[dik'taðo]
exame (m), prova (f)	examen (m)	[e'ksamen]
fazer prova	hacer un examen	[a'θer un e'ksamen]
experiência (~ química)	experimento (m)	[eksperi'mento]

143. Colégio. Universidade

academia (f)	academia (f)	[aka'ðemia]
universidade (f)	universidad (f)	[uniβersi'ðað]
faculdade (f)	facultad (f)	[fakulʲ'tað]
estudante (m)	estudiante (m)	[estu'ðjante]
estudante (f)	estudiante (f)	[estu'ðjante]
professor (m)	profesor (m)	[profe'sor]
auditório (m)	aula (f)	['aulʲa]
graduado (m)	graduado (m)	[graðu'aðo]
diploma (m)	diploma (m)	[di'plʲoma]
tese (f)	tesis (f) de grado	['tesis de 'graðo]
estudo (obra)	estudio (m)	[es'tuðio]
laboratório (m)	laboratorio (m)	[lʲaβora'torio]
palestra (f)	clase (f)	['klʲase]
colega (m) de curso	compañero (m) de curso	[kompa'njero de 'kurso]
bolsa (f) de estudos	beca (f)	['beka]
grau (m) acadêmico	grado (m) académico	['graðo aka'ðemiko]

144. Ciências. Disciplinas

matemática (f)	matemáticas (f pl)	[mate'matikas]
álgebra (f)	álgebra (f)	['alχeβra]
geometria (f)	geometría (f)	[χeome'tria]
astronomia (f)	astronomía (f)	[astrono'mia]
biologia (f)	biología (f)	[bioljo'χia]
geografia (f)	geografía (f)	[χeoɣra'fia]
geologia (f)	geología (f)	[χeoljo'χia]
história (f)	historia (f)	[is'toria]
medicina (f)	medicina (f)	[meði'θina]
pedagogia (f)	pedagogía (f)	[peðago'χia]
direito (m)	derecho (m)	[de'reʧo]
física (f)	física (f)	['fisika]
química (f)	química (f)	['kimika]
filosofia (f)	filosofía (f)	[filjoso'fia]
psicologia (f)	psicología (f)	[sikoljo'χia]

145. Sistema de escrita. Ortografia

gramática (f)	gramática (f)	[gra'matika]
vocabulário (m)	vocabulario (m)	[bokaβu'ljario]
fonética (f)	fonética (f)	[fo'netika]
substantivo (m)	sustantivo (m)	[sustan'tiβo]
adjetivo (m)	adjetivo (m)	[aðχe'tiβo]
verbo (m)	verbo (m)	['berβo]
advérbio (m)	adverbio (m)	[að'βerβio]
pronome (m)	pronombre (m)	[pro'nombre]
interjeição (f)	interjección (f)	[interχek'θjon]
preposição (f)	preposición (f)	[preposi'θjon]
raiz (f)	raíz (f), radical (m)	[ra'iθ], [raði'kalj]
terminação (f)	desinencia (f)	[desi'nenθia]
prefixo (m)	prefijo (m)	[pre'fiχo]
sílaba (f)	sílaba (f)	['siljaβa]
sufixo (m)	sufijo (m)	[su'fiχo]
acento (m)	acento (m)	[a'θento]
apóstrofo (f)	apóstrofo (m)	[a'postrofo]
ponto (m)	punto (m)	['punto]
vírgula (f)	coma (m)	['koma]
ponto e vírgula (m)	punto y coma	['punto i 'koma]
dois pontos (m pl)	dos puntos (m pl)	[dos 'puntos]
reticências (f pl)	puntos (m pl) suspensivos	['puntos suspen'siβos]
ponto (m) de interrogação	signo (m) de interrogación	['siɣno de interoga'θjon]
ponto (m) de exclamação	signo (m) de admiración	['siɣno de aðmira'θjon]

aspas (f pl)	comillas (f pl)	[ko'mijas]
entre aspas	entre comillas	['entre ko'mijas]
parênteses (m pl)	paréntesis (m)	[pa'rentesis]
entre parênteses	entre paréntesis	['entre pa'rentesis]

hífen (m)	guión (m)	[gi'jon]
travessão (m)	raya (f)	['raja]
espaço (m)	blanco (m)	['bljaŋko]

| letra (f) | letra (f) | ['letra] |
| letra (f) maiúscula | letra (f) mayúscula | ['letra ma'juskulja] |

| vogal (f) | vocal (f) | [bo'kalj] |
| consoante (f) | consonante (m) | [konso'nante] |

frase (f)	oración (f)	[ora'θjon]
sujeito (m)	sujeto (m)	[su'χeto]
predicado (m)	predicado (m)	[preði'kaðo]

linha (f)	línea (f)	['linea]
em uma nova linha	en una nueva línea	[en 'una nu'eβa 'linea]
parágrafo (m)	párrafo (m)	['parafo]

palavra (f)	palabra (f)	[pa'ljaβra]
grupo (m) de palavras	combinación (f) de palabras	[kombina'θjon de pa'ljaβras]
expressão (f)	expresión (f)	[ekspre'θjon]
sinônimo (m)	sinónimo (m)	[si'nonimo]
antônimo (m)	antónimo (m)	[an'tonimo]

regra (f)	regla (f)	['reɣlja]
exceção (f)	excepción (f)	[ekθep'θjon]
correto (adj)	correcto (adj)	[ko'rekto]

conjugação (f)	conjugación (f)	[konχuga'θjon]
declinação (f)	declinación (f)	[deklina'θjon]
caso (m)	caso (m)	['kaso]
pergunta (f)	pregunta (f)	[pre'gunta]
sublinhar (vt)	subrayar (vt)	[suβra'jar]
linha (f) pontilhada	línea (f) de puntos	['linea de 'puntos]

146. Línguas estrangeiras

língua (f)	lengua (f)	['lengua]
estrangeiro (adj)	extranjero (adj)	[ekstran'χero]
língua (f) estrangeira	lengua (f) extranjera	['lengua ekstran'χera]
estudar (vt)	estudiar (vt)	[estu'ðjar]
aprender (vt)	aprender (vt)	[apren'der]

ler (vt)	leer (vi, vt)	[le'er]
falar (vi)	hablar (vi, vt)	[a'βljar]
entender (vt)	comprender (vt)	[kompren'der]
escrever (vt)	escribir (vt)	[eskri'βir]
rapidamente	rápidamente (adv)	['rapiða'mente]
devagar, lentamente	lentamente (adv)	[lenta'mente]

129

fluentemente	con fluidez (adv)	[kon flʲui'ðeθ]
regras (f pl)	reglas (f pl)	['reɣlʲas]
gramática (f)	gramática (f)	[gra'matika]
vocabulário (m)	vocabulario (m)	[bokaβu'lʲario]
fonética (f)	fonética (f)	[fo'netika]

livro (m) didático	manual (m)	[manu'alʲ]
dicionário (m)	diccionario (m)	[dikθjo'nario]
manual (m) autodidático	manual (m) autodidáctico	[manu'alʲ autoði'ðaktiko]
guia (m) de conversação	guía (f) de conversación	['gia de kombersa'θjon]

fita (f) cassete	casete (m)	[ka'sete]
videoteipe (m)	videocasete (f)	[biðeo·ka'sete]
CD (m)	disco compacto (m)	['disko kom'pakto]
DVD (m)	DVD (m)	[deβe'de]

alfabeto (m)	alfabeto (m)	[alʲfa'βeto]
soletrar (vt)	deletrear (vt)	[deletre'ar]
pronúncia (f)	pronunciación (f)	[pronunθja'θjon]

sotaque (m)	acento (m)	[a'θento]
com sotaque	con acento	[kon a'θento]
sem sotaque	sin acento	[sin a'θento]

palavra (f)	palabra (f)	[pa'lʲaβra]
sentido (m)	significado (m)	[siɣnifi'kaðo]

curso (m)	cursos (m pl)	['kursos]
inscrever-se (vr)	inscribirse (vr)	[inskri'βirse]
professor (m)	profesor (m)	[profe'sor]

tradução (processo)	traducción (f)	[traðuk'θjon]
tradução (texto)	traducción (f)	[traðuk'θjon]
tradutor (m)	traductor (m)	[traðuk'tor]
intérprete (m)	intérprete (m)	[in'terprete]

poliglota (m)	políglota (m)	[po'liɣlʲota]
memória (f)	memoria (f)	[me'moria]

147. Personagens de contos de fadas

Papai Noel (m)	Papá Noel (m)	[pa'pa no'elʲ]
Cinderela (f)	Cenicienta (f)	[θeni'θjenta]
sereia (f)	sirena (f)	[si'rena]
Netuno (m)	Neptuno	[nep'tuno]

bruxo, feiticeiro (m)	mago (m)	['mago]
fada (f)	maga (f)	['maga]
mágico (adj)	mágico (adj)	['maχiko]
varinha (f) mágica	varita (f) mágica	[ba'rita 'maχika]

conto (m) de fadas	cuento (m) de hadas	[ku'ento de 'aðas]
milagre (m)	milagro (m)	[mi'lʲaɣro]
anão (m)	enano (m)	[e'nano]

transformar-se em ...	transformarse en ...	[transfor'marse en]
fantasma (m)	fantasma (m)	[fan'tasma]
fantasma (m)	espíritu (m)	[es'piritu]
monstro (m)	monstruo (m)	['monstruo]
dragão (m)	dragón (m)	[dra'ɣon]
gigante (m)	gigante (m)	[χi'gante]

148. Signos do Zodíaco

Áries (f)	Aries (m)	['aries]
Touro (m)	Tauro (m)	['tauro]
Gêmeos (m pl)	Géminis (m pl)	['χeminis]
Câncer (m)	Cáncer (m)	['kanθer]
Leão (m)	Leo (m)	['leo]
Virgem (f)	Virgo (m)	['birgo]

Libra (f)	Libra (f)	['liβra]
Escorpião (m)	Escorpio (m)	[es'korpio]
Sagitário (m)	Sagitario (m)	[saχi'tario]
Capricórnio (m)	Capricornio (m)	[kapri'kornio]
Aquário (m)	Acuario (m)	[aku'ario]
Peixes (pl)	Piscis (m pl)	['piθis]

caráter (m)	carácter (m)	[ka'rakter]
traços (m pl) do caráter	rasgos (m pl) de carácter	['rasgos de ka'rakter]
comportamento (m)	conducta (f)	[kon'dukta]
prever a sorte	decir la buenaventura	[de'θir lʲa buenaβen'tura]
adivinha (f)	adivinadora (f)	[aðiβina'ðora]
horóscopo (m)	horóscopo (m)	[o'roskopo]

Artes

teatro (m)	teatro (m)	[te'atro]
ópera (f)	ópera (f)	['opera]
opereta (f)	opereta (f)	[ope'reta]
balé (m)	ballet (m)	[ba'let]

cartaz (m)	cartelera (f)	[karte'lera]
companhia (f) de teatro	compañía (f)	[kompa'njia]
turnê (f)	gira (f) artística	['xira ar'tistika]
estar em turnê	hacer una gira artística	[a'θer una 'xira ar'tistika]
ensaiar (vt)	ensayar (vi, vt)	[ensa'jar]
ensaio (m)	ensayo (m)	[en'sajo]
repertório (m)	repertorio (m)	[reper'torio]

apresentação (f)	representación (f)	[representa'θjon]
espetáculo (m)	espectáculo (m)	[espek'takuʎo]
peça (f)	pieza (f) de teatro	['pjeθa de te'atro]

entrada (m)	billet (m)	[bi'je]
bilheteira (f)	taquilla (f)	[ta'kija]
hall (m)	vestíbulo (m)	[bes'tiβuʎo]
vestiário (m)	guardarropa (f)	[guarða'ropa]
senha (f) numerada	ficha (f) de guardarropa	['fitʃa de guarða'ropa]
binóculo (m)	gemelos (m pl)	[xe'meʎos]
lanterninha (m)	acomodador (m)	[akomoða'ðor]

plateia (f)	patio (m) de butacas	['patjo de bu'takas]
balcão (m)	balconcillo (m)	[balkon'θijo]
primeiro balcão (m)	entresuelo (m)	[entresu'eʎo]
camarote (m)	palco (m)	['paʎko]
fila (f)	fila (f)	['fiʎa]
assento (m)	asiento (m)	[a'sjento]

público (m)	público (m)	['puβliko]
espectador (m)	espectador (m)	[espekta'ðor]
aplaudir (vt)	aplaudir (vi, vt)	[apʎau'ðir]
aplauso (m)	aplausos (m pl)	[ap'ʎausos]
ovação (f)	ovación (f)	[oβa'θjon]

palco (m)	escenario (m)	[eθe'nario]
cortina (f)	telón (m)	[te'ʎon]
cenário (m)	decoración (f)	[dekora'θjon]
bastidores (m pl)	bastidores (m pl)	[basti'ðores]

cena (f)	escena (f)	[eθ'sena]
ato (m)	acto (m)	['akto]
intervalo (m)	entreacto (m)	[entre'akto]

150. Cinema

ator (m)	actor (m)	[ak'tor]
atriz (f)	actriz (f)	[ak'triθ]
cinema (m)	cine (m)	['θine]
filme (m)	película (f)	[pe'likuʎa]
episódio (m)	episodio (m)	[epi'soðio]
filme (m) policial	película (f) policíaca	[pe'likuʎa poli'θiaka]
filme (m) de ação	película (f) de acción	[pe'likuʎa de ak'θjon]
filme (m) de aventuras	película (f) de aventura	[pe'likuʎa de aβen'tura]
filme (m) de ficção científica	película (f) de ciencia ficción	[pe'likul?a de '?jen?ia fik'?jon]
filme (m) de horror	película (f) de horror	[pe'likuʎa de o'ror]
comédia (f)	película (f) cómica	[pe'likuʎa 'komika]
melodrama (m)	melodrama (m)	[meʎo'ðrama]
drama (m)	drama (m)	['drama]
filme (m) de ficção	película (f) de ficción	[pe'likuʎa de fik'θjon]
documentário (m)	documental (m)	[dokumen'talʲ]
desenho (m) animado	dibujos (m pl) animados	[di'βuχos ani'maðos]
cinema (m) mudo	cine (m) mudo	['θine 'muðo]
papel (m)	papel (m)	[pa'pelʲ]
papel (m) principal	papel (m) principal	[pa'pelʲ prinθi'palʲ]
representar (vt)	interpretar (vt)	[interpre'tar]
estrela (f) de cinema	estrella (f) de cine	[es'treja de 'θine]
conhecido (adj)	conocido (adj)	[kono'θiðo]
famoso (adj)	famoso (adj)	[fa'moso]
popular (adj)	popular (adj)	[popu'lʲar]
roteiro (m)	guión (m) de cine	[gi'jon de 'θine]
roteirista (m)	guionista (m)	[gijo'nista]
diretor (m) de cinema	director (m) de cine	[direk'tor de 'θine]
produtor (m)	productor (m)	[proðuk'tor]
assistente (m)	asistente (m)	[asis'tente]
diretor (m) de fotografia	operador (m) de cámara	[opera'ðor de 'kamara]
dublê (m)	doble (m) de riesgo	['doβle de 'rjesgo]
dublê (m) de corpo	doble (m)	['doβle]
filmar (vt)	filmar una película	[filʲ'mar una pe'likuʎa]
audição (f)	audición (f)	[auði'θjon]
filmagem (f)	rodaje (m)	[ro'ðaχe]
equipe (f) de filmagem	equipo (m) de rodaje	[e'kipo de ro'ðaχe]
set (m) de filmagem	plató (m) de rodaje	[plʲa'to de ro'ðaχe]
câmera (f)	cámara (f)	['kamara]
cinema (m)	cine (m)	['θine]
tela (f)	pantalla (f)	[pan'taja]
exibir um filme	mostrar la película	[mos'trar ʎa pe'likuʎa]
trilha (f) sonora	pista (f) sonora	['pista so'nora]
efeitos (m pl) especiais	efectos (m pl) especiales	[e'fektos espe'θjales]

legendas (f pl)	subtítulos (m pl)	[suβ'titulʲos]
crédito (m)	créditos (m pl)	['kreðitos]
tradução (f)	traducción (f)	[traðuk'θjon]

151. Pintura

arte (f)	arte (m)	['arte]
belas-artes (f pl)	bellas artes (f pl)	['bejas 'artes]
galeria (f) de arte	galería (f) de arte	[gale'ria de 'arte]
exibição (f) de arte	exposición (f) de arte	[eksposi'θjon de 'arte]
pintura (f)	pintura (f)	[pin'tura]
arte (f) gráfica	gráfica (f)	['grafika]
arte (f) abstrata	abstraccionismo (m)	[aβstrakθjo'nismo]
impressionismo (m)	impresionismo (m)	[impresjo'nismo]
pintura (f), quadro (m)	pintura (f)	[pin'tura]
desenho (m)	dibujo (m)	[di'βuχo]
cartaz, pôster (m)	pancarta (f)	[paŋ'karta]
ilustração (f)	ilustración (f)	[ilʲustra'θjon]
miniatura (f)	miniatura (f)	[minia'tura]
cópia (f)	copia (f)	['kopia]
reprodução (f)	reproducción (f)	[reproðuk'θjon]
mosaico (m)	mosaico (m)	[mo'saiko]
vitral (m)	vitral (m)	[bi'tralʲ]
afresco (m)	fresco (m)	['fresko]
gravura (f)	grabado (m)	[gra'βaðo]
busto (m)	busto (m)	['busto]
escultura (f)	escultura (f)	[eskulʲ'tura]
estátua (f)	estatua (f)	[es'tatua]
gesso (m)	yeso (m)	['jeso]
em gesso (adj)	en yeso (adj)	[en 'jeso]
retrato (m)	retrato (m)	[re'trato]
autorretrato (m)	autorretrato (m)	[autore'trato]
paisagem (f)	paisaje (m)	[paj'saχe]
natureza (f) morta	naturaleza (f) muerta	[natura'leθa mu'erta]
caricatura (f)	caricatura (m)	[karika'tura]
esboço (m)	boceto (m)	[bo'θeto]
tinta (f)	pintura (f)	[pin'tura]
aquarela (f)	acuarela (f)	[akua'relʲa]
tinta (f) a óleo	óleo (m)	['oleo]
lápis (m)	lápiz (m)	['lʲapiθ]
tinta (f) nanquim	tinta (f) china	['tinta 'tʃina]
carvão (m)	carboncillo (m)	[karβon'θijo]
desenhar (vt)	dibujar (vi, vt)	[diβu'χar]
pintar (vt)	pintar (vi, vt)	[pin'tar]
posar (vi)	posar (vi)	[po'sar]
modelo (m)	modelo (m)	[mo'ðelʲo]

modelo (f)	modelo (f)	[mo'ðelʲo]
pintor (m)	pintor (m)	[pin'tor]
obra (f)	obra (f) de arte	['oβra de 'arte]
obra-prima (f)	obra (f) maestra	['oβra ma'estra]
estúdio (m)	estudio (m)	[es'tuðio]

tela (f)	lienzo (m)	['ljenθo]
cavalete (m)	caballete (m)	[kaβa'jete]
paleta (f)	paleta (f)	[pa'leta]

moldura (f)	marco (m)	['marko]
restauração (f)	restauración (f)	[restaura'θjon]
restaurar (vt)	restaurar (vt)	[restau'rar]

152. Literatura & Poesia

literatura (f)	literatura (f)	[litera'tura]
autor (m)	autor (m)	[au'tor]
pseudônimo (m)	seudónimo (m)	[seu'ðonimo]

livro (m)	libro (m)	['liβro]
volume (m)	tomo (m)	['tomo]
índice (m)	tabla (f) de contenidos	['taβlʲa de konte'niðos]
página (f)	página (f)	['paχina]
protagonista (m)	héroe (m) principal	['eroe prinθi'palʲ]
autógrafo (m)	autógrafo (m)	[au'toɣrafo]

conto (m)	relato (m) corto	[re'lʲato 'korto]
novela (f)	cuento (m)	[ku'ento]
romance (m)	novela (f)	[no'βelʲa]
obra (f)	obra (f) literaria	['oβra lite'raria]
fábula (m)	fábula (f)	['faβulʲa]
romance (m) policial	novela (f) policíaca	[no'βelʲa poli'θiaka]

verso (m)	verso (m)	['berso]
poesia (f)	poesía (f)	[poe'sia]
poema (m)	poema (m)	[po'ema]
poeta (m)	poeta (m)	[po'eta]

ficção (f)	bellas letras (f pl)	['bejas 'letras]
ficção (f) científica	ciencia ficción (f)	['θjenθia fik'θjon]
aventuras (f pl)	aventuras (f pl)	[aβen'turas]
literatura (f) didática	literatura (f) didáctica	[litera'tura di'ðaktika]
literatura (f) infantil	literatura (f) infantil	[litera'tura imfan'tilʲ]

153. Circo

circo (m)	circo (m)	['θirko]
circo (m) ambulante	circo (m) ambulante	['θirko ambu'lʲante]
programa (m)	programa (m)	[pro'ɣrama]
apresentação (f)	representación (f)	[representa'θjon]
número (m)	número (m)	['numero]

picadeiro (f)	arena (f)	[a'rena]
pantomima (f)	pantomima (f)	[panto'mima]
palhaço (m)	payaso (m)	[pa'jaso]

acróbata (m)	acróbata (m)	[a'kroβata]
acrobacia (f)	acrobacia (f)	[akro'βaθia]
ginasta (m)	gimnasta (m)	[χim'nasta]
ginástica (f)	gimnasia (f) acrobática	[χim'nasia akro'βatika]
salto (m) mortal	salto (m)	['sal'to]

homem (m) forte	forzudo (m)	[for'θuðo]
domador (m)	domador (m)	[doma'ðor]
cavaleiro (m) equilibrista	caballista (m)	[kaβa'jista]
assistente (m)	asistente (m)	[asis'tente]

truque (m)	truco (m)	['truko]
truque (m) de mágica	truco (m) de magia	['truko de 'maχia]
ilusionista (m)	ilusionista (m)	[il'usjo'nista]

malabarista (m)	malabarista (m)	[mal'aβa'rista]
fazer malabarismos	malabarear (vt)	[mal'aβare'ar]
adestrador (m)	amaestrador (m)	[amaestra'ðor]
adestramento (m)	amaestramiento (m)	[amaestra'mjento]
adestrar (vt)	amaestrar (vt)	[amaes'trar]

154. Música. Música popular

música (f)	música (f)	['musika]
músico (m)	músico (m)	['musiko]
instrumento (m) musical	instrumento (m) musical	[instru'mento musi'kal']
tocar ...	tocar ...	[to'kar]

guitarra (f)	guitarra (f)	[gi'tara]
violino (m)	violín (m)	[bio'lin]
violoncelo (m)	violonchelo (m)	[biol'on'tfel'o]
contrabaixo (m)	contrabajo (m)	[kontra'βaχo]
harpa (f)	arpa (f)	['arpa]

piano (m)	piano (m)	['pjano]
piano (m) de cauda	piano (m) de cola	['pjano de 'kol'a]
órgão (m)	órgano (m)	['organo]

instrumentos (m pl) de sopro	instrumentos (m pl) de viento	[instru'mentos de 'bjento]
oboé (m)	oboe (m)	[o'βoe]
saxofone (m)	saxofón (m)	[sakso'fon]
clarinete (m)	clarinete (m)	[kl'ari'nete]
flauta (f)	flauta (f)	['fl'auta]
trompete (m)	trompeta (f)	[trom'peta]

| acordeão (m) | acordeón (m) | [akorðe'on] |
| tambor (m) | tambor (m) | [tam'bor] |

| dueto (m) | dúo (m) | ['duo] |
| trio (m) | trío (m) | ['trio] |

quarteto (m)	cuarteto (m)	[kuar'teto]
coro (m)	coro (m)	['koro]
orquestra (f)	orquesta (f)	[or'kesta]

música (f) pop	música (f) pop	['musika pop]
música (f) rock	música (f) rock	['musika rok]
grupo (m) de rock	grupo (m) de rock	['grupo de rok]
jazz (m)	jazz (m)	[dʒʲas]

| ídolo (m) | ídolo (m) | ['iðolʲo] |
| fã, admirador (m) | admirador (m) | [aðmira'ðor] |

concerto (m)	concierto (m)	[kon'θjerto]
sinfonia (f)	sinfonía (f)	[simɟo'nia]
composição (f)	composición (f)	[komposi'θjon]
compor (vt)	escribir (vt)	[eskri'βir]

canto (m)	canto (m)	['kanto]
canção (f)	canción (f)	[kan'θjon]
melodia (f)	melodía (f)	[melʲo'ðia]
ritmo (m)	ritmo (m)	['riðmo]
blues (m)	blues (m)	[blʲus]

notas (f pl)	notas (f pl)	['notas]
batuta (f)	batuta (f)	[ba'tuta]
arco (m)	arco (m)	['arko]
corda (f)	cuerda (f)	[ku'erða]
estojo (m)	estuche (m)	[es'tutʃe]

Descanso. Entretenimento. Viagens

155. Viagens

turismo (m)	turismo (m)	[tu'rismo]
turista (m)	turista (m)	[tu'rista]
viagem (f)	viaje (m)	['bjaχe]
aventura (f)	aventura (f)	[aβen'tura]
percurso (curta viagem)	viaje (m)	['bjaχe]
férias (f pl)	vacaciones (f pl)	[baka'θjones]
estar de férias	estar de vacaciones	[es'tar de baka'θjones]
descanso (m)	descanso (m)	[des'kanso]
trem (m)	tren (m)	['tren]
de trem (chegar ~)	en tren	[en 'tren]
avião (m)	avión (m)	[a'βjon]
de avião	en avión	[en a'βjon]
de carro	en coche	[en 'kotʃe]
de navio	en barco	[en 'barko]
bagagem (f)	equipaje (m)	[eki'paχe]
mala (f)	maleta (f)	[ma'leta]
carrinho (m)	carrito (m) de equipaje	[ka'rito de eki'paχe]
passaporte (m)	pasaporte (m)	[pasa'porte]
visto (m)	visado (m)	[bi'saðo]
passagem (f)	billete (m)	[bi'jete]
passagem (f) aérea	billete (m) de avión	[bi'jete de a'βjon]
guia (m) de viagem	guía (f)	['gia]
mapa (m)	mapa (m)	['mapa]
área (f)	área (f)	['area]
lugar (m)	lugar (m)	[lⁱu'gar]
exotismo (m)	exotismo (m)	[ekso'tismo]
exótico (adj)	exótico (adj)	[e'ksotiko]
surpreendente (adj)	asombroso (adj)	[asom'broso]
grupo (m)	grupo (m)	['grupo]
excursão (f)	excursión (f)	[eskur'θjon]
guia (m)	guía (m)	['gia]

156. Hotel

hotel (m)	hotel (m)	[o'telʲ]
motel (m)	motel (m)	[mo'telʲ]
três estrelas	de tres estrellas	[de 'tres es'trejas]

cinco estrelas	de cinco estrellas	[de 'θiŋko es'trejas]
ficar (vi, vt)	hospedarse (vr)	[ospe'ðarse]
quarto (m)	habitación (f)	[aβita'θjon]
quarto (m) individual	habitación (f) individual	[aβita'θjon indiβiðu'alʲ]
quarto (m) duplo	habitación (f) doble	[aβita'θjon 'doβle]
reservar um quarto	reservar una habitación	[reser'βar 'una aβita'θjon]
meia pensão (f)	media pensión (f)	['meðia pen'θjon]
pensão (f) completa	pensión (f) completa	[pen'θjon kom'pleta]
com banheira	con baño	[kon 'banjo]
com chuveiro	con ducha	[kon 'dutʃa]
televisão (m) por satélite	televisión (f) satélite	[teleβi'θjon sa'telite]
ar (m) condicionado	climatizador (m)	[klimatiθa'ðor]
toalha (f)	toalla (f)	[to'aja]
chave (f)	llave (f)	['jaβe]
administrador (m)	administrador (m)	[aðministra'ðor]
camareira (f)	camarera (f)	[kama'rera]
bagageiro (m)	maletero (m)	[male'tero]
porteiro (m)	portero (m)	[por'tero]
restaurante (m)	restaurante (m)	[restau'rante]
bar (m)	bar (m)	[bar]
café (m) da manhã	desayuno (m)	[desa'juno]
jantar (m)	cena (f)	['θena]
bufê (m)	buffet (m) libre	[bu'fet 'liβre]
saguão (m)	vestíbulo (m)	[bes'tiβulʲo]
elevador (m)	ascensor (m)	[aθen'sor]
NÃO PERTURBE	NO MOLESTAR	[no moles'tar]
PROIBIDO FUMAR!	PROHIBIDO FUMAR	[proi'βiðo fu'mar]

157. Livros. Leitura

livro (m)	libro (m)	['liβro]
autor (m)	autor (m)	[au'tor]
escritor (m)	escritor (m)	[eskri'tor]
escrever (~ um livro)	escribir (vt)	[eskri'βir]
leitor (m)	lector (m)	[lek'tor]
ler (vt)	leer (vi, vt)	[le'er]
leitura (f)	lectura (f)	[lek'tura]
para si	en silencio	[en si'lenθio]
em voz alta	en voz alta	[en 'boθ 'alʲta]
publicar (vt)	editar (vt)	[eði'tar]
publicação (f)	edición (f)	[eði'θjon]
editor (m)	editor (m)	[eði'tor]
editora (f)	editorial (f)	[eðito'rjalʲ]
sair (vi)	salir (vt)	[sa'lir]

lançamento (m)	salida (f)	[sa'liða]
tiragem (f)	tirada (f)	[ti'raða]
livraria (f)	librería (f)	[liβre'ria]
biblioteca (f)	biblioteca (f)	[biβlio'teka]
novela (f)	cuento (m)	[ku'ento]
conto (m)	relato (m) corto	[re'lʲato 'korto]
romance (m)	novela (f)	[no'βelʲa]
romance (m) policial	novela (f) policíaca	[no'βelʲa poli'θiaka]
memórias (f pl)	memorias (f pl)	[me'morias]
lenda (f)	leyenda (f)	[le'jenda]
mito (m)	mito (m)	['mito]
poesia (f)	versos (m pl)	['bersos]
autobiografia (f)	autobiografía (f)	[autoβioɣra'fia]
obras (f pl) escolhidas	obras (f pl) escogidas	['oβras esko'xiðas]
ficção (f) científica	ciencia ficción (f)	['θjenθia fik'θjon]
título (m)	título (m)	['titulʲo]
introdução (f)	introducción (f)	[introðuk'θjon]
folha (f) de rosto	portada (f)	[por'taða]
capítulo (m)	capítulo (m)	[ka'pitulʲo]
excerto (m)	extracto (m)	[eks'trakto]
episódio (m)	episodio (m)	[epi'soðio]
enredo (m)	sujeto (m)	[su'xeto]
conteúdo (m)	contenido (m)	[konte'niðo]
índice (m)	tabla (f) de contenidos	['taβlʲa de konte'niðos]
protagonista (m)	héroe (m) principal	['eroe prinθi'palʲ]
volume (m)	tomo (m)	['tomo]
capa (f)	cubierta (f)	[ku'βjerta]
encadernação (f)	encuadernado (m)	[eŋkuaðer'naðo]
marcador (m) de página	marcador (m) de libro	[marka'ðor de 'liβro]
página (f)	página (f)	['paxina]
folhear (vt)	hojear (vt)	[oxe'ar]
margem (f)	márgenes (m pl)	['marxenes]
anotação (f)	anotación (f)	[anota'θjon]
nota (f) de rodapé	nota (f) al pie	['nota alʲ pje]
texto (m)	texto (m)	['teksto]
fonte (f)	fuente (f)	[fu'ente]
falha (f) de impressão	errata (f)	[e'rata]
tradução (f)	traducción (f)	[traðuk'θjon]
traduzir (vt)	traducir (vt)	[traðu'θir]
original (m)	original (m)	[orixi'nalʲ]
famoso (adj)	famoso (adj)	[fa'moso]
desconhecido (adj)	desconocido (adj)	[deskono'θiðo]
interessante (adj)	interesante (adj)	[intere'sante]
best-seller (m)	best-seller (m)	[best'seller]

dicionário (m)	diccionario (m)	[dikθjo'nario]
livro (m) didático	manual (m)	[manu'alʲ]
enciclopédia (f)	enciclopedia (f)	[enθiklʲo'peðia]

158. Caça. Pesca

caça (f)	caza (f)	['kaθa]
caçar (vi)	cazar (vi, vt)	[ka'θar]
caçador (m)	cazador (m)	[kaθa'ðor]

disparar, atirar (vi)	tirar (vi)	[ti'rar]
rifle (m)	fusil (m)	[fu'silʲ]
cartucho (m)	cartucho (m)	[kar'tutʃo]
chumbo (m) de caça	perdigón (m)	[perði'ɣon]

armadilha (f)	cepo (m)	['θepo]
armadilha (com corda)	trampa (f)	['trampa]
cair na armadilha	caer en el cepo	[ka'er en elʲ 'θepo]
pôr a armadilha	poner un cepo	[po'ner un 'θepo]

caçador (m) furtivo	cazador (m) furtivo	[kaθa'ðor fur'tiβo]
caça (animais)	caza (f) menor	['kaθa me'nor]
cão (m) de caça	perro (m) de caza	['pero de 'kaθa]
safári (m)	safari (m)	[sa'fari]
animal (m) empalhado	animal (m) disecado	[ani'malʲ dise'kaðo]

pescador (m)	pescador (m)	[peska'ðor]
pesca (f)	pesca (f)	['peska]
pescar (vt)	pescar (vi)	[pes'kar]

vara (f) de pesca	caña (f) de pescar	['kanja de pes'kar]
linha (f) de pesca	sedal (m)	[se'ðalʲ]
anzol (m)	anzuelo (m)	[anθu'elʲo]

| boia (f), flutuador (m) | flotador (m) | [flʲota'ðor] |
| isca (f) | cebo (m) | ['θeβo] |

| lançar a linha | lanzar el anzuelo | [lʲan'θar elʲ anθu'elʲo] |
| morder (peixe) | picar (vt) | [pi'kar] |

| pesca (f) | pesca (f) | ['peska] |
| buraco (m) no gelo | agujero (m) en el hielo | [agu'xero en elʲ 'jelʲo] |

rede (f)	red (f)	[reð]
barco (m)	barca (f)	['barka]
pescar com rede	pescar con la red	[pes'kar kon lʲa 'reð]
lançar a rede	tirar la red	[ti'rar lʲa 'reð]

| puxar a rede | sacar la red | [sa'kar lʲa 'reð] |
| cair na rede | caer en la red | [ka'er en lʲa 'reð] |

baleeiro (m)	ballenero (m)	[baje'nero]
baleeira (f)	ballenero (m)	[baje'nero]
arpão (m)	arpón (m)	[ar'pon]

159. Jogos. Bilhar

bilhar (m)	billar (m)	[bi'jar]
sala (f) de bilhar	sala (f) de billar	['salʲa de bi'jar]
bola (f) de bilhar	bola (f) de billar	['bolʲa de bi'jar]
embolsar uma bola	entronerar la bola	[entrone'rar lʲa 'bolʲa]
taco (m)	taco (m)	['tako]
caçapa (f)	tronera (f)	[tro'nera]

160. Jogos. Jogar cartas

carta (f) de jogar	carta (f)	['karta]
cartas (f pl)	cartas (f pl)	['kartas]
baralho (m)	baraja (f)	[ba'raχa]
trunfo (m)	triunfo (m)	[tri'umfo]
ouros (m pl)	cuadrados (m pl)	[kua'ðraðos]
espadas (f pl)	picas (f pl)	['pikas]
copas (f pl)	corazones (m pl)	[kora'θones]
paus (m pl)	tréboles (m pl)	['treβoles]
ás (m)	as (m)	[as]
rei (m)	rey (m)	[rej]
dama (f), rainha (f)	dama (f)	['dama]
valete (m)	sota (f)	['sota]
dar, distribuir (vt)	dar, distribuir (vt)	[dar], [distriβu'ir]
embaralhar (vt)	barajar (vt)	[bara'χar]
vez, jogada (f)	jugada (f)	[χu'gaða]
ponto (m)	punto (m)	['punto]
trapaceiro (m)	fullero (m)	[fu'jero]

161. Casino. Roleta

cassino (m)	casino (m)	[ka'sino]
roleta (f)	ruleta (f)	[ru'leta]
aposta (f)	puesta (f)	[pu'esta]
apostar (vt)	apostar (vt)	[apos'tar]
vermelho (m)	rojo (m)	['roχo]
preto (m)	negro (m)	['neɣro]
apostar no vermelho	apostar al rojo	[apos'tar alʲ 'roχo]
apostar no preto	apostar al negro	[apos'tar alʲ 'neɣro]
croupier (m, f)	crupier (m, f)	[kru'pje]
girar da roleta	girar la ruleta	[χi'rar lʲa ru'leta]
regras (f pl) do jogo	reglas (f pl) de juego	['reɣlʲas de χu'ego]
ficha (f)	ficha (f)	['fitʃa]
ganhar (vi, vt)	ganar (vi, vt)	[ga'nar]
ganho (m)	ganancia (f)	[ga'nanθia]

perder (dinheiro)	perder (vi)	[per'ðer]
perda (f)	pérdida (f)	['perðiða]

jogador (m)	jugador (m)	[χuga'ðor]
blackjack, vinte-e-um (m)	black jack (m)	[blek 'dʒek]
jogo (m) de dados	juego (m) de dados	[χu'ego de 'daðos]
dados (m pl)	dados (m pl)	['daðos]
caça-níqueis (m)	tragaperras (f)	[traga'peras]

162. Descanso. Jogos. Diversos

passear (vi)	pasear (vi)	[pase'ar]
passeio (m)	paseo (m)	[pa'seo]
viagem (f) de carro	paseo (m)	[pa'seo]
aventura (f)	aventura (f)	[aβen'tura]
piquenique (m)	picnic (m)	['piknik]

jogo (m)	juego (m)	[χu'ego]
jogador (m)	jugador (m)	[χuga'ðor]
partida (f)	partido (m)	[par'tiðo]

colecionador (m)	coleccionista (m)	[kolekθjo'nista]
colecionar (vt)	coleccionar (vt)	[kolekθjo'nar]
coleção (f)	colección (f)	[kolek'θjon]

palavras (f pl) cruzadas	crucigrama (m)	[kruθi'ɣrama]
hipódromo (m)	hipódromo (m)	[i'poðromo]
discoteca (f)	discoteca (f)	[disko'teka]

sauna (f)	sauna (f)	['sauna]
loteria (f)	lotería (f)	[ʎote'ria]

campismo (m)	marcha (f)	['martʃa]
acampamento (m)	campo (m)	['kampo]
campista (m)	campista (m)	[kam'pista]
barraca (f)	tienda (f) de campaña	['tjenda de kam'panja]
bússola (f)	brújula (f)	['bruχuʎa]

ver (vt), assistir à ...	ver (vt)	[ber]
telespectador (m)	telespectador (m)	[tele·spekta'ðor]
programa (m) de TV	programa (m) de televisión	[pro'ɣrama de teleβi'sjon]

163. Fotografia

máquina (f) fotográfica	cámara (f) fotográfica	['kamara foto'ɣrafika]
foto, fotografia (f)	foto (f)	['foto]

fotógrafo (m)	fotógrafo (m)	[fo'toɣrafo]
estúdio (m) fotográfico	estudio (m) fotográfico	[es'tuðjo foto'ɣrafiko]
álbum (m) de fotografias	álbum (m) de fotos	['alβum de 'fotos]
lente (f) fotográfica	objetivo (m)	[oβχe'tiβo]
lente (f) teleobjetiva	teleobjetivo (m)	[tele·oβχe'tiβo]

| filtro (m) | filtro (m) | ['fil^jtro] |
| lente (f) | lente (m) | ['lente] |

ótica (f)	óptica (f)	['optika]
abertura (f)	diafragma (m)	[dia'fraɣma]
exposição (f)	tiempo (m) de exposición	['tjempo de eksposi'θjon]
visor (m)	visor (m)	[bi'sor]

câmera (f) digital	cámara (f) digital	['kamara diχi'tal^j]
tripé (m)	trípode (m)	['tripoðe]
flash (m)	flash (m)	[fl^jaʃ]

fotografar (vt)	fotografiar (vt)	[fotoɣra'fjar]
tirar fotos	hacer fotos	[a'θer 'fotos]
fotografar-se (vr)	fotografiarse (vr)	[fotoɣra'fjarse]

foco (m)	foco (m)	['foko]
focar (vt)	enfocar (vt)	[emfo'kar]
nítido (adj)	nítido (adj)	['nitiðo]
nitidez (f)	nitidez (f)	[niti'ðeθ]

| contraste (m) | contraste (m) | [kon'traste] |
| contrastante (adj) | de alto contraste (adj) | [de 'al^jto kon'traste] |

retrato (m)	foto (f)	['foto]
negativo (m)	negativo (m)	[nega'tiβo]
filme (m)	película (f) fotográfica	[pe'likul^ja foto'ɣrafika]
fotograma (m)	fotograma (m)	[foto'ɣrama]
imprimir (vt)	imprimir (vt)	[impri'mir]

164. Praia. Natação

praia (f)	playa (f)	['pl^jaja]
areia (f)	arena (f)	[a'rena]
deserto (adj)	desierto (adj)	[de'sjerto]

bronzeado (m)	bronceado (m)	[bronθe'aðo]
bronzear-se (vr)	broncearse (vr)	[bronθe'arse]
bronzeado (adj)	bronceado (adj)	[bronθe'aðo]
protetor (m) solar	protector (m) solar	[protek'tor so'l^jar]

biquíni (m)	bikini (m)	[bi'kini]
maiô (m)	traje (m) de baño	['traχe de 'banjo]
calção (m) de banho	bañador (m)	[banja'ðor]

piscina (f)	piscina (f)	[pi'θina]
nadar (vi)	nadar (vi)	[na'ðar]
chuveiro (m), ducha (f)	ducha (f)	['dutʃa]
mudar, trocar (vt)	cambiarse (vr)	[kam'bjarse]
toalha (f)	toalla (f)	[to'aja]

barco (m)	barca (f)	['barka]
lancha (f)	lancha (f) motora	['l^jantʃa mo'tora]
esqui (m) aquático	esquís (m pl) acuáticos	[es'kis aku'atikos]

barco (m) de pedais	bicicleta (f) acuática	[biθik'leta aku'atika]
surf, surfe (m)	surf (m)	[surf]
surfista (m)	surfista (m)	[sur'fista]

equipamento (m) de mergulho	equipo (m) de buceo	[e'kipo de bu'θeo]
pé (m pl) de pato	aletas (f pl)	[a'letas]
máscara (f)	máscara (f) de buceo	['maskara de bu'θeo]
mergulhador (m)	buceador (m)	[buθea'ðor]
mergulhar (vi)	bucear (vi)	[buθe'ar]
debaixo d'água	bajo el agua	['baχo elʲ 'agua]

guarda-sol (m)	sombrilla (f)	[som'brija]
espreguiçadeira (f)	tumbona (f)	[tum'bona]
óculos (m pl) de sol	gafas (f pl) de sol	['gafas de 'solʲ]
colchão (m) de ar	colchoneta (f) inflable	[kolʲʧo'neta im̩'flʲaβle]

brincar (vi)	jugar (vi)	[χu'gar]
ir nadar	bañarse (vr)	[ba'njarse]

bola (f) de praia	pelota (f) de playa	[pe'lʲota de 'plʲaja]
encher (vt)	inflar (vt)	[im̩'flʲar]
inflável (adj)	inflable (adj)	[im̩'flʲaβle]

onda (f)	ola (f)	['olʲa]
boia (f)	boya (f)	['boja]
afogar-se (vr)	ahogarse (vr)	[ao'garse]

salvar (vt)	salvar (vt)	[salʲ'βar]
colete (m) salva-vidas	chaleco (m) salvavidas	[ʧa'leko salʲβa'βiðas]
observar (vt)	observar (vt)	[oβser'βar]
salva-vidas (pessoa)	socorrista (m)	[soko'rista]

EQUIPAMENTO TÉCNICO. TRANSPORTES

Equipamento técnico

165. Computador

computador (m)	ordenador (m)	[orðena'ðor]
computador (m) portátil	ordenador (m) portátil	[orðena'ðor por'tatiḽ]
ligar (vt)	encender (vt)	[enθen'der]
desligar (vt)	apagar (vt)	[apa'gar]
teclado (m)	teclado (m)	[te'kḽaðo]
tecla (f)	tecla (f)	['tekḽa]
mouse (m)	ratón (m)	[ra'ton]
tapete (m) para mouse	alfombrilla (f) para ratón	[alḽfom'brija 'para ra'ton]
botão (m)	botón (m)	[bo'ton]
cursor (m)	cursor (m)	[kur'sor]
monitor (m)	monitor (m)	[moni'tor]
tela (f)	pantalla (f)	[pan'taja]
disco (m) rígido	disco (m) duro	['disko 'duro]
capacidade (f) do disco rígido	volumen (m) de disco duro	[bo'lḽumen de 'disko 'duro]
memória (f)	memoria (f)	[me'moria]
memória RAM (f)	memoria (f) operativa	[me'morja opera'tiβa]
arquivo (m)	archivo, fichero (m)	[ar'ʧiβo], [fi'ʧero]
pasta (f)	carpeta (f)	[kar'peta]
abrir (vt)	abrir (vt)	[a'βrir]
fechar (vt)	cerrar (vt)	[θe'rar]
salvar (vt)	guardar (vt)	[guar'ðar]
deletar (vt)	borrar (vt)	[bo'rar]
copiar (vt)	copiar (vt)	[ko'pjar]
ordenar (vt)	ordenar (vt)	[orðe'nar]
copiar (vt)	transferir (vt)	[transfe'rir]
programa (m)	programa (m)	[pro'ɣrama]
software (m)	software (m)	['sofwer]
programador (m)	programador (m)	[proɣrama'ðor]
programar (vt)	programar (vt)	[proɣra'mar]
hacker (m)	hacker (m)	['aker]
senha (f)	contraseña (f)	[kontra'senja]
vírus (m)	virus (m)	['birus]
detectar (vt)	detectar (vt)	[detek'tar]
byte (m)	octeto, byte (m)	[ok'teto], ['βajt]

megabyte (m)	megabyte (m)	[mega'βajt]
dados (m pl)	datos (m pl)	['datos]
base (f) de dados	base (f) de datos	['base de 'datos]
cabo (m)	cable (m)	['kaβle]
desconectar (vt)	desconectar (vt)	[deskonek'tar]
conectar (vt)	conectar (vt)	[konek'tar]

166. Internet. E-mail

internet (f)	internet (m), red (f)	[inter'net], [reð]
browser (m)	navegador (m)	[naβega'ðor]
motor (m) de busca	buscador (m)	[buska'ðor]
provedor (m)	proveedor (m)	[proβee'ðor]
webmaster (m)	webmaster (m)	[weβ'master]
website (m)	sitio (m) web	['sitio weβ]
web page (f)	página (f) web	['paχina weβ]
endereço (m)	dirección (f)	[direk'θjon]
livro (m) de endereços	libro (m) de direcciones	['liβro de direk'θjones]
caixa (f) de correio	buzón (m)	[bu'θon]
correio (m)	correo (m)	[ko'reo]
cheia (caixa de correio)	lleno (adj)	['jeno]
mensagem (f)	mensaje (m)	[men'saχe]
mensagens (f pl) recebidas	correo (m) entrante	[ko'reo en'trante]
mensagens (f pl) enviadas	correo (m) saliente	[ko'reo sa'ljente]
remetente (m)	expedidor (m)	[ekspeði'ðor]
enviar (vt)	enviar (vt)	[em'bjar]
envio (m)	envío (m)	[em'bio]
destinatário (m)	destinatario (m)	[destina'tario]
receber (vt)	recibir (vt)	[reθi'βir]
correspondência (f)	correspondencia (f)	[korespon'denθia]
corresponder-se (vr)	escribirse con ...	[eskri'βirse kon]
arquivo (m)	archivo, fichero (m)	[ar'tʃiβo], [fi'tʃero]
fazer download, baixar (vt)	descargar (vt)	[deskar'gar]
criar (vt)	crear (vt)	[kre'ar]
deletar (vt)	borrar (vt)	[bo'rar]
deletado (adj)	borrado (adj)	[bo'raðo]
conexão (f)	conexión (f)	[konek'θjon]
velocidade (f)	velocidad (f)	[belʲoθi'ðað]
modem (m)	módem (m)	['moðem]
acesso (m)	acceso (m)	[ak'θeso]
porta (f)	puerto (m)	[pu'erto]
conexão (f)	conexión (f)	[konek'θjon]
conectar (vi)	conectarse a ...	[konek'tarse a]

escolher (vt)	seleccionar (vt)	[selekθjo'nar]
buscar (vt)	buscar (vt)	[bus'kar]

167. Eletricidade

eletricidade (f)	electricidad (f)	[elektriθi'ðað]
elétrico (adj)	eléctrico (adj)	[e'lektriko]
planta (f) elétrica	central (f) eléctrica	[θen'tralʲ e'lektrika]
energia (f)	energía (f)	[ener'xia]
energia (f) elétrica	energía (f) eléctrica	[ener'xia e'lektrika]
lâmpada (f)	bombilla (f)	[bom'bija]
lanterna (f)	linterna (f)	[lin'terna]
poste (m) de iluminação	farola (f)	[fa'rolʲa]
luz (f)	luz (f)	[lʲuθ]
ligar (vt)	encender (vt)	[enθen'der]
desligar (vt)	apagar (vt)	[apa'gar]
apagar a luz	apagar la luz	[apa'gar lʲa lʲuθ]
queimar (vi)	quemarse (vr)	[ke'marse]
curto-circuito (m)	circuito (m) corto	[θir'kuito 'korto]
ruptura (f)	ruptura (f)	[rup'tura]
contato (m)	contacto (m)	[kon'takto]
interruptor (m)	interruptor (m)	[interup'tor]
tomada (de parede)	enchufe (m)	[en'ʧufe]
plugue (m)	clavija (f)	[klʲa'βixa]
extensão (f)	alargador (m)	[alʲarga'ðor]
fusível (m)	fusible (m)	[fu'siβle]
fio, cabo (m)	cable, hilo (m)	['kaβle], ['ilʲo]
instalação (f) elétrica	instalación (f) eléctrica	[instalʲa'θjon e'lektrika]
ampère (m)	amperio (m)	[am'perio]
amperagem (f)	amperaje (m)	[ampe'raxe]
volt (m)	voltio (m)	['bolʲtio]
voltagem (f)	voltaje (m)	[bolʲ'taxe]
aparelho (m) elétrico	aparato (m) eléctrico	[apa'rato e'lektriko]
indicador (m)	indicador (m)	[indika'ðor]
eletricista (m)	electricista (m)	[elektri'θista]
soldar (vt)	soldar (vt)	[solʲ'ðar]
soldador (m)	soldador (m)	[solʲda'ðor]
corrente (f) elétrica	corriente (f)	[ko'rjente]

168. Ferramentas

ferramenta (f)	instrumento (m)	[instru'mento]
ferramentas (f pl)	instrumentos (m pl),	[instru'mentos],
	herramientas (f pl)	[era'mjentas]

equipamento (m)	maquinaria (f)	[maki'naria]
martelo (m)	martillo (m)	[mar'tijo]
chave (f) de fenda	destornillador (m)	[destornija'ðor]
machado (m)	hacha (f)	['atʃa]

serra (f)	sierra (f)	['sjera]
serrar (vt)	serrar (vt)	[se'rar]
plaina (f)	cepillo (m)	[θe'pijo]
aplainar (vt)	cepillar (vt)	[θepi'jar]
soldador (m)	soldador (m)	[solʲda'ðor]
soldar (vt)	soldar (vt)	[solʲ'ðar]

lima (f)	lima (f)	['lima]
tenaz (f)	tenazas (f pl)	[te'naθas]
alicate (m)	alicates (m pl)	[ali'kates]
formão (m)	escoplo (m)	[es'koplʲo]

broca (f)	broca (f)	['broka]
furadeira (f) elétrica	taladro (m)	[ta'lʲaðro]
furar (vt)	taladrar (vi, vt)	[talʲa'ðrar]

faca (f)	cuchillo (m)	[ku'tʃijo]
canivete (m)	navaja (f)	[na'βaχa
lâmina (f)	filo (m)	['filʲo]

afiado (adj)	agudo (adj)	[a'guðo]
cego (adj)	embotado (adj)	[embo'taðo]
embotar-se (vr)	embotarse (vr)	[embo'tarse]
afiar, amolar (vt)	afilar (vt)	[afi'lʲar]

parafuso (m)	perno (m)	['perno]
porca (f)	tuerca (f)	[tu'erka]
rosca (f)	filete (m)	[fi'lete]
parafuso (para madeira)	tornillo (m)	[tor'nijo]

| prego (m) | clavo (m) | ['klʲaβo] |
| cabeça (f) do prego | cabeza (f) del clavo | [ka'βeθa delʲ 'klʲaβo] |

régua (f)	regla (f)	['reɣlʲa]
fita (f) métrica	cinta (f) métrica	['θinta 'metrika]
nível (m)	nivel (m) de burbuja	[ni'βelʲ de bur'βuχa]
lupa (f)	lupa (f)	['lʲupa]

medidor (m)	aparato (m) de medida	[apa'rato de me'ðiða]
medir (vt)	medir (vt)	[me'ðir]
escala (f)	escala (f)	[es'kalʲa]
indicação (f), registro (m)	lectura (f)	[lek'tura]

| compressor (m) | compresor (m) | [kompre'sor] |
| microscópio (m) | microscopio (m) | [mikros'kopio] |

bomba (f)	bomba (f)	['bomba]
robô (m)	robot (m)	[ro'βot]
láser (m)	láser (m)	['lʲaser]
chave (f) de boca	llave (f) de tuerca	['jaβe de tu'erka]
fita (f) adesiva	cinta (f) adhesiva	['θinta aðe'siβa]

cola (f)	cola (f), pegamento (m)	['kolʲa], [pega'mento]
lixa (f)	papel (m) de lija	[pa'pelʲ de 'liχa]
mola (f)	resorte (m)	[re'sorte]
ímã (m)	imán (m)	[i'man]
luva (f)	guantes (m pl)	[gu'antes]
corda (f)	cuerda (f)	[ku'erða]
cabo (~ de nylon, etc.)	cordón (m)	[kor'ðon]
fio (m)	hilo (m)	['ilʲo]
cabo (~ elétrico)	cable (m)	['kaβle]
marreta (f)	almádana (f)	[alʲ'maðana]
pé de cabra (m)	barra (f)	['bara]
escada (f) de mão	escalera (f) portátil	[eska'lera por'tatilʲ]
escada (m)	escalera (f) de tijera	[eska'lera de ti'χera]
enroscar (vt)	atornillar (vt)	[atorni'jar]
desenroscar (vt)	destornillar (vt)	[destorni'jar]
apertar (vt)	apretar (vt)	[apre'tar]
colar (vt)	pegar (vt)	[pe'gar]
cortar (vt)	cortar (vt)	[kor'tar]
falha (f)	fallo (m)	['fajo]
conserto (m)	reparación (f)	[repara'θjon]
consertar, reparar (vt)	reparar (vt)	[repa'rar]
regular, ajustar (vt)	regular, ajustar (vt)	[regu'lʲar], [aχus'tar]
verificar (vt)	verificar (vt)	[berifi'kar]
verificação (f)	control (m)	[kon'trolʲ]
indicação (f), registro (m)	lectura (f)	[lek'tura]
seguro (adj)	fiable (adj)	['fjaβle]
complicado (adj)	complicado (adj)	[kompli'kaðo]
enferrujar (vi)	oxidarse (vr)	[oksi'ðarse]
enferrujado (adj)	oxidado (adj)	[oksi'ðaðo]
ferrugem (f)	óxido (m)	['oksiðo]

Transportes

169. Avião

avião (m)	avión (m)	[a'βjon]
passagem (f) aérea	billete (m) de avión	[bi'jete de a'βjon]
companhia (f) aérea	compañía (f) aérea	[kompa'njia a'erea]
aeroporto (m)	aeropuerto (m)	[aeropu'erto]
supersônico (adj)	supersónico (adj)	[super'soniko]
comandante (m) do avião	comandante (m)	[koman'dante]
tripulação (f)	tripulación (f)	[tripulʲa'θjon]
piloto (m)	piloto (m)	[pi'lʲoto]
aeromoça (f)	azafata (f)	[aθa'fata]
copiloto (m)	navegador (m)	[naβega'ðor]
asas (f pl)	alas (f pl)	['alʲas]
cauda (f)	cola (f)	['kolʲa]
cabine (f)	cabina (f)	[ka'βina]
motor (m)	motor (m)	[mo'tor]
trem (m) de pouso	tren (m) de aterrizaje	['tren de ateri'θaχe]
turbina (f)	turbina (f)	[tur'βina]
hélice (f)	hélice (f)	['eliθe]
caixa-preta (f)	caja (f) negra	['kaχa 'neɣra]
coluna (f) de controle	timón (m)	[ti'mon]
combustível (m)	combustible (m)	[kombus'tiβle]
instruções (f pl) de segurança	instructivo (m) de seguridad	[instruk'tiβo de seguri'ðað]
máscara (f) de oxigênio	respirador (m) de oxígeno	[respira'ðor de o'ksiχeno]
uniforme (m)	uniforme (m)	[uni'forme]
colete (m) salva-vidas	chaleco (m) salvavidas	[ʧa'leko salʲβa'βiðas]
paraquedas (m)	paracaídas (m)	[paraka'iðas]
decolagem (f)	despegue (m)	[des'pege]
descolar (vi)	despegar (vi)	[despe'gar]
pista (f) de decolagem	pista (f) de despegue	['pista de des'pege]
visibilidade (f)	visibilidad (f)	[bisiβili'ðað]
voo (m)	vuelo (m)	[bu'elʲo]
altura (f)	altura (f)	[alʲ'tura]
poço (m) de ar	pozo (m) de aire	['poθo de 'aire]
assento (m)	asiento (m)	[a'sjento]
fone (m) de ouvido	auriculares (m pl)	[auriku'lʲares]
mesa (f) retrátil	mesita (f) plegable	[me'sita ple'gaβle]
janela (f)	ventana (f)	[ben'tana]
corredor (m)	pasillo (m)	[pa'sijo]

170. Comboio

trem (m)	tren (m)	['tren]
trem (m) elétrico	tren (m) de cercanías	['tren de θerka'nias]
trem (m)	tren (m) rápido	['tren 'rapiðo]
locomotiva (f) diesel	locomotora (f) diésel	[lʲokomo'tora 'djeselʲ]
locomotiva (f) a vapor	tren (m) de vapor	['tren de ba'por]
vagão (f) de passageiros	coche (m)	['kotʃe]
vagão-restaurante (m)	coche restaurante (m)	['kotʃe restau'rante]
carris (m pl)	rieles (m pl)	['rjeles]
estrada (f) de ferro	ferrocarril (m)	[feroka'rilʲ]
travessa (f)	traviesa (f)	[tra'βjesa]
plataforma (f)	plataforma (f)	[plʲata'forma]
linha (f)	vía (f)	['bia]
semáforo (m)	semáforo (m)	[se'maforo]
estação (f)	estación (f)	[esta'θjon]
maquinista (m)	maquinista (m)	[maki'nista]
bagageiro (m)	maletero (m)	[male'tero]
hospedeiro, -a (m, f)	mozo (m) del vagón	['moθo delʲ ba'ɣon]
passageiro (m)	pasajero (m)	[pasa'xero]
revisor (m)	revisor (m)	[reβi'sor]
corredor (m)	corredor (m)	[kore'ðor]
freio (m) de emergência	freno (m) de urgencia	['freno de ur'xenθia]
compartimento (m)	compartimiento (m)	[komparti'mjento]
cama (f)	litera (f)	[li'tera]
cama (f) de cima	litera (f) de arriba	[li'tera de a'riβa]
cama (f) de baixo	litera (f) de abajo	[li'tera de a'βaχo]
roupa (f) de cama	ropa (f) de cama	['ropa de 'kama]
passagem (f)	billete (m)	[bi'jete]
horário (m)	horario (m)	[o'rario]
painel (m) de informação	pantalla (f) de información	[pan'taja de iɱforma'θjon]
partir (vt)	partir (vi)	[par'tir]
partida (f)	partida (f)	[par'tiða]
chegar (vi)	llegar (vi)	[ʝe'gar]
chegada (f)	llegada (f)	[ʝe'gaða]
chegar de trem	llegar en tren	[ʝe'gar en 'tren]
pegar o trem	tomar el tren	[to'mar elʲ 'tren]
descer de trem	bajar del tren	[ba'χar delʲ 'tren]
acidente (m) ferroviário	descarrilamiento (m)	[deskarilʲa'mjento]
descarrilar (vi)	descarrilarse (vr)	[deskari'lʲarse]
locomotiva (f) a vapor	tren (m) de vapor	['tren de ba'por]
foguista (m)	fogonero (m)	[fogo'nero]
fornalha (f)	hogar (m)	[o'gar]
carvão (m)	carbón (m)	[kar'βon]

171. Barco

navio (m)	barco, buque (m)	['barko], ['buke]
embarcação (f)	navío (m)	[na'βio]
barco (m) a vapor	buque (m) de vapor	['buke de ba'por]
barco (m) fluvial	motonave (f)	[moto'naβe]
transatlântico (m)	trasatlántico (m)	[trasat'lʲantiko]
cruzeiro (m)	crucero (m)	[kru'θero]
iate (m)	yate (m)	['jate]
rebocador (m)	remolcador (m)	[remolʲka'ðor]
barcaça (f)	barcaza (f)	[bar'kaθa]
ferry (m)	ferry (m)	['feri]
veleiro (m)	velero (m)	[be'lero]
bergantim (m)	bergantín (m)	[bergan'tin]
quebra-gelo (m)	rompehielos (m)	[rompe·'jelʲos]
submarino (m)	submarino (m)	[suβma'rino]
bote, barco (m)	bote (m)	['bote]
baleeira (bote salva-vidas)	bote (m)	['bote]
bote (m) salva-vidas	bote (m) salvavidas	['bote salʲβa'βiðas]
lancha (f)	lancha (f) motora	['lʲantʃa mo'tora]
capitão (m)	capitán (m)	[kapi'tan]
marinheiro (m)	marinero (m)	[mari'nero]
marujo (m)	marino (m)	[ma'rino]
tripulação (f)	tripulación (f)	[tripulʲa'θjon]
contramestre (m)	contramaestre (m)	[kontrama'estre]
grumete (m)	grumete (m)	[gru'mete]
cozinheiro (m) de bordo	cocinero (m) de abordo	[koθi'nero de a'βorðo]
médico (m) de bordo	médico (m) del buque	['meðiko delʲ 'buke]
convés (m)	cubierta (f)	[ku'βjerta]
mastro (m)	mástil (m)	['mastilʲ]
vela (f)	vela (f)	['belʲa]
porão (m)	bodega (f)	[bo'ðega]
proa (f)	proa (f)	['proa]
popa (f)	popa (f)	['popa]
remo (m)	remo (m)	['remo]
hélice (f)	hélice (f)	['eliθe]
cabine (m)	camarote (m)	[kama'rote]
sala (f) dos oficiais	sala (f) de oficiales	['salʲa de ofi'θjales]
sala (f) das máquinas	sala (f) de máquinas	['salʲa de 'makinas]
ponte (m) de comando	puente (m) de mando	[pu'ente de 'mando]
sala (f) de comunicações	sala (f) de radio	['salʲa de 'raðio]
onda (f)	onda (f)	['onda]
diário (m) de bordo	cuaderno (m) de bitácora	[kua'ðerno de bi'takora]
luneta (f)	anteojo (m)	[ante'oχo]
sino (m)	campana (f)	[kam'pana]

bandeira (f)	bandera (f)	[ban'dera]
cabo (m)	cabo (m)	['kaβo]
nó (m)	nudo (m)	['nuðo]

| corrimão (m) | pasamano (m) | [pasa'mano] |
| prancha (f) de embarque | pasarela (f) | [pasa'relʲa] |

âncora (f)	ancla (f)	['aŋklʲa]
recolher a âncora	levar ancla	[le'βar 'aŋklʲa]
jogar a âncora	echar ancla	[e'tʃar 'aŋklʲa]
amarra (corrente de âncora)	cadena (f) del ancla	[ka'ðena delʲ 'aŋklʲa]

porto (m)	puerto (m)	[pu'erto]
cais, amarradouro (m)	embarcadero (m)	[embarka'ðero]
atracar (vi)	amarrar (vt)	[ama'rar]
desatracar (vi)	desamarrar (vt)	[desama'rar]

viagem (f)	viaje (m)	['bjaxe]
cruzeiro (m)	crucero (m)	[kru'θero]
rumo (m)	derrota (f)	[de'rota]
itinerário (m)	itinerario (m)	[itine'rario]

canal (m) de navegação	canal (m) navegable	[ka'nalʲ naβe'gaβle]
banco (m) de areia	bajío (m)	[ba'xio]
encalhar (vt)	encallar (vi)	[eŋka'jar]

tempestade (f)	tempestad (f)	[tempes'tað]
sinal (m)	señal (f)	[se'njalʲ]
afundar-se (vr)	hundirse (vr)	[un'dirse]
Homem ao mar!	¡Hombre al agua!	['ombre alʲ 'agua]
SOS	SOS	['ese o 'ese]
boia (f) salva-vidas	aro (m) salvavidas	['aro salʲβa'βiðas]

172. Aeroporto

aeroporto (m)	aeropuerto (m)	[aeropu'erto]
avião (m)	avión (m)	[a'βjon]
companhia (f) aérea	compañía (f) aérea	[kompa'njia a'erea]
controlador (m) de tráfego aéreo	controlador (m) aéreo	[kontrolʲa'ðor a'ereo]

partida (f)	despegue (m)	[des'pege]
chegada (f)	llegada (f)	[je'gaða]
chegar (vi)	llegar (vi)	[je'gar]

| hora (f) de partida | hora (f) de salida | ['ora de sa'liða] |
| hora (f) de chegada | hora (f) de llegada | ['ora de je'gaða] |

| estar atrasado | retrasarse (vr) | [retra'sarse] |
| atraso (m) de voo | retraso (m) de vuelo | [re'traso de bu'elʲo] |

painel (m) de informação	pantalla (f) de información	[pan'taja de imforma'θjon]
informação (f)	información (f)	[imforma'θjon]
anunciar (vt)	anunciar (vt)	[anun'θjar]

voo (m)	vuelo (m)	[bu'eljo]
alfândega (f)	aduana (f)	[aðu'ana]
funcionário (m) da alfândega	aduanero (m)	[aðua'nero]

declaração (f) alfandegária	declaración (f) de aduana	[dekljara'θjon de aðu'ana]
preencher (vt)	rellenar (vt)	[reje'nar]
preencher a declaração	rellenar la declaración	[reje'nar lja dekljara'θjon]
controle (m) de passaporte	control (m) de pasaportes	[kon'trolj de pasa'portes]

bagagem (f)	equipaje (m)	[eki'paχe]
bagagem (f) de mão	equipaje (m) de mano	[eki'paχe de 'mano]
carrinho (m)	carrito (m) de equipaje	[ka'rito de eki'paχe]

pouso (m)	aterrizaje (m)	[ateri'θaχe]
pista (f) de pouso	pista (f) de aterrizaje	['pista de ateri'θaχe]
aterrissar (vi)	aterrizar (vi)	[ateri'θar]
escada (f) de avião	escaleras (f pl)	[eska'leras]

check-in (m)	facturación (f), check-in (m)	[faktura'θjon], [ʧek·'in]
balcão (m) do check-in	mostrador (m) de facturación	[mostra'ðor de faktura'θjon]
fazer o check-in	hacer el check-in	[a'θer elj ʧek·'in]
cartão (m) de embarque	tarjeta (f) de embarque	[tar'χeta de em'barke]
portão (m) de embarque	puerta (f) de embarque	[pu'erta de em'barke]

trânsito (m)	tránsito (m)	['transito]
esperar (vi, vt)	esperar (vt)	[espe'rar]
sala (f) de espera	zona (f) de preembarque	['θona de preem'barke]
despedir-se (acompanhar)	despedir (vt)	[despe'ðir]
despedir-se (dizer adeus)	despedirse (vr)	[despe'ðirse]

173. Bicicleta. Motocicleta

bicicleta (f)	bicicleta (f)	[biθik'leta]
lambreta (f)	scooter (m)	['skuter]
moto (f)	motocicleta (f)	[motoθi'kleta]

ir de bicicleta	ir en bicicleta	[ir en biθi'kleta]
guidão (m)	manillar (m)	[mani'jar]
pedal (m)	pedal (m)	[pe'ðalj]
freios (m pl)	frenos (m pl)	['frenos]
banco, selim (m)	sillín (m)	[si'jin]

bomba (f)	bomba (f)	['bomba]
bagageiro (m) de teto	portaequipajes (m)	[porta·eki'paχes]
lanterna (f)	faro (m)	['faro]
capacete (m)	casco (m)	['kasko]

roda (f)	rueda (f)	[ru'eða]
para-choque (m)	guardabarros (m)	[guarða·'baros]
aro (m)	llanta (f)	['janta]
raio (m)	rayo (m)	['rajo]

Carros

174. Tipos de carros

carro, automóvel (m)	coche (m)	['kotʃe]
carro (m) esportivo	coche (m) deportivo	['kotʃe depor'tiβo]
limusine (f)	limusina (f)	[limu'sina]
todo o terreno (m)	todoterreno (m)	['toðo·te'reno]
conversível (m)	cabriolé (m)	[kaβrio'le]
minibus (m)	microbús (m)	[mikro'βus]
ambulância (f)	ambulancia (f)	[ambu'lʲanθia]
limpa-neve (m)	quitanieves (m)	[kita'njeβes]
caminhão (m)	camión (m)	[ka'mjon]
caminhão-tanque (m)	camión (m) cisterna	[ka'mjon θis'terna]
perua, van (f)	camioneta (f)	[kamjo'neta]
caminhão-trator (m)	cabeza (f) tractora	[ka'βeθa trak'tora]
reboque (m)	remolque (m)	[re'molʲke]
confortável (adj)	confortable (adj)	[komfor'taβle]
usado (adj)	de ocasión (adj)	[de oka'θjon]

capô (m)	capó (m)	[ka'po]
para-choque (m)	guardabarros (m)	[guarða·'baros]
teto (m)	techo (m)	['tetʃo]
para-brisa (m)	parabrisas (m)	[para'βrisas]
retrovisor (m)	espejo (m) retrovisor	[es'pexo retroβi'sor]
esguicho (m)	limpiador (m)	[limpja'ðor]
limpadores (m) de para-brisas	limpiaparabrisas (m)	[limpja·para'βrisas]
vidro (m) lateral	ventana (f) lateral	[ben'tana lʲate'ralʲ]
elevador (m) do vidro	elevalunas (m)	[eleβa·'lʲunas]
antena (f)	antena (f)	[an'tena]
teto (m) solar	techo (m) solar	['tetʃo so'lʲar]
para-choque (m)	parachoques (m)	[para'tʃokes]
porta-malas (f)	maletero (m)	[male'tero]
bagageira (f)	baca (f)	['baka]
porta (f)	puerta (f)	[pu'erta]
maçaneta (f)	tirador (m) de puerta	[tira'ðor de pu'erta]
fechadura (f)	cerradura (f)	[θera'ðura]
placa (f)	matrícula (f)	[ma'trikulʲa]
silenciador (m)	silenciador (m)	[silenθja'ðor]

tanque (m) de gasolina	tanque (m) de gasolina	['taŋke de gaso'lina]
tubo (m) de exaustão	tubo (m) de escape	['tuβo de es'kape]
acelerador (m)	acelerador (m)	[aθelera'ðor]
pedal (m)	pedal (m)	[pe'ðalʲ]
pedal (m) do acelerador	pedal (m) de acelerador	[pe'ðalʲ de aθelera'ðor]
freio (m)	freno (m)	['freno]
pedal (m) do freio	pedal (m) de freno	[pe'ðalʲ de 'freno]
frear (vt)	frenar (vi)	[fre'nar]
freio (m) de mão	freno (m) de mano	['freno de 'mano]
embreagem (f)	embrague (m)	[em'brage]
pedal (m) da embreagem	pedal (m) de embrague	[pe'ðalʲ de em'brage]
disco (m) de embreagem	disco (m) de embrague	['disko de em'brage]
amortecedor (m)	amortiguador (m)	[amortigua'ðor]
roda (f)	rueda (f)	[ru'eða]
pneu (m) estepe	rueda (f) de repuesto	[ru'eða de repu'esto]
pneu (m)	neumático (m)	[neu'matiko]
calota (f)	tapacubo (m)	[tapa'kuβo]
rodas (f pl) motrizes	ruedas (f pl) motrices	[ru'eðas mo'triθes]
de tração dianteira	de tracción delantera	[de trak'θjon delʲan'tera]
de tração traseira	de tracción trasera	[de trak'θjon tra'sera]
de tração às 4 rodas	de tracción integral	[de trak'θjon inte'ɣralʲ]
caixa (f) de mudanças	caja (f) de cambios	['kaχa de 'kambjos]
automático (adj)	automático (adj)	[auto'matiko]
mecânico (adj)	mecánico (adj)	[me'kaniko]
alavanca (f) de câmbio	palanca (f) de cambios	[pa'lʲaŋka de 'kambjos]
farol (m)	faro (m)	['faro]
faróis (m pl)	faros (m pl)	['faros]
farol (m) baixo	luz (f) de cruce	[lʲuθ de 'kruθe]
farol (m) alto	luz (f) de carretera	[lʲuθ de kare'tera]
luzes (f pl) de parada	luz (f) de freno	[lʲuθ de 'freno]
luzes (f pl) de posição	luz (f) de posición	[lʲuθ de posi'θjon]
luzes (f pl) de emergência	luces (f pl) de emergencia	['lʲuθes de emer'χenθia]
faróis (m pl) de neblina	luces (f pl) antiniebla	['lʲuθes anti'njeβlʲa]
pisca-pisca (m)	intermitente (m)	[intermi'nente]
luz (f) de marcha ré	luz (f) de marcha atrás	[lʲuθ de 'martʃa a'tras]

176. Carros. Habitáculo

interior (do carro)	habitáculo (m)	[aβi'takulʲo]
de couro	de cuero (adj)	[de ku'ero]
de veludo	de felpa (adj)	[de 'felʲpa]
estofamento (m)	tapizado (m)	[tapi'θaðo]
indicador (m)	instrumento (m)	[instru'mento]
painel (m)	salpicadero (m)	[salʲpika'ðero]

velocímetro (m)	velocímetro (m)	[belʲo'θimetro]
ponteiro (m)	aguja (f)	[a'guχa]
hodômetro, odômetro (m)	cuentakilómetros (m)	[ku'enta·ki'lʲometros]
indicador (m)	indicador (m)	[indika'ðor]
nível (m)	nivel (m)	[ni'βelʲ]
luz (f) de aviso	testigo (m)	[tes'tigo]
volante (m)	volante (m)	[bo'lʲante]
buzina (f)	bocina (f)	[bo'θina]
botão (m)	botón (m)	[bo'ton]
interruptor (m)	interruptor (m)	[interup'tor]
assento (m)	asiento (m)	[a'sjento]
costas (f pl) do assento	respaldo (m)	[res'palʲdo]
cabeceira (f)	reposacabezas (m)	[reposa·ka'βeθas]
cinto (m) de segurança	cinturón (m) de seguridad	[θintu'ron de seguri'ðað]
apertar o cinto	abrocharse el cinturón	[aβro'ʧarse elʲ θintu'ron]
ajuste (m)	reglaje (m)	[re'ɣlʲaχe]
airbag (m)	bolsa (f) de aire	['bolʲsa de 'aire]
ar (m) condicionado	climatizador (m)	[klimatiθa'ðor]
rádio (m)	radio (m)	['raðio]
leitor (m) de CD	reproductor (m) de CD	[reproðuk'tor de θe'de]
ligar (vt)	encender (vt)	[enθen'der]
antena (f)	antena (f)	[an'tena]
porta-luvas (m)	guantera (f)	[guan'tera]
cinzeiro (m)	cenicero (m)	[θeni'θero]

177. Carros. Motor

motor (m)	motor (m)	[mo'tor]
a diesel	diésel (adj)	[dje'selʲ]
a gasolina	a gasolina (adj)	[a gaso'lina]
cilindrada (f)	volumen (m) del motor	[bo'lʲumen delʲ mo'tor]
potência (f)	potencia (f)	[po'tensia]
cavalo (m) de potência	caballo (m) de fuerza	[ka'βajo de fu'erθa]
pistão (m)	pistón (m)	[pis'ton]
cilindro (m)	cilindro (m)	[θi'lindro]
válvula (f)	válvula (f)	['balʲβulʲa]
injetor (m)	inyector (m)	[injek'tor]
gerador (m)	generador (m)	[χenera'ðor]
carburador (m)	carburador (m)	[karβura'ðor]
óleo (m) de motor	aceite (m) de motor	[a'θejte de mo'tor]
radiador (m)	radiador (m)	[raðja'ðor]
líquido (m) de arrefecimento	líquido (m) refrigerante	[li'kiðo refriχe'rante]
ventilador (m)	ventilador (m)	[bentilʲa'ðor]
dispositivo (m) de arranque	estárter (m)	[es'tarter]
ignição (f)	encendido (m)	[enθen'diðo]

vela (f) de ignição	bujía (f)	[bu'χia]
fusível (m)	fusible (m)	[fu'siβle]
bateria (f)	batería (f)	[bate'ria]
terminal (m)	terminal (m)	[termi'nalʲ]
terminal (m) positivo	terminal (m) positivo	[termi'nalʲ posi'tiβa]
terminal (m) negativo	terminal (m) negativo	[termi'nalʲ nega'tiβa]
filtro (m) de ar	filtro (m) de aire	['filʲtro de 'aire]
filtro (m) de óleo	filtro (m) de aceite	['filʲtro de a'θejte]
filtro (m) de combustível	filtro (m) de combustible	['filʲtro de kombus'tiβle]

178. Carros. Batidas. Reparação

acidente (m) de carro	accidente (m)	[akθi'ðente]
acidente (m) rodoviário	accidente (m) de tráfico	[akθi'ðente de 'trafiko]
bater (~ num muro)	chocar contra ...	[tʃo'kar 'kontra]
sofrer um acidente	tener un accidente	[te'ner un akθi'ðente]
dano (m)	daño (m)	['danjo]
intato	intacto (adj)	[in'takto]
pane (f)	pana (f)	['pana]
avariar (vi)	averiarse (vr)	[aβe'rjarse]
cabo (m) de reboque	remolque (m)	[re'molʲke]
furo (m)	pinchazo (m)	[pin'tʃaθo]
estar furado	desinflarse (vr)	[desiɱ'flʲarse]
encher (vt)	inflar (vt)	[iɱ'flʲar]
pressão (f)	presión (f)	[pre'sjon]
verificar (vt)	verificar (vt)	[berifi'kar]
reparo (m)	reparación (f)	[repara'θjon]
oficina (f) automotiva	taller (m)	[ta'jer]
peça (f) de reposição	parte (f) de repuesto	['parte de repu'esto]
peça (f)	parte (f)	['parte]
parafuso (com porca)	perno (m)	['perno]
parafuso (m)	tornillo (m)	[tor'nijo]
porca (f)	tuerca (f)	[tu'erka]
arruela (f)	arandela (f)	[aran'delʲa]
rolamento (m)	rodamiento (m)	[roða'mjento]
tubo (m)	tubo (m)	['tuβo]
junta, gaxeta (f)	junta (f)	['χunta]
fio, cabo (m)	cable, hilo (m)	['kaβle], ['ilʲo]
macaco (m)	gato (m)	['gato]
chave (f) de boca	llave (f) de tuerca	['jaβe de tu'erka]
martelo (m)	martillo (m)	[mar'tijo]
bomba (f)	bomba (f)	['bomba]
chave (f) de fenda	destornillador (m)	[destornija'ðor]
extintor (m)	extintor (m)	[ekstin'tor]
triângulo (m) de emergência	triángulo (m) de avería	[tri'angulʲo de aβe'ria]

morrer (motor)	pararse, calarse (vr)	[pa'rarse], [ka'lʲarse]
paragem, "morte" (f)	parada (f)	[pa'raða]
estar quebrado	estar averiado	[es'tar aβe'rjaðo]

superaquecer-se (vr)	recalentarse (vr)	[rekalen'tarse]
entupir-se (vr)	estar atascado	[es'tar atas'kaðo]
congelar-se (vr)	congelarse (vr)	[konχe'lʲarse]
rebentar (vi)	reventar (vi)	[reβen'tar]

pressão (f)	presión (f)	[pre'sjon]
nível (m)	nivel (m)	[ni'βelʲ]
frouxo (adj)	flojo (adj)	['flʲoχo]

batida (f)	abolladura (f)	[aβoja'ðura]
ruído (m)	ruido (m)	[ru'iðo]
fissura (f)	grieta (f)	[gri'eta]
arranhão (m)	rozadura (f)	[roθa'ðura]

179. Carros. Estrada

estrada (f)	camino (m)	[ka'mino]
autoestrada (f)	autovía (f)	[auto'βia]
rodovia (f)	carretera (f)	[kare'tera]
direção (f)	dirección (f)	[direk'θjon]
distância (f)	distancia (f)	[dis'tanθia]

ponte (f)	puente (m)	[pu'ente]
parque (m) de estacionamento	aparcamiento (m)	[aparka'mjento]
praça (f)	plaza (f)	['plʲaθa]
nó (m) rodoviário	intercambiador (m)	[interkambja'ðor]
túnel (m)	túnel (m)	['tunelʲ]

posto (m) de gasolina	gasolinera (f)	[gasoli'nera]
parque (m) de estacionamento	aparcamiento (m)	[aparka'mjento]
bomba (f) de gasolina	surtidor (m)	[surti'ðor]
oficina (f) automotiva	taller (m)	[ta'jer]
abastecer (vt)	cargar gasolina	[kar'gar gaso'lina]
combustível (m)	combustible (m)	[kombus'tiβle]
galão (m) de gasolina	bidón (m) de gasolina	[bi'ðon de gaso'lina]

asfalto (m)	asfalto (m)	[as'falʲto]
marcação (f) de estradas	señalización (f) vial	[senjaliθa'θjon bi'jalʲ]
meio-fio (m)	bordillo (m)	[bor'ðijo]
guard-rail (m)	barrera (f) de seguridad	[ba'rera de seguri'ðað]
valeta (f)	cuneta (f)	[ku'neta]
acostamento (m)	borde (m) de la carretera	['borðe de lʲa kare'tera]
poste (m) de luz	farola (f)	[fa'rolʲa]

dirigir (vt)	conducir (vi, vt)	[kondu'θir]
virar (~ para a direita)	girar (vi)	[χi'rar]
dar retorno	girar en U	[χi'rar en 'u]
ré (f)	marcha (f) atrás	['martʃa a'tras]
buzinar (vi)	tocar la bocina	[to'kar lʲa bo'θina]
buzina (f)	bocinazo (m)	[boθi'naθo]

atolar-se (vr)	atascarse (vr)	[atas'karse]
patinar (na lama)	patinar (vi)	[pati'nar]
desligar (vt)	parar (vt)	[pa'rar]
velocidade (f)	velocidad (f)	[beⁱoθi'ðað]
exceder a velocidade	exceder la velocidad	[ekθe'ðer lⁱa beⁱoθi'ðað]
multar (vt)	multar (vt)	[mulⁱ'tar]
semáforo (m)	semáforo (m)	[se'maforo]
carteira (f) de motorista	permiso (m) de conducir	[per'miso de kondu'θir]
passagem (f) de nível	paso (m) a nivel	['paso a ni'βelⁱ]
cruzamento (m)	cruce (m)	['kruθe]
faixa (f)	paso (m) de peatones	['paso de pea'tones]
zona (f) de pedestres	zona (f) de peatones	['θona de pea'tones]

180. Sinais de trânsito

código (m) de trânsito	reglas (f pl) de tránsito	['reɣlⁱas de 'transito]
sinal (m) de trânsito	señal (m) de tráfico	[se'njalⁱ de 'trafiko]
ultrapassagem (f)	adelantamiento (m)	[aðelⁱanta'mjento]
curva (f)	curva (f)	['kurβa]
retorno (m)	vuelta (f) en U	[bu'elⁱta en 'u]
rotatória (f)	rotonda (f)	[ro'tonda]
sentido proibido	Prohibido el paso	[proi'βiðo elⁱ 'paso]
trânsito proibido	Circulación prohibida	[θirkulⁱa'θjon proi'βiða]
proibido de ultrapassar	Prohibido adelantar	[proi'βiðo aðelⁱan'tar]
estacionamento proibido	Prohibido aparcar	[proi'βiðo apar'kar]
paragem proibida	Prohibido parar	[proi'βiðo pa'rar]
curva (f) perigosa	curva (f) peligrosa	['kurβa peli'ɣrosa]
descida (f) perigosa	bajada con fuerte pendiente	[ba'xaða kon fu'erte pen'djente]
trânsito de sentido único	sentido (m) único	[sen'tiðo 'uniko]
faixa (f)	paso (m) de peatones	['paso de pea'tones]
pavimento (m) escorregadio	pavimento (m) deslizante	[paβi'mento desli'θante]
conceder passagem	ceda el paso	['θeða elⁱ 'paso]

PESSOAS. EVENTOS

181. Férias. Evento

festa (f)	fiesta (f)	['fjesta]
feriado (m) nacional	fiesta (f) nacional	['fjesta naθjo'nalʲ]
feriado (m)	día (m) de fiesta	['dia de 'fjesta]
festejar (vt)	celebrar (vt)	[θele'βrar]
evento (festa, etc.)	evento (m)	[e'βento]
evento (banquete, etc.)	medida (f)	[me'ðiða]
banquete (m)	banquete (m)	[baŋ'kete]
recepção (f)	recepción (f)	[resep'θjon]
festim (m)	festín (m)	[fes'tin]
aniversário (m)	aniversario (m)	[aniβer'sario]
jubileu (m)	jubileo (m)	[χuβi'leo]
Ano (m) Novo	Año (m) Nuevo	['anjo nu'eβo]
Feliz Ano Novo!	¡Feliz Año Nuevo!	[fe'liθ 'anjo nu'eβo]
Papai Noel (m)	Papá Noel (m)	[pa'pa no'elʲ]
Natal (m)	Navidad (f)	[naβi'ðað]
Feliz Natal!	¡Feliz Navidad!	[fe'liθ naβi'ðað]
árvore (f) de Natal	árbol (m) de Navidad	['arβolʲ de naβi'ðað]
fogos (m pl) de artifício	fuegos (m pl) artificiales	[fu'egos artifi'θjales]
casamento (m)	boda (f)	['boða]
noivo (m)	novio (m)	['noβio]
noiva (f)	novia (f)	['noβia]
convidar (vt)	invitar (vt)	[imbi'tar]
convite (m)	tarjeta (f) de invitación	[tar'χeta de imbita'θjon]
convidado (m)	invitado (m)	[imbi'taðo]
visitar (vt)	visitar (vt)	[bisi'tar]
receber os convidados	recibir a los invitados	[reθi'βir a los imbi'taðos]
presente (m)	regalo (m)	[re'galʲo]
oferecer, dar (vt)	regalar (vt)	[rega'lʲar]
receber presentes	recibir regalos	[reθi'βir re'galʲos]
buquê (m) de flores	ramo (m) de flores	['ramo de 'flʲores]
felicitações (f pl)	felicitación (f)	[feliθita'θjon]
felicitar (vt)	felicitar (vt)	[feliθi'tar]
cartão (m) de parabéns	tarjeta (f) de felicitación	[tar'χeta de feliθita'θjon]
enviar um cartão postal	enviar una tarjeta	[em'bjar 'una tar'χeta]
receber um cartão postal	recibir una tarjeta	[reθi'βir 'una tar'χeta]
brinde (m)	brindis (m)	['brindis]

| oferecer (vt) | ofrecer (vt) | [ofre'θer] |
| champanhe (m) | champaña (f) | [ʧam'panja] |

divertir-se (vr)	divertirse (vr)	[diβer'tirse]
diversão (f)	diversión (f)	[diβer'sjon]
alegria (f)	alegría (f)	[ale'ɣria]

| dança (f) | baile (m) | ['bajle] |
| dançar (vi) | bailar (vi, vt) | [baj'lʲar] |

| valsa (f) | vals (m) | [balʲs] |
| tango (m) | tango (m) | ['tango] |

182. Funerais. Enterro

cemitério (m)	cementerio (m)	[θemen'terio]
sepultura (f), túmulo (m)	tumba (f)	['tumba]
cruz (f)	cruz (f)	[kruθ]
lápide (f)	lápida (f)	['lʲapiða]
cerca (f)	verja (f)	['berχa]
capela (f)	capilla (f)	[ka'pija]

morte (f)	muerte (f)	[mu'erte]
morrer (vi)	morir (vi)	[mo'rir]
defunto (m)	difunto (m)	[di'funto]
luto (m)	luto (m)	['lʲuto]

enterrar, sepultar (vt)	enterrar (vt)	[ente'rar]
funerária (f)	funeraria (f)	[fune'raria]
funeral (m)	entierro (m)	[en'tjero]

coroa (f) de flores	corona (f) funeraria	[ko'rona fune'raria]
caixão (m)	ataúd (m)	[ata'uð]
carro (m) funerário	coche (m) fúnebre	['koʧe 'funeβre]
mortalha (f)	mortaja (f)	[mor'taχa]

procissão (f) funerária	cortejo (m) fúnebre	[kor'teχo 'funeβre]
urna (f) funerária	urna (f) funeraria	['urna fune'raria]
crematório (m)	crematorio (m)	[krema'torio]

obituário (m), necrologia (f)	necrología (f)	[nekrolʲo'χia]
chorar (vi)	llorar (vi)	[jo'rar]
soluçar (vi)	sollozar (vi)	[sojo'θar]

183. Guerra. Soldados

pelotão (m)	sección (f)	[sek'θjon]
companhia (f)	compañía (f)	[kompa'njia]
regimento (m)	regimiento (m)	[reχi'mjento]
exército (m)	ejército (m)	[e'χerθito]
divisão (f)	división (f)	[diβi'θjon]
esquadrão (m)	destacamento (m)	[destaka'mento]

hoste (f)	hueste (f)	[u'este]
soldado (m)	soldado (m)	[solⁱ'ðaðo]
oficial (m)	oficial (m)	[ofi'θjalⁱ]
soldado (m) raso	soldado (m) raso	[solⁱ'ðaðo 'raso]
sargento (m)	sargento (m)	[sar'xento]
tenente (m)	teniente (m)	[te'njente]
capitão (m)	capitán (m)	[kapi'tan]
major (m)	mayor (m)	[ma'jor]
coronel (m)	coronel (m)	[koro'nelⁱ]
general (m)	general (m)	[xene'ralⁱ]
marujo (m)	marino (m)	[ma'rino]
capitão (m)	capitán (m)	[kapi'tan]
contramestre (m)	contramaestre (m)	[kontrama'estre]
artilheiro (m)	artillero (m)	[arti'jero]
soldado (m) paraquedista	paracaidista (m)	[parakai'ðista]
piloto (m)	piloto (m)	[pi'lioto]
navegador (m)	navegador (m)	[naβega'ðor]
mecânico (m)	mecánico (m)	[me'kaniko]
sapador-mineiro (m)	zapador (m)	[θapa'ðor]
paraquedista (m)	paracaidista (m)	[parakai'ðista]
explorador (m)	explorador (m)	[eksplⁱora'ðor]
atirador (m) de tocaia	francotirador (m)	['fraŋko·tira'ðor]
patrulha (f)	patrulla (f)	[pa'truja]
patrulhar (vt)	patrullar (vi, vt)	[patru'jar]
sentinela (f)	centinela (m)	[θenti'nelⁱa]
guerreiro (m)	guerrero (m)	[ge'rero]
patriota (m)	patriota (m)	[pa'trjota]
herói (m)	héroe (m)	['eroe]
heroína (f)	heroína (f)	[ero'ina]
traidor (m)	traidor (m)	[trai'ðor]
trair (vt)	traicionar (vt)	[traiθjo'nar]
desertor (m)	desertor (m)	[deser'tor]
desertar (vt)	desertar (vi)	[deser'tar]
mercenário (m)	mercenario (m)	[merθe'nario]
recruta (m)	recluta (m)	[re'klⁱuta]
voluntário (m)	voluntario (m)	[bolⁱun'tario]
morto (m)	muerto (m)	[mu'erto]
ferido (m)	herido (m)	[e'riðo]
prisioneiro (m) de guerra	prisionero (m)	[prisjo'nero]

184. Guerra. Ações militares. Parte 1

guerra (f)	guerra (f)	['gera]
guerrear (vt)	estar en guerra	[es'tar en 'gera]

guerra (f) civil	guerra (f) civil	['gera θi'βilʲ]
perfidamente	pérfidamente (adv)	['perfiða'mente]
declaração (f) de guerra	declaración (f) de guerra	[deklʲara'θjon de 'gera]
declarar guerra	declarar (vt)	[deklʲa'rar]
agressão (f)	agresión (f)	[aɣre'sjon]
atacar (vt)	atacar (vt)	[ata'kar]
invadir (vt)	invadir (vt)	[imba'ðir]
invasor (m)	invasor (m)	[imba'sor]
conquistador (m)	conquistador (m)	[koŋkista'ðor]
defesa (f)	defensa (f)	[de'fensa]
defender (vt)	defender (vt)	[defen'der]
defender-se (vr)	defenderse (vr)	[defen'derse]
inimigo (m)	enemigo (m)	[ene'migo]
adversário (m)	adversario (m)	[aðβer'sario]
inimigo (adj)	enemigo (adj)	[ene'migo]
estratégia (f)	estrategia (f)	[estra'texia]
tática (f)	táctica (f)	['taktika]
ordem (f)	orden (f)	['orðen]
comando (m)	comando (m)	[ko'mando]
ordenar (vt)	ordenar (vt)	[orðe'nar]
missão (f)	misión (f)	[mi'sjon]
secreto (adj)	secreto (adj)	[se'kreto]
batalha (f)	batalla (f)	[ba'taja]
combate (m)	combate (m)	[kom'bate]
ataque (m)	ataque (m)	[a'take]
assalto (m)	asalto (m)	[a'salʲto]
assaltar (vt)	tomar por asalto	[to'mar por a'salʲto]
assédio, sítio (m)	asedio (m), sitio (m)	[a'seðio], ['sitio]
ofensiva (f)	ofensiva (f)	[ofen'siβa]
tomar à ofensiva	tomar la ofensiva	[to'mar lʲa ofen'siβa]
retirada (f)	retirada (f)	[reti'raða]
retirar-se (vr)	retirarse (vr)	[reti'rarse]
cerco (m)	envolvimiento (m)	[embolʲ'βi'mjento]
cercar (vt)	cercar (vt)	[θer'kar]
bombardeio (m)	bombardeo (m)	[bombar'ðeo]
lançar uma bomba	lanzar una bomba	[lʲan'θar 'una 'bomba]
bombardear (vt)	bombear (vt)	[bombe'ar]
explosão (f)	explosión (f)	[eksplʲo'sjon]
tiro (m)	tiro (m), disparo (m)	['tiro], [dis'paro]
dar um tiro	disparar (vi)	[dispa'rar]
tiroteio (m)	tiro (m)	['tiro]
apontar para ...	apuntar a ...	[apun'tar a]
apontar (vt)	encarar (vt)	[eŋka'rar]

acertar (vt)	alcanzar (vt)	[alˈkanˈθar]
afundar (~ um navio, etc.)	hundir (vt)	[unˈdir]
brecha (f)	brecha (f)	[ˈbreʧa]
afundar-se (vr)	hundirse (vr)	[unˈdirse]
frente (m)	frente (m)	[ˈfrente]
evacuação (f)	evacuación (f)	[eβakuaˈθjon]
evacuar (vt)	evacuar (vt)	[eβakuˈar]
trincheira (f)	trinchera (f)	[trinˈʧera]
arame (m) enfarpado	alambre (m) de púas	[aˈʎambre de ˈpuas]
barreira (f) anti-tanque	barrera (f)	[baˈrera]
torre (f) de vigia	torre (f) de vigilancia	[ˈtore de biχiˈʎanθia]
hospital (m) militar	hospital (m)	[ospiˈtalʲ]
ferir (vt)	herir (vi, vt)	[eˈrir]
ferida (f)	herida (f)	[eˈriða]
ferido (m)	herido (m)	[eˈriðo]
ficar ferido	recibir una herida	[reθiˈβir ˈuna eˈriða]
grave (ferida ~)	grave (adj)	[ˈgraβe]

185. Guerra. Ações militares. Parte 2

cativeiro (m)	cautiverio (m)	[kautiˈβerio]
capturar (vt)	capturar (vt)	[kaptuˈrar]
estar em cativeiro	estar en cautiverio	[esˈtar en kautiˈβerio]
ser aprisionado	caer prisionero	[kaˈer prisjoˈnero]
campo (m) de concentração	campo (m) de concentración	[ˈkampo de konθentraˈθjon]
prisioneiro (m) de guerra	prisionero (m)	[prisjoˈnero]
escapar (vi)	escapar (vi)	[eskaˈpar]
trair (vt)	traicionar (vt)	[traiθjoˈnar]
traidor (m)	traidor (m)	[traiˈðor]
traição (f)	traición (f)	[traiˈθjon]
fuzilar, executar (vt)	fusilar (vt)	[fusiˈlʲar]
fuzilamento (m)	fusilamiento (m)	[fusiʎaˈmjento]
equipamento (m)	equipo (m)	[eˈkipo]
insígnia (f) de ombro	hombrera (f)	[omˈbrera]
máscara (f) de gás	máscara (f) antigás	[ˈmaskara antiˈɣas]
rádio (m)	radio transmisor (m)	[ˈraðjo transmiˈsor]
cifra (f), código (m)	cifra (f)	[ˈθifra]
conspiração (f)	conspiración (f)	[konspiraˈθjon]
senha (f)	contraseña (f)	[kontraˈsenja]
mina (f)	mina (f) terrestre	[ˈmina teˈrestre]
minar (vt)	minar (vt)	[miˈnar]
campo (m) minado	campo (m) minado	[ˈkampo miˈnaðo]
alarme (m) aéreo	alarma (f) aérea	[aˈʎarma aˈerea]
alarme (m)	alarma (f)	[aˈʎarma]

sinal (m)	señal (f)	[se'njalʲ]
sinalizador (m)	cohete (m) de señales	[ko'ete de se'njales]
quartel-general (m)	estado (m) mayor	[es'taðo ma'jor]
reconhecimento (m)	reconocimiento (m)	[rekonoθi'mjento]
situação (f)	situación (f)	[situa'θjon]
relatório (m)	informe (m)	[imˈforme]
emboscada (f)	emboscada (f)	[embos'kaða]
reforço (m)	refuerzo (m)	[refu'erθo]
alvo (m)	blanco (m)	['blʲaŋko]
campo (m) de tiro	terreno (m) de prueba	[te'reno de pru'eβa]
manobras (f pl)	maniobras (f pl)	[ma'njoβras]
pânico (m)	pánico (m)	['paniko]
devastação (f)	devastación (f)	[deβasta'θjon]
ruínas (f pl)	destrucciones (f pl)	[destruk'θjones]
destruir (vt)	destruir (vt)	[destru'ir]
sobreviver (vi)	sobrevivir (vi, vt)	['soβreβi'βir]
desarmar (vt)	desarmar (vt)	[desar'mar]
manusear (vt)	manejar (vt)	[mane'xar]
Sentido!	¡Firmes!	['firmes]
Descansar!	¡Descanso!	[des'kanso]
façanha (f)	hazaña (f)	[a'θanja]
juramento (m)	juramento (m)	[xura'mento]
jurar (vi)	jurar (vt)	[xu'rar]
condecoração (f)	condecoración (f)	[kondekora'θjon]
condecorar (vt)	condecorar (vt)	[kondeko'rar]
medalha (f)	medalla (f)	[me'ðaja]
ordem (f)	orden (m)	['orðen]
vitória (f)	victoria (f)	[bik'toria]
derrota (f)	derrota (f)	[de'rota]
armistício (m)	armisticio (m)	[armis'tiθio]
bandeira (f)	bandera (f)	[ban'dera]
glória (f)	gloria (f)	['glʲoria]
parada (f)	desfile (m) militar	[desfi'le mili'tar]
marchar (vi)	marchar (vi)	[mar'ʧar]

186. Armas

arma (f)	arma (f)	['arma]
arma (f) de fogo	arma (f) de fuego	['arma de fu'ego]
arma (f) branca	arma (f) blanca	['arma 'blʲaŋka]
arma (f) química	arma (f) química	['arma 'kimika]
nuclear (adj)	nuclear (adj)	[nukle'ar]
arma (f) nuclear	arma (f) nuclear	['arma nukle'ar]
bomba (f)	bomba (f)	['bomba]

bomba (f) atômica	bomba (f) atómica	['bomba a'tomika]
pistola (f)	pistola (f)	[pis'toli̯a]
rifle (m)	fusil (m)	[fu'sili̯]
semi-automática (f)	metralleta (f)	[metra'jeta]
metralhadora (f)	ametralladora (f)	[ametraja'ðora]
boca (f)	boca (f)	['boka]
cano (m)	cañón (m)	[ka'njon]
calibre (m)	calibre (m)	[ka'liβre]
gatilho (m)	gatillo (m)	[ga'tijo]
mira (f)	alza (f)	['ali̯θa]
carregador (m)	cargador (m)	[karga'ðor]
coronha (f)	culata (f)	[ku'li̯ata]
granada (f) de mão	granada (f)	[gra'naða]
explosivo (m)	explosivo (m)	[ekspli̯o'siβo]
bala (f)	bala (f)	['bali̯a]
cartucho (m)	cartucho (m)	[kar'tutʃo]
carga (f)	carga (f)	['karga]
munições (f pl)	pertrechos (m pl)	[per'tretʃos]
bombardeiro (m)	bombardero (m)	[bombar'ðero]
avião (m) de caça	avión (m) de caza	[a'βjon de 'kaθa]
helicóptero (m)	helicóptero (m)	[eli'koptero]
canhão (m) antiaéreo	antiaéreo (m)	[anti·a'ereo]
tanque (m)	tanque (m)	['taŋke]
canhão (de um tanque)	cañón (m)	[ka'njon]
artilharia (f)	artillería (f)	[artije'ria]
canhão (m)	cañón (m)	[ka'njon]
fazer a pontaria	dirigir (vt)	[diri'χir]
morteiro (m)	mortero (m)	[mor'tero]
granada (f) de morteiro	bomba (f) de mortero	['bomba de mar'tero]
projétil (m)	obús (m)	[o'βus]
estilhaço (m)	trozo (m) de obús	['troθo de o'βus]
submarino (m)	submarino (m)	[suβma'rino]
torpedo (m)	torpedo (m)	[tor'peðo]
míssil (m)	misil (m)	[mi'sili̯]
carregar (uma arma)	cargar (vt)	[kar'gar]
disparar, atirar (vi)	tirar (vi)	[ti'rar]
apontar para ...	apuntar a ...	[apun'tar a]
baioneta (f)	bayoneta (f)	[bajo'neta]
espada (f)	espada (f)	[es'paða]
sabre (m)	sable (m)	['saβle]
lança (f)	lanza (f)	['li̯anθa]
arco (m)	arco (m)	['arko]
flecha (f)	flecha (f)	['fletʃa]
mosquete (m)	mosquete (m)	[mos'kete]
besta (f)	ballesta (f)	[ba'jesta]

187. Povos da antiguidade

primitivo (adj)	primitivo (adj)	[primi'tiβo]
pré-histórico (adj)	prehistórico (adj)	[preis'toriko]
antigo (adj)	antiguo (adj)	[an'tiguo]
Idade (f) da Pedra	Edad (f) de Piedra	[e'ðað de 'pjeðra]
Idade (f) do Bronze	Edad (f) de Bronce	[e'ðað de 'bronθe]
Era (f) do Gelo	Edad (f) de Hielo	[e'ðað de 'jelʲo]
tribo (f)	tribu (f)	['triβu]
canibal (m)	caníbal (m)	[ka'niβalʲ]
caçador (m)	cazador (m)	[kaθa'ðor]
caçar (vi)	cazar (vi, vt)	[ka'θar]
mamute (m)	mamut (m)	[ma'mut]
caverna (f)	caverna (f)	[ka'βerna]
fogo (m)	fuego (m)	[fu'ego]
fogueira (f)	hoguera (f)	[o'gera]
pintura (f) rupestre	pintura (f) rupestre	[pin'tura ru'pestre]
ferramenta (f)	herramienta (f), útil (m)	[era'mjenta], ['utilʲ]
lança (f)	lanza (f)	['lʲanθa]
machado (m) de pedra	hacha (f) de piedra	['atʃa de 'pjeðra]
guerrear (vt)	estar en guerra	[es'tar en 'gera]
domesticar (vt)	domesticar (vt)	[domesti'kar]
ídolo (m)	ídolo (m)	['iðolʲo]
adorar, venerar (vt)	adorar (vt)	[aðo'rar]
superstição (f)	superstición (f)	[supersti'θjon]
ritual (m)	rito (m)	['rito]
evolução (f)	evolución (f)	[eβolʲu'θjon]
desenvolvimento (m)	desarrollo (m)	[desa'rojo]
extinção (f)	desaparición (f)	[desapari'θjon]
adaptar-se (vr)	adaptarse (vr)	[aðap'tarse]
arqueologia (f)	arqueología (f)	[arkeolʲo'χia]
arqueólogo (m)	arqueólogo (m)	[arke'olʲogo]
arqueológico (adj)	arqueológico (adj)	[arkeo'lʲoχiko]
escavação (sítio)	sitio (m) de excavación	['sitio de ekskaβa'θjon]
escavações (f pl)	excavaciones (f pl)	[ekskaβa'θjones]
achado (m)	hallazgo (m)	[a'jaθgo]
fragmento (m)	fragmento (m)	[fraɣ'mento]

188. Idade média

povo (m)	pueblo (m)	[pu'eβlʲo]
povos (m pl)	pueblos (m pl)	[pu'eβlʲos]
tribo (f)	tribu (f)	['triβu]
tribos (f pl)	tribus (f pl)	['triβus]
bárbaros (pl)	bárbaros (m pl)	['barβaros]

galeses (pl)	galos (m pl)	['galʲos]
godos (pl)	godos (m pl)	['goðos]
eslavos (pl)	eslavos (m pl)	[es'lʲaβos]
viquingues (pl)	vikingos (m pl)	[bi'kingos]

| romanos (pl) | romanos (m pl) | [ro'manos] |
| romano (adj) | romano (adj) | [ro'mano] |

bizantinos (pl)	bizantinos (m pl)	[biθan'tinos]
Bizâncio	Bizancio (m)	[bi'θanθio]
bizantino (adj)	bizantino (adj)	[biθan'tino]

imperador (m)	emperador (m)	[empera'ðor]
líder (m)	jefe (m)	['χefe]
poderoso (adj)	poderoso (adj)	[poðe'roso]
rei (m)	rey (m)	[rej]
governante (m)	gobernador (m)	[goβerna'ðor]

cavaleiro (m)	caballero (m)	[kaβa'jero]
senhor feudal (m)	señor (m) feudal	[se'njor feu'ðalʲ]
feudal (adj)	feudal (adj)	[feu'ðalʲ]
vassalo (m)	vasallo (m)	[ba'sajo]

duque (m)	duque (m)	['duke]
conde (m)	conde (m)	['konde]
barão (m)	barón (m)	[ba'ron]
bispo (m)	obispo (m)	[o'βispo]

armadura (f)	armadura (f)	[arma'ðura]
escudo (m)	escudo (m)	[es'kuðo]
espada (f)	espada (f)	[es'paða]
viseira (f)	visera (f)	[bi'sera]
cota (f) de malha	cota (f) de malla	['kota de 'maja]

| cruzada (f) | cruzada (f) | [kru'θaða] |
| cruzado (m) | cruzado (m) | [kru'θaðo] |

território (m)	territorio (m)	[teri'torio]
atacar (vt)	atacar (vt)	[ata'kar]
conquistar (vt)	conquistar (vt)	[konkis'tar]
ocupar, invadir (vt)	ocupar (vt)	[oku'par]

assédio, sítio (m)	asedio (m), sitio (m)	[a'seðio], ['sitio]
sitiado (adj)	sitiado (adj)	[si'tjaðo]
assediar, sitiar (vt)	asediar, sitiar	[ase'ðjar], [si'tjar]

inquisição (f)	inquisición (f)	[iŋkisi'θjon]
inquisidor (m)	inquisidor (m)	[iŋkisi'ðor]
tortura (f)	tortura (f)	[tor'tura]
cruel (adj)	cruel (adj)	[kru'elʲ]
herege (m)	hereje (m)	[e'reχe]
heresia (f)	herejía (f)	[ere'χia]

navegação (f) marítima	navegación (f) marítima	[naβega'θjon ma'ritima]
pirata (m)	pirata (m)	[pi'rata]
pirataria (f)	piratería (f)	[pirate'ria]

abordagem (f)	abordaje (m)	[aβor'ðaχe]
presa (f), butim (m)	botín (m)	[bo'tin]
tesouros (m pl)	tesoros (m pl)	[te'soros]

descobrimento (m)	descubrimiento (m)	[deskuβri'mjento]
descobrir (novas terras)	descubrir (vt)	[desku'βrir]
expedição (f)	expedición (f)	[ekspeði'θjon]

mosqueteiro (m)	mosquetero (m)	[moske'tero]
cardeal (m)	cardenal (m)	[karðe'nalʲ]
heráldica (f)	heráldica (f)	[e'ralʲdika]
heráldico (adj)	heráldico (adj)	[e'ralʲdiko]

189. Líder. Chefe. Autoridades

rei (m)	rey (m)	[rej]
rainha (f)	reina (f)	['rejna]
real (adj)	real (adj)	[re'alʲ]
reino (m)	reino (m)	['rejno]

| príncipe (m) | príncipe (m) | ['prinθipe] |
| princesa (f) | princesa (f) | [prin'θesa] |

presidente (m)	presidente (m)	[presi'ðente]
vice-presidente (m)	vicepresidente (m)	['biθe·presi'ðente]
senador (m)	senador (m)	[sena'ðor]

monarca (m)	monarca (m)	[mo'narka]
governante (m)	gobernador (m)	[goβerna'ðor]
ditador (m)	dictador (m)	[dikta'ðor]
tirano (m)	tirano (m)	[ti'rano]
magnata (m)	magnate (m)	[maɣ'nate]

diretor (m)	director (m)	[direk'tor]
chefe (m)	jefe (m)	['χefe]
gerente (m)	gerente (m)	[χe'rente]
patrão (m)	amo (m)	['amo]
dono (m)	dueño (m)	[du'enjo]

líder (m)	jefe (m), líder (m)	['χefe], ['liðer]
chefe (m)	jefe (m)	['χefe]
autoridades (f pl)	autoridades (f pl)	[autori'ðaðes]
superiores (m pl)	superiores (m pl)	[supe'rjores]

governador (m)	gobernador (m)	[goβerna'ðor]
cônsul (m)	cónsul (m)	['konsulʲ]
diplomata (m)	diplomático (m)	[diplʲo'matiko]
Presidente (m) da Câmara	alcalde (m)	[alʲ'kalʲde]
xerife (m)	sheriff (m)	[ʃe'rif]

imperador (m)	emperador (m)	[empera'ðor]
czar (m)	zar (m)	[θar]
faraó (m)	faraón (m)	[fara'on]
cã, khan (m)	jan (m), kan (m)	[χan]

171

190. Estrada. Caminho. Direções

estrada (f)	camino (m)	[ka'mino]
via (f)	vía (f)	['bia]
rodovia (f)	carretera (f)	[kare'tera]
autoestrada (f)	autovía (f)	[auto'βia]
estrada (f) nacional	camino (m) nacional	[ka'mino naθjo'nalʲ]
estrada (f) principal	camino (m) principal	[ka'mino prinθi'palʲ]
estrada (f) de terra	camino (m) de tierra	[ka'mino de 'tjera]
trilha (f)	sendero (m)	[sen'dero]
pequena trilha (f)	senda (f)	['senda]
Onde?	¿Dónde?	['donde]
Para onde?	¿Adónde?	[a'ðonde]
De onde?	¿De dónde?	[de 'donde]
direção (f)	dirección (f)	[direk'θjon]
indicar (~ o caminho)	mostrar (vt)	[mos'trar]
para a esquerda	a la izquierda	[a lʲa iθ'kjerða]
para a direita	a la derecha	[a lʲa de'retʃa]
em frente	todo recto (adv)	['toðo 'rekto]
para trás	atrás (adv)	[a'tras]
curva (f)	curva (f)	['kurβa]
virar (~ para a direita)	girar (vi)	[χi'rar]
dar retorno	girar en U	[χi'rar en 'u]
estar visível	divisarse (vr)	[diβi'sarse]
aparecer (vi)	aparecer (vi)	[apare'θer]
paragem (pausa)	alto (m)	['alʲto]
descansar (vi)	descansar (vi)	[deskan'sar]
descanso, repouso (m)	reposo (m)	[re'poso]
perder-se (vr)	perderse (vr)	[per'ðerse]
conduzir a ... (caminho)	llevar a ...	[je'βar a]
chegar a ...	llegar a ...	[je'gar a]
trecho (m)	tramo (m)	['tramo]
asfalto (m)	asfalto (m)	[as'falʲto]
meio-fio (m)	bordillo (m)	[bor'ðijo]
valeta (f)	cuneta (f)	[ku'neta]
tampa (f) de esgoto	pozo (m) de alcantarillado	['poθo de alkantari'jaðo]
acostamento (m)	arcén (m)	[ar'θen]
buraco (m)	bache (m)	['batʃe]
ir (a pé)	ir (vi)	[ir]
ultrapassar (vt)	adelantar (vt)	[aðelʲan'tar]
passo (m)	paso (m)	['paso]
a pé	a pie	[a 'pje]

bloquear (vt)	bloquear (vt)	[bⁱoke'ar]
cancela (f)	barrera (f)	[ba'rera]
beco (m) sem saída	callejón (m) sin salida	[kaje'χon sin sa'liða]

191. Violação da lei. Criminosos. Parte 1

bandido (m)	bandido (m)	[ban'diðo]
crime (m)	crimen (m)	['krimen]
criminoso (m)	criminal (m)	[krimi'nalⁱ]

ladrão (m)	ladrón (m)	[lⁱa'ðron]
roubar (vt)	robar (vt)	[ro'βar]
furto, roubo (m)	robo (m)	['roβo]

raptar, sequestrar (vt)	secuestrar (vt)	[sekues'trar]
sequestro (m)	secuestro (m)	[seku'estro]
sequestrador (m)	secuestrador (m)	[sekuestra'ðor]

| resgate (m) | rescate (m) | [res'kate] |
| pedir resgate | exigir un rescate | [eksi'χir un res'kate] |

roubar (vt)	robar (vt)	[ro'βar]
assalto, roubo (m)	robo (m)	['roβo]
assaltante (m)	atracador (m)	[atraka'ðor]

extorquir (vt)	extorsionar (vt)	[ekstorsjo'nar]
extorsionário (m)	extorsionista (m)	[ekstorsjo'nista]
extorsão (f)	extorsión (f)	[ekstor'sjon]

matar, assassinar (vt)	matar, asesinar (vt)	[ma'tar], [asesi'nar]
homicídio (m)	asesinato (m)	[asesi'nato]
homicida, assassino (m)	asesino (m)	[ase'sino]

tiro (m)	tiro (m), disparo (m)	['tiro], [dis'paro]
dar um tiro	disparar (vi)	[dispa'rar]
matar a tiro	matar (vt)	[ma'tar]
disparar, atirar (vi)	tirar (vi)	[ti'rar]
tiroteio (m)	tiroteo (m)	[tiro'teo]

incidente (m)	incidente (m)	[inθi'ðente]
briga (~ de rua)	pelea (f)	[pe'lea]
Socorro!	¡Socorro!	[so'koro]
vítima (f)	víctima (f)	['biktima]

danificar (vt)	perjudicar (vt)	[perχuði'kar]
dano (m)	daño (m)	['danjo]
cadáver (m)	cadáver (m)	[ka'ðaβer]
grave (adj)	grave (adj)	['graβe]

atacar (vt)	atacar (vt)	[ata'kar]
bater (espancar)	pegar (vt)	[pe'gar]
espancar (vt)	apporear (vt)	[appore'ar]
tirar, roubar (dinheiro)	quitar (vt)	[ki'tar]
esfaquear (vt)	acuchillar (vt)	[akutʃi'jar]

173

| mutilar (vt) | mutilar (vt) | [muti'lʲar] |
| ferir (vt) | herir (vt) | [e'rir] |

chantagem (f)	chantaje (m)	[ʧan'taχe]
chantagear (vt)	hacer chantaje	[a'θer ʧan'taχe]
chantagista (m)	chantajista (m)	[ʧanta'χista]

extorsão (f)	extorsión (f)	[ekstor'sjon]
extorsionário (m)	extorsionador (m)	[ekstorsjona'ðor]
gângster (m)	gángster (m)	['ganster]
máfia (f)	mafia (f)	['mafia]

punguista (m)	carterista (m)	[karte'rista]
assaltante, ladrão (m)	ladrón (m) de viviendas	[lʲa'ðron de bi'βjendas]
contrabando (m)	contrabandismo (m)	[kontraβan'dismo]
contrabandista (m)	contrabandista (m)	[kontraβan'dista]

falsificação (f)	falsificación (f)	[falʲsifika'θjon]
falsificar (vt)	falsificar (vt)	[falʲsifi'kar]
falsificado (adj)	falso, falsificado	['falʲso], [falʲsifi'kaðo]

192. Violação da lei. Criminosos. Parte 2

estupro (m)	violación (f)	[biolʲa'θjon]
estuprar (vt)	violar (vt)	[bio'lʲar]
estuprador (m)	violador (m)	[biolʲa'ðor]
maníaco (m)	maniaco (m)	[mani'ako]

prostituta (f)	prostituta (f)	[prosti'tuta]
prostituição (f)	prostitución (f)	[prostitu'θjon]
cafetão (m)	chulo (m), proxeneta (m)	['ʧulʲo], [prokse'neta]

| drogado (m) | drogadicto (m) | [droɣ·a'ðikto] |
| traficante (m) | narcotraficante (m) | [narko·trafi'kante] |

explodir (vt)	hacer explotar	[a'θer eksplʲo'tar]
explosão (f)	explosión (f)	[eksplʲo'sjon]
incendiar (vt)	incendiar (vt)	[inθen'djar]
incendiário (m)	incendiario (m)	[inθen'djario]

terrorismo (m)	terrorismo (m)	[tero'rismo]
terrorista (m)	terrorista (m)	[tero'rista]
refém (m)	rehén (m)	[re'en]

enganar (vt)	estafar (vt)	[esta'far]
engano (m)	estafa (f)	[es'tafa]
vigarista (m)	estafador (m)	[estafa'ðor]

subornar (vt)	sobornar (vt)	[soβor'nar]
suborno (atividade)	soborno (m)	[so'βorno]
suborno (dinheiro)	soborno (m)	[so'βorno]

| veneno (m) | veneno (m) | [be'neno] |
| envenenar (vt) | envenenar (vt) | [embene'nar] |

envenenar-se (vr)	envenenarse (vr)	[embene'narse]
suicídio (m)	suicidio (m)	[sui'θiðio]
suicida (m)	suicida (m, f)	[sui'θiða]

ameaçar (vt)	amenazar (vt)	[amena'θar]
ameaça (f)	amenaza (f)	[ame'nasa]
atentar contra a vida de ...	atentar (vi)	[aten'tar]
atentado (m)	atentado (m)	[aten'taðo]

| roubar (um carro) | robar (vt) | [ro'βar] |
| sequestrar (um avião) | secuestrar (vt) | [sekues'trar] |

| vingança (f) | venganza (f) | [ben'ganθa] |
| vingar (vt) | vengar (vt) | [ben'gar] |

torturar (vt)	torturar (vt)	[tortu'rar]
tortura (f)	tortura (f)	[tor'tura]
atormentar (vt)	atormentar (vt)	[atormen'tar]

pirata (m)	pirata (m)	[pi'rata]
desordeiro (m)	gamberro (m)	[gam'bero]
armado (adj)	armado (adj)	[ar'maðo]
violência (f)	violencia (f)	[bio'lenθia]
ilegal (adj)	ilegal (adj)	[ile'galʲ]

| espionagem (f) | espionaje (m) | [espjo'naχe] |
| espionar (vi) | espiar (vi, vt) | [espi'jar] |

193. Polícia. Lei. Parte 1

| justiça (sistema de ~) | justicia (f) | [χus'tiθia] |
| tribunal (m) | tribunal (m) | [triβu'nalʲ] |

juiz (m)	juez (m)	[χu'eθ]
jurados (m pl)	jurados (m pl)	[χu'raðos]
tribunal (m) do júri	tribunal (m) de jurados	[triβu'nalʲ de χu'raðos]
julgar (vt)	juzgar (vt)	[χuθ'gar]

advogado (m)	abogado (m)	[aβo'gaðo]
réu (m)	acusado (m)	[aku'saðo]
banco (m) dos réus	banquillo (m) de los acusados	[baŋ'kijo de los aku'saðos]

| acusação (f) | inculpación (f) | [iŋkulʲpa'θjon] |
| acusado (m) | inculpado (m) | [iŋkulʲ'paðo] |

| sentença (f) | sentencia (f) | [sen'tenθia] |
| sentenciar (vt) | sentenciar (vt) | [senten'θjar] |

culpado (m)	culpable (m)	[kulʲ'paβle]
punir (vt)	castigar (vt)	[kasti'gar]
punição (f)	castigo (m)	[kas'tigo]
multa (f)	multa (f)	['mulʲta]
prisão (f) perpétua	cadena (f) perpetua	[ka'ðena per'petua]

pena (f) de morte	pena (f) de muerte	['pena de mu'erte]
cadeira (f) elétrica	silla (f) eléctrica	['sija e'lektrika]
forca (f)	horca (f)	['orka]
executar (vt)	ejecutar (vt)	[eχeku'tar]
execução (f)	ejecución (f)	[eχeku'θjon]
prisão (f)	prisión (f)	[pri'sjon]
cela (f) de prisão	celda (f)	['θelʲda]
escolta (f)	escolta (f)	[es'kolʲta]
guarda (m) prisional	guardia (m) de prisiones	[gu'arðja de pri'sjones]
preso, prisioneiro (m)	prisionero (m)	[prisjo'nero]
algemas (f pl)	esposas (f pl)	[es'posas]
algemar (vt)	esposar (vt)	[espo'sar]
fuga, evasão (f)	escape (m)	[es'kape]
fugir (vi)	escaparse (vr)	[eska'parse]
desaparecer (vi)	desaparecer (vi)	[desapare'θer]
soltar, libertar (vt)	liberar (vt)	[liβe'rar]
anistia (f)	amnistía (f)	[amnis'tia]
polícia (instituição)	policía (f)	[poli'θia]
polícia (m)	policía (m)	[poli'θia]
delegacia (f) de polícia	comisaría (f) de policía	[komisa'ria de poli'θia]
cassetete (m)	porra (f)	['pora]
megafone (m)	megáfono (m)	[me'ɣafono]
carro (m) de patrulha	coche (m) patrulla	['kotʃe pa'truja]
sirene (f)	sirena (f)	[si'rena]
ligar a sirene	poner la sirena	[po'ner lʲa si'rena]
toque (m) da sirene	sonido (m) de sirena	[so'niðo de si'rena]
cena (f) do crime	escena (f) del delito	[e'θeno delʲ de'lito]
testemunha (f)	testigo (m)	[tes'tigo]
liberdade (f)	libertad (f)	[liβer'tað]
cúmplice (m)	cómplice (m)	['kompliθe]
escapar (vi)	escapar de ...	[eska'par de]
traço (não deixar ~s)	rastro (m)	['rastro]

194. Polícia. Lei. Parte 2

procura (f)	búsqueda (f)	['buskeða]
procurar (vt)	buscar (vt)	[bus'kar]
suspeita (f)	sospecha (f)	[sos'petʃa]
suspeito (adj)	sospechoso (adj)	[sospe'tʃoso]
parar (veículo, etc.)	parar (vt)	[pa'rar]
deter (fazer parar)	retener (vt)	[rete'ner]
caso (~ criminal)	causa (f)	['kausa]
investigação (f)	investigación (f)	[imbestiga'θjon]
detetive (m)	detective (m)	[detek'tiβe]
investigador (m)	investigador (m)	[imbestiga'ðor]

versão (f)	versión (f)	[ber'sjon]
motivo (m)	motivo (m)	[mo'tiβo]
interrogatório (m)	interrogatorio (m)	[interoga'torio]
interrogar (vt)	interrogar (vt)	[intero'gar]
questionar (vt)	interrogar (vt)	[intero'gar]
verificação (f)	control (m)	[kon'trolʲ]

batida (f) policial	redada (f)	[re'ðaða]
busca (f)	registro (m)	[re'χistro]
perseguição (f)	persecución (f)	[perseku'θjon]
perseguir (vt)	perseguir (vt)	[perse'gir]
seguir, rastrear (vt)	rastrear (vt)	[rastre'ar]

prisão (f)	arresto (m)	[a'resto]
prender (vt)	arrestar (vt)	[ares'tar]
pegar, capturar (vt)	capturar (vt)	[kaptu'rar]
captura (f)	captura (f)	[kap'tura]

documento (m)	documento (m)	[doku'mento]
prova (f)	prueba (f)	[pru'eβa]
provar (vt)	probar (vt)	[pro'βar]
pegada (f)	huella (f)	[u'eja]
impressões (f pl) digitais	huellas (f pl) digitales	[u'ejas diχi'tales]
prova (f)	elemento (m) de prueba	[ele'mento de pru'eβa]

álibi (m)	coartada (f)	[koar'taða]
inocente (adj)	inocente (adj)	[ino'θente]
injustiça (f)	injusticia (f)	[inχus'tiθia]
injusto (adj)	injusto (adj)	[in'χusto]

criminal (adj)	criminal (adj)	[krimi'nalʲ]
confiscar (vt)	confiscar (vt)	[komfis'kar]
droga (f)	narcótico (m)	[nar'kotiko]
arma (f)	arma (f)	['arma]
desarmar (vt)	desarmar (vt)	[desar'mar]
ordenar (vt)	ordenar (vt)	[orðe'nar]
desaparecer (vi)	desaparecer (vi)	[desapare'θer]

lei (f)	ley (f)	[lej]
legal (adj)	legal (adj)	[le'galʲ]
ilegal (adj)	ilegal (adj)	[ile'galʲ]

responsabilidade (f)	responsabilidad (f)	[responsaβili'ðað]
responsável (adj)	responsable (adj)	[respon'saβle]

NATUREZA

A Terra. Parte 1

espaço, cosmo (m)	cosmos (m)	['kosmos]
espacial, cósmico (adj)	espacial, cósmico (adj)	[espa'θjalʲ], ['kosmiko]
espaço (m) cósmico	espacio (m) cósmico	[es'paθjo 'kosmiko]
mundo (m)	mundo (m)	['mundo]
universo (m)	universo (m)	[uni'βerso]
galáxia (f)	galaxia (f)	[ga'lʲaksia]
estrela (f)	estrella (f)	[es'treja]
constelação (f)	constelación (f)	[konstelʲa'θjon]
planeta (m)	planeta (m)	[plʲa'neta]
satélite (m)	satélite (m)	[sa'telite]
meteorito (m)	meteorito (m)	[meteo'rito]
cometa (m)	cometa (m)	[ko'meta]
asteroide (m)	asteroide (m)	[aste'roiðe]
órbita (f)	órbita (f)	['orβita]
girar (vi)	girar (vi)	[χi'rar]
atmosfera (f)	atmósfera (f)	[að'mosfera]
Sol (m)	Sol (m)	[solʲ]
Sistema (m) Solar	sistema (m) solar	[sis'tema so'lʲar]
eclipse (m) solar	eclipse (m) de Sol	[e'klipse de solʲ]
Terra (f)	Tierra (f)	['tjera]
Lua (f)	Luna (f)	['lʲuna]
Marte (m)	Marte (m)	['marte]
Vênus (f)	Venus (f)	['benus]
Júpiter (m)	Júpiter (m)	['χupiter]
Saturno (m)	Saturno (m)	[sa'turno]
Mercúrio (m)	Mercurio (m)	[mer'kurio]
Urano (m)	Urano (m)	[u'rano]
Netuno (m)	Neptuno (m)	[nep'tuno]
Plutão (m)	Plutón (m)	[plʲu'ton]
Via Láctea (f)	la Vía Láctea	[lʲa 'bia 'lʲaktea]
Ursa Maior (f)	la Osa Mayor	[lʲa 'osa ma'jor]
Estrela Polar (f)	la Estrella Polar	[lʲa es'treja po'lʲar]
marciano (m)	marciano (m)	[mar'θjano]
extraterrestre (m)	extraterrestre (m)	[ekstrate'restre]

Português	Espanhol	Pronúncia
alienígena (m)	planetícola (m)	[plʲaneˈtikolʲa]
disco (m) voador	platillo (m) volante	[plʲaˈtijo boˈlʲante]
espaçonave (f)	nave (f) espacial	[ˈnaβe espaˈθjalʲ]
estação (f) orbital	estación (f) orbital	[estaˈθjon orβiˈtalʲ]
lançamento (m)	despegue (m)	[desˈpege]
motor (m)	motor (m)	[moˈtor]
bocal (m)	tobera (f)	[toˈβera]
combustível (m)	combustible (m)	[kombusˈtiβle]
cabine (f)	carlinga (f)	[karˈlinga]
antena (f)	antena (f)	[anˈtena]
vigia (f)	ventana (f)	[benˈtana]
bateria (f) solar	batería (f) solar	[bateˈria soˈlʲar]
traje (m) espacial	escafandra (f)	[eskaˈfandra]
imponderabilidade (f)	ingravidez (f)	[ingraβiˈðeθ]
oxigênio (m)	oxígeno (m)	[oˈksiχeno]
acoplagem (f)	atraque (m)	[aˈtrake]
fazer uma acoplagem	realizar el atraque	[realiˈθar elʲ aˈtrake]
observatório (m)	observatorio (m)	[oβserβaˈtorio]
telescópio (m)	telescopio (m)	[telesˈkopio]
observar (vt)	observar (vt)	[oβserˈβar]
explorar (vt)	explorar (vt)	[eksplʲoˈrar]

196. A Terra

Português	Espanhol	Pronúncia
Terra (f)	Tierra (f)	[ˈtjera]
globo terrestre (Terra)	globo (m) terrestre	[ˈglʲoβo teˈrestre]
planeta (m)	planeta (m)	[plʲaˈneta]
atmosfera (f)	atmósfera (f)	[aðˈmosfera]
geografia (f)	geografía (f)	[χeoɣraˈfia]
natureza (f)	naturaleza (f)	[naturaˈleθa]
globo (mapa esférico)	globo (m) terráqueo	[ˈglʲoβo teˈrakeo]
mapa (m)	mapa (m)	[ˈmapa]
atlas (m)	atlas (m)	[ˈatlʲas]
Europa (f)	Europa (f)	[euˈropa]
Ásia (f)	Asia (f)	[ˈasia]
África (f)	África (f)	[ˈafrika]
Austrália (f)	Australia (f)	[ausˈtralia]
América (f)	América (f)	[aˈmerika]
América (f) do Norte	América (f) del Norte	[aˈmerika delʲ ˈnorte]
América (f) do Sul	América (f) del Sur	[aˈmerika delʲ ˈsur]
Antártida (f)	Antártida (f)	[anˈtartiða]
Ártico (m)	Ártico (m)	[ˈartiko]

197. Pontos cardeais

norte (m)	norte (m)	['norte]
para norte	al norte	[alʲ 'norte]
no norte	en el norte	[en elʲ 'norte]
do norte (adj)	del norte (adj)	[delʲ 'norte]
sul (m)	sur (m)	[sur]
para sul	al sur	[alʲ sur]
no sul	en el sur	[en elʲ sur]
do sul (adj)	del sur (adj)	[delʲ sur]
oeste, ocidente (m)	oeste (m)	[o'este]
para oeste	al oeste	[alʲ o'este]
no oeste	en el oeste	[en elʲ o'este]
ocidental (adj)	del oeste (adj)	[delʲ o'este]
leste, oriente (m)	este (m)	['este]
para leste	al este	[alʲ 'este]
no leste	en el este	[en elʲ 'este]
oriental (adj)	del este (adj)	[delʲ 'este]

198. Mar. Oceano

mar (m)	mar (m)	[mar]
oceano (m)	océano (m)	[o'θeano]
golfo (m)	golfo (m)	['golʲfo]
estreito (m)	estrecho (m)	[es'tretʃo]
terra (f) firme	tierra (f) firme	['tjera 'firme]
continente (m)	continente (m)	[konti'nente]
ilha (f)	isla (f)	['islʲa]
península (f)	peninsula (f)	[pe'ninsulʲa]
arquipélago (m)	archipiélago (m)	[artʃipi'elʲago]
baía (f)	bahía (f)	[ba'ia]
porto (m)	ensenada, bahía (f)	[ba'ia]
lagoa (f)	laguna (f)	[lʲa'guna]
cabo (m)	cabo (m)	['kaβo]
atol (m)	atolón (m)	[ato'lʲon]
recife (m)	arrecife (m)	[are'θife]
coral (m)	coral (m)	[ko'ralʲ]
recife (m) de coral	arrecife (m) de coral	[are'θife de ko'ralʲ]
profundo (adj)	profundo (adj)	[pro'fundo]
profundidade (f)	profundidad (f)	[profundi'ðað]
abismo (m)	abismo (m)	[a'βismo]
fossa (f) oceânica	fosa (f) oceánica	['fosa oθe'anika]
corrente (f)	corriente (f)	[ko'rjente]
banhar (vt)	bañar (vt)	[ba'njar]
litoral (m)	orilla (f)	[o'rija]

costa (f)	costa (f)	['kosta]
maré (f) alta	flujo (m)	['flʲuχo]
refluxo (m)	reflujo (m)	[re'flʲuχo]
restinga (f)	banco (m) de arena	['baŋko de a'rena]
fundo (m)	fondo (m)	['fondo]

onda (f)	ola (f)	['olʲa]
crista (f) da onda	cresta (f) de la ola	['kresta de lʲa 'olʲa]
espuma (f)	espuma (f)	[es'puma]

tempestade (f)	tempestad (f)	[tempes'tað]
furacão (m)	huracán (m)	[ura'kan]
tsunami (m)	tsunami (m)	[tsu'nami]
calmaria (f)	bonanza (f)	[bo'nanθa]
calmo (adj)	calmo, tranquilo (adj)	['kalʲmo], [traŋ'kilʲo]

polo (m)	polo (m)	['polʲo]
polar (adj)	polar (adj)	[po'lʲar]

latitude (f)	latitud (f)	[lʲati'tuð]
longitude (f)	longitud (f)	[lʲonχi'tuð]
paralela (f)	paralelo (m)	[para'lelʲo]
equador (m)	ecuador (m)	[ekua'ðor]

céu (m)	cielo (m)	['θjelʲo]
horizonte (m)	horizonte (m)	[ori'θonte]
ar (m)	aire (m)	['aire]

farol (m)	faro (m)	['faro]
mergulhar (vi)	bucear (vi)	[buθe'ar]
afundar-se (vr)	hundirse (vr)	[un'dirse]
tesouros (m pl)	tesoros (m pl)	[te'soros]

199. Nomes de Mares e Oceanos

Oceano (m) Atlântico	océano (m) Atlántico	[o'θeano at'lʲantiko]
Oceano (m) Índico	océano (m) Índico	[o'θeano 'indiko]
Oceano (m) Pacífico	océano (m) Pacífico	[o'θeano pa'sifiko]
Oceano (m) Ártico	océano (m) Glacial Ártico	[o'θeano glʲa'θjalʲ 'artiko]

Mar (m) Negro	mar (m) Negro	[mar 'neɣro]
Mar (m) Vermelho	mar (m) Rojo	[mar 'roχo]
Mar (m) Amarelo	mar (m) Amarillo	[mar ama'rijo]
Mar (m) Branco	mar (m) Blanco	[mar 'blʲaŋko]

Mar (m) Cáspio	mar (m) Caspio	[mar 'kaspio]
Mar (m) Morto	mar (m) Muerto	[mar mu'erto]
Mar (m) Mediterrâneo	mar (m) Mediterráneo	[mar meðite'raneo]

Mar (m) Egeu	mar (m) Egeo	[mar e'χeo]
Mar (m) Adriático	mar (m) Adriático	[mar aðri'atiko]

Mar (m) Arábico	mar (m) Arábigo	[mar a'raβigo]
Mar (m) do Japão	mar (m) del Japón	[mar delʲ χa'pon]

| Mar (m) de Bering | mar (m) de Bering | [mar de 'beriŋ] |
| Mar (m) da China Meridional | mar (m) de la China Meridional | [mar de lʲa 'ʃina meriðjo'nalʲ] |

Mar (m) de Coral	mar (m) del Coral	[mar delʲ ko'ralʲ]
Mar (m) de Tasman	mar (m) de Tasmania	[mar de tas'mania]
Mar (m) do Caribe	mar (m) Caribe	[mar kari'βe]

| Mar (m) de Barents | mar (m) de Barents | [mar de ba'rents] |
| Mar (m) de Kara | mar (m) de Kara | [mar de 'kara] |

Mar (m) do Norte	mar (m) del Norte	['mar delʲ 'norte]
Mar (m) Báltico	mar (m) Báltico	[mar 'baltiko]
Mar (m) da Noruega	mar (m) de Noruega	[mar de noru'ega]

200. Montanhas

montanha (f)	montaña (f)	[mon'tanja]
cordilheira (f)	cadena (f) de montañas	[ka'ðena de mon'tanjas]
serra (f)	cresta (f) de montañas	['kresta de mon'tanjas]

cume (m)	cima (f)	['θima]
pico (m)	pico (m)	['piko]
pé (m)	pie (m)	[pje]
declive (m)	cuesta (f)	[ku'esta]

vulcão (m)	volcán (m)	[bolʲ'kan]
vulcão (m) ativo	volcán (m) activo	[bolʲ'kan ak'tiβo]
vulcão (m) extinto	volcán (m) apagado	[bolʲ'kan apa'gaðo]

erupção (f)	erupción (f)	[erup'θjon]
cratera (f)	cráter (m)	['krater]
magma (m)	magma (m)	['maɣma]
lava (f)	lava (f)	['lʲaβa]
fundido (lava ~a)	fundido (adj)	[fun'diðo]

cânion, desfiladeiro (m)	cañón (m)	[ka'njon]
garganta (f)	desfiladero (m)	[desfilʲa'ðero]
fenda (f)	grieta (f)	[gri'eta]
precipício (m)	precipicio (m)	[preθi'piθio]

passo, colo (m)	puerto (m)	[pu'erto]
planalto (m)	meseta (f)	[me'seta]
falésia (f)	roca (f)	['roka]
colina (f)	colina (f)	[ko'lina]

geleira (f)	glaciar (m)	[glʲa'θjar]
cachoeira (f)	cascada (f)	[kas'kaða]
gêiser (m)	geiser (m)	['χejser]
lago (m)	lago (m)	['lʲago]

planície (f)	llanura (f)	[ja'nura]
paisagem (f)	paisaje (m)	[paj'saχe]
eco (m)	eco (m)	['eko]

alpinista (m)	alpinista (m)	[alˈpiˈnista]
escalador (m)	escalador (m)	[eskalˈaˈðor]
conquistar (vt)	conquistar (vt)	[koŋkisˈtar]
subida, escalada (f)	ascensión (f)	[aθenˈsjon]

201. Nomes de montanhas

Alpes (m pl)	Alpes (m pl)	[ˈalˈpes]
Monte Branco (m)	Montblanc (m)	[monˈblˈank]
Pirineus (m pl)	Pirineos (m pl)	[piriˈneos]
Cárpatos (m pl)	Cárpatos (m pl)	[ˈkarpatos]
Urais (m pl)	Urales (m pl)	[uˈrales]
Cáucaso (m)	Cáucaso (m)	[ˈkaukaso]
Elbrus (m)	Elbrus (m)	[ˈelˈβrus]
Altai (m)	Altai (m)	[alˈˈtaj]
Tian Shan (m)	Tian-Shan (m)	[ˈtjan ˈʃan]
Pamir (m)	Pamir (m)	[paˈmir]
Himalaia (m)	Himalayos (m pl)	[imaˈlˈajos]
monte Everest (m)	Everest (m)	[eβeˈrest]
Cordilheira (f) dos Andes	Andes (m pl)	[ˈandes]
Kilimanjaro (m)	Kilimanjaro (m)	[kilimanˈxaro]

202. Rios

rio (m)	río (m)	[ˈrio]
fonte, nascente (f)	manantial (m)	[mananˈtjalˈ]
leito (m) de rio	lecho (m)	[ˈletʃo]
bacia (f)	cuenca (f) fluvial	[kuˈeŋka flˈuˈβjalˈ]
desaguar no ...	desembocar en ...	[desemboˈkar en]
afluente (m)	afluente (m)	[aflˈuˈente]
margem (do rio)	orilla (f), ribera (f)	[oˈrija], [riˈβera]
corrente (f)	corriente (f)	[koˈrjente]
rio abaixo	río abajo (adv)	[ˈrio aˈβaχo]
rio acima	río arriba (adv)	[ˈrio aˈriβa]
inundação (f)	inundación (f)	[inundaˈθjon]
cheia (f)	riada (f)	[ˈrjaða]
transbordar (vi)	desbordarse (vr)	[desβorˈðarse]
inundar (vt)	inundar (vt)	[inunˈdar]
banco (m) de areia	bajo (m) arenoso	[ˈbaχo areˈnoso]
corredeira (f)	rápido (m)	[ˈrapiðo]
barragem (f)	presa (f)	[ˈpresa]
canal (m)	canal (m)	[kaˈnalˈ]
reservatório (m) de água	lago (m) artificiale	[ˈlˈago artifiˈθjale]
eclusa (f)	esclusa (f)	[esˈklˈusa]

corpo (m) de água	cuerpo (m) de agua	[ku'erpo de 'agua]
pântano (m)	pantano (m)	[pan'tano]
lamaçal (m)	ciénaga (f)	['θjenaga]
redemoinho (m)	remolino (m)	[remo'lino]
riacho (m)	arroyo (m)	[a'rojo]
potável (adj)	potable (adj)	[po'taβle]
doce (água)	dulce (adj)	['dulʲθe]
gelo (m)	hielo (m)	['jelʲo]
congelar-se (vr)	helarse (vr)	[e'lʲarse]

203. Nomes de rios

rio Sena (m)	Sena (m)	['sena]
rio Loire (m)	Loira (m)	['lʲojra]
rio Tâmisa (m)	Támesis (m)	['tamesis]
rio Reno (m)	Rin (m)	[rin]
rio Danúbio (m)	Danubio (m)	[da'nuβio]
rio Volga (m)	Volga (m)	['bolʲga]
rio Don (m)	Don (m)	[don]
rio Lena (m)	Lena (m)	['lena]
rio Amarelo (m)	Río (m) Amarillo	['rio ama'rijo]
rio Yangtzé (m)	Río (m) Azul	['rio a'θulʲ]
rio Mekong (m)	Mekong (m)	[me'kong]
rio Ganges (m)	Ganges (m)	['ganges]
rio Nilo (m)	Nilo (m)	['nilʲo]
rio Congo (m)	Congo (m)	['kongo]
rio Cubango (m)	Okavango (m)	[oka'βango]
rio Zambeze (m)	Zambeze (m)	[sam'beθe]
rio Limpopo (m)	Limpopo (m)	[limpo'po]
rio Mississippi (m)	Misisipi (m)	[misi'sipi]

204. Floresta

floresta (f), bosque (m)	bosque (m)	['boske]
florestal (adj)	de bosque (adj)	[de 'boske]
mata (f) fechada	espesura (f)	[espe'sura]
arvoredo (m)	bosquecillo (m)	[bokse'θijo]
clareira (f)	claro (m)	['klʲaro]
matagal (m)	maleza (f)	[ma'leθa]
mato (m), caatinga (f)	matorral (m)	[mato'ralʲ]
pequena trilha (f)	senda (f)	['senda]
ravina (f)	barranco (m)	[ba'raŋko]
árvore (f)	árbol (m)	['arβolʲ]

| folha (f) | hoja (f) | ['oχa] |
| folhagem (f) | follaje (m) | [fo'jaχe] |

queda (f) das folhas	caída (f) de hojas	[ka'iða de 'oχas]
cair (vi)	caer (vi)	[ka'er]
topo (m)	cima (f)	['θima]

ramo (m)	rama (f)	['rama]
galho (m)	rama (f)	['rama]
botão (m)	brote (m)	['brote]
agulha (f)	aguja (f)	[a'guχa]
pinha (f)	piña (f)	['pinja]

| buraco (m) de árvore | agujero (m) | [agu'χero] |
| ninho (m) | nido (m) | ['niðo] |

tronco (m)	tronco (m)	['troŋko]
raiz (f)	raíz (f)	[ra'iθ]
casca (f) de árvore	corteza (f)	[kor'teθa]
musgo (m)	musgo (m)	['musgo]

arrancar pela raiz	extirpar (vt)	[estir'par]
cortar (vt)	talar (vt)	[ta'ʎar]
desflorestar (vt)	deforestar (vt)	[defores'tar]
toco, cepo (m)	tocón (m)	[to'kon]

fogueira (f)	hoguera (f)	[o'gera]
incêndio (m) florestal	incendio (m) forestal	[in'θendjo fores'talʲ]
apagar (vt)	apagar (vt)	[apa'gar]

guarda-parque (m)	guarda (m) forestal	[gu'arða fores'talʲ]
proteção (f)	protección (f)	[protek'θjon]
proteger (a natureza)	proteger (vt)	[prote'χer]
caçador (m) furtivo	cazador (m) furtivo	[kaθa'ðor fur'tiβo]
armadilha (f)	cepo (m)	['θepo]

| colher (cogumelos, bagas) | recoger (vt) | [reko'χer] |
| perder-se (vr) | perderse (vr) | [per'ðerse] |

205. Recursos naturais

recursos (m pl) naturais	recursos (m pl) naturales	[re'kursos natu'rales]
minerais (m pl)	recursos (m pl) subterráneos	[re'kursos suβte'raneos]
depósitos (m pl)	depósitos (m pl)	[de'positos]
jazida (f)	yacimiento (m)	[jaθi'mjento]

extrair (vt)	extraer (vt)	[ekstra'er]
extração (f)	extracción (f)	[ekstrak'θjon]
minério (m)	mena (f)	['mena]
mina (f)	mina (f)	['mina]
poço (m) de mina	pozo (m) de mina	['poθo de 'mina]
mineiro (m)	minero (m)	[mi'nero]
gás (m)	gas (m)	[gas]
gasoduto (m)	gasoducto (m)	[gaso'ðukto]

petróleo (m)	**petróleo** (m)	[pe'troleo]
oleoduto (m)	**oleoducto** (m)	[oleo'ðukto]
poço (m) de petróleo	**pozo** (m) **de petróleo**	['poθo de pe'troleo]
torre (f) petrolífera	**torre** (f) **de sondeo**	['tore de son'deo]
petroleiro (m)	**petrolero** (m)	[petro'lero]
areia (f)	**arena** (f)	[a'rena]
calcário (m)	**caliza** (f)	[ka'liθa]
cascalho (m)	**grava** (f)	['graβa]
turfa (f)	**turba** (f)	['turβa]
argila (f)	**arcilla** (f)	[ar'θija]
carvão (m)	**carbón** (m)	[kar'βon]
ferro (m)	**hierro** (m)	['jero]
ouro (m)	**oro** (m)	['oro]
prata (f)	**plata** (f)	['plʲata]
níquel (m)	**níquel** (m)	['nikelʲ]
cobre (m)	**cobre** (m)	['koβre]
zinco (m)	**zinc** (m)	[θiŋk]
manganês (m)	**manganeso** (m)	[manga'neso]
mercúrio (m)	**mercurio** (m)	[mer'kurio]
chumbo (m)	**plomo** (m)	['plʲomo]
mineral (m)	**mineral** (m)	[mine'ralʲ]
cristal (m)	**cristal** (m)	[kris'talʲ]
mármore (m)	**mármol** (m)	['marmolʲ]
urânio (m)	**uranio** (m)	[u'ranio]

A Terra. Parte 2

tempo (m)	tiempo (m)	['tjempo]
previsão (f) do tempo	previsión (f) del tiempo	[preβi'sjon delʲ 'tjempo]
temperatura (f)	temperatura (f)	[tempera'tura]
termômetro (m)	termómetro (m)	[ter'mometro]
barômetro (m)	barómetro (m)	[ba'rometro]
úmido (adj)	húmedo (adj)	['umeðo]
umidade (f)	humedad (f)	[ume'ðað]
calor (m)	bochorno (m)	[bo'ʧorno]
tórrido (adj)	tórrido (adj)	['toriðo]
está muito calor	hace mucho calor	['aθe 'muʧo ka'lʲor]
está calor	hace calor	['aθe ka'lʲor]
quente (morno)	templado (adj)	[tem'plʲaðo]
está frio	hace frío	['aθe 'frio]
frio (adj)	frío (adj)	['frio]
sol (m)	sol (m)	[solʲ]
brilhar (vi)	brillar (vi)	[bri'jar]
de sol, ensolarado	soleado (adj)	[sole'aðo]
nascer (vi)	elevarse (vr)	[ele'βarse]
pôr-se (vr)	ponerse (vr)	[po'nerse]
nuvem (f)	nube (f)	['nuβe]
nublado (adj)	nuboso (adj)	[nu'βoso]
nuvem (f) preta	nubarrón (m)	[nuβa'ron]
escuro, cinzento (adj)	nublado (adj)	[nu'βlʲaðo]
chuva (f)	lluvia (f)	['juβia]
está a chover	está lloviendo	[es'ta jo'βjendo]
chuvoso (adj)	lluvioso (adj)	[juβi'oso]
chuviscar (vi)	lloviznar (vi)	[joβiθ'nar]
chuva (f) torrencial	aguacero (m)	[agua'θero]
aguaceiro (m)	chaparrón (m)	[ʧapa'ron]
forte (chuva, etc.)	fuerte (adj)	[fu'erte]
poça (f)	charco (m)	['ʧarko]
molhar-se (vr)	mojarse (vr)	[mo'xarse]
nevoeiro (m)	niebla (f)	['njeβlʲa]
de nevoeiro	nebuloso (adj)	[neβu'lʲoso]
neve (f)	nieve (f)	['njeβe]
está nevando	está nevando	[es'ta ne'βando]

207. Tempo extremo. Catástrofes naturais

trovoada (f)	tormenta (f)	[tor'menta]
relâmpago (m)	relámpago (m)	[re'lʲampago]
relampejar (vi)	relampaguear (vi)	[relʲampage'ar]
trovão (m)	trueno (m)	[tru'eno]
trovejar (vi)	tronar (vi)	[tro'nar]
está trovejando	está tronando	[es'ta tro'nando]
granizo (m)	granizo (m)	[gra'niθo]
está caindo granizo	está granizando	[es'ta grani'θando]
inundar (vt)	inundar (vt)	[inun'dar]
inundação (f)	inundación (f)	[inunda'θjon]
terremoto (m)	terremoto (m)	[tere'moto]
abalo, tremor (m)	sacudida (f)	[saku'ðiða]
epicentro (m)	epicentro (m)	[epi'θentro]
erupção (f)	erupción (f)	[erup'θjon]
lava (f)	lava (f)	['lʲaβa]
tornado (m)	torbellino (m)	[torβe'jino]
tornado (m)	tornado (m)	[tor'naðo]
tufão (m)	tifón (m)	[ti'fon]
furacão (m)	huracán (m)	[ura'kan]
tempestade (f)	tempestad (f)	[tempes'tað]
tsunami (m)	tsunami (m)	[tsu'nami]
ciclone (m)	ciclón (m)	[θik'lʲon]
mau tempo (m)	mal tiempo (m)	[malʲ 'tjempo]
incêndio (m)	incendio (m)	[in'θendio]
catástrofe (f)	catástrofe (f)	[ka'tastrofe]
meteorito (m)	meteorito (m)	[meteo'rito]
avalanche (f)	avalancha (f)	[aβa'lʲantʃa]
deslizamento (m) de neve	alud (m) de nieve	[alʲuð de 'njeβe]
nevasca (f)	ventisca (f)	[ben'tiska]
tempestade (f) de neve	nevasca (f)	[ne'βaska]

208. Ruídos. Sons

silêncio (m)	silencio (m)	[si'lenθio]
som (m)	sonido (m)	[so'niðo]
ruído, barulho (m)	ruido (m)	[ru'iðo]
fazer barulho	hacer ruido	[a'θer ru'iðo]
ruidoso, barulhento (adj)	ruidoso (adj)	[rui'ðoso]
alto	alto (adv)	['alʲto]
alto (ex. voz ~a)	fuerte (adj)	[fu'erte]
constante (ruído, etc.)	constante (adj)	[kons'tante]

grito (m)	grito (m)	['grito]
gritar (vi)	gritar (vi)	[gri'tar]
sussurro (m)	susurro (m)	[su'suro]
sussurrar (vi, vt)	susurrar (vi, vt)	[susu'rar]

| latido (m) | ladrido (m) | [ˡⁱa'ðriðo] |
| latir (vi) | ladrar (vi) | [ˡⁱa'ðrar] |

gemido (m)	gemido (m)	[χe'miðo]
gemer (vi)	gemir (vi)	[χe'mir]
tosse (f)	tos (f)	[tos]
tossir (vi)	toser (vi)	[to'ser]

assobio (m)	silbido (m)	[silˡⁱ'βiðo]
assobiar (vi)	silbar (vi)	[silˡⁱ'βar]
batida (f)	toque (m) en la puerta	['toke en ˡⁱa pu'erta]
bater (à porta)	golpear (vt)	[golˡⁱpe'ar]

| estalar (vi) | crepitar (vi) | [krepi'tar] |
| estalido (m) | crepitación (f) | [krepita'θjon] |

sirene (f)	sirena (f)	[si'rena]
apito (m)	pito (m)	['pito]
apitar (vi)	pitar (vi)	[pi'tar]
buzina (f)	bocinazo (m)	[boθi'naθo]
buzinar (vi)	tocar la bocina	[to'kar ˡⁱa bo'θina]

209. Inverno

inverno (m)	invierno (m)	[im'bjerno]
de inverno	de invierno (adj)	[de im'bjerno]
no inverno	en invierno	[en im'bjerno]

neve (f)	nieve (f)	['njeβe]
está nevando	está nevando	[es'ta ne'βando]
queda (f) de neve	nevada (f)	[ne'βaða]
amontoado (m) de neve	montón (m) de nieve	[mon'ton de 'njeβe]

floco (m) de neve	copo (m) de nieve	['kopo de 'njeβe]
bola (f) de neve	bola (f) de nieve	['bolˡⁱa de 'njeβe]
boneco (m) de neve	monigote (m) de nieve	[moni'gote de 'njeβe]
sincelo (m)	carámbano (m)	[ka'rambano]

dezembro (m)	diciembre (m)	[di'θjembre]
janeiro (m)	enero (m)	[e'nero]
fevereiro (m)	febrero (m)	[fe'βrero]

| gelo (m) | helada (f) | [e'lˡⁱaða] |
| gelado (tempo ~) | helado (adj) | [e'lˡⁱaðo] |

abaixo de zero	bajo cero (adv)	['baχo 'θero]
primeira geada (f)	primeras heladas (f pl)	[pri'meras e'lˡⁱaðas]
geada (f) branca	escarcha (f)	[es'kartʃa]
frio (m)	frío (m)	['frio]

está frio	hace frío	['aθe 'frio]
casaco (m) de pele	abrigo (m) de piel	[a'βrigo de pjelʲ]
mitenes (f pl)	manoplas (f pl)	[ma'noplʲas]

adoecer (vi)	enfermarse (vr)	[eɱfer'marse]
resfriado (m)	resfriado (m)	[resfri'aðo]
ficar resfriado	resfriarse (vr)	[resfri'arse]

gelo (m)	hielo (m)	['jelʲo]
gelo (m) na estrada	hielo (m) negro	['jelʲo 'neɣro]
congelar-se (vr)	helarse (vr)	[e'lʲarse]
bloco (m) de gelo	bloque (m) de hielo	['blʲoke de 'jelʲo]

esqui (m)	esquís (m pl)	[es'kis]
esquiador (m)	esquiador (m)	[eskja'ðor]
esquiar (vi)	esquiar (vi)	[es'kjar]
patinar (vi)	patinar (vi)	[pati'nar]

Fauna

predador (m)	carnívoro (m)	[kar'niβoro]
tigre (m)	tigre (m)	['tiɣre]
leão (m)	león (m)	[le'on]
lobo (m)	lobo (m)	['lʲoβo]
raposa (f)	zorro (m)	['θoro]
jaguar (m)	jaguar (m)	[χagu'ar]
leopardo (m)	leopardo (m)	[leo'parðo]
chita (f)	guepardo (m)	[ge'parðo]
pantera (f)	pantera (f)	[pan'tera]
puma (m)	puma (f)	['puma]
leopardo-das-neves (m)	leopardo (m) de las nieves	[leo'parðo de lʲas 'njeβes]
lince (m)	lince (m)	['linθe]
coiote (m)	coyote (m)	[ko'jote]
chacal (m)	chacal (m)	[ʧa'kalʲ]
hiena (f)	hiena (f)	['jena]

animal (m)	animal (m)	[ani'malʲ]
besta (f)	bestia (f)	['bestia]
esquilo (m)	ardilla (f)	[ar'ðija]
ouriço (m)	erizo (m)	[e'riθo]
lebre (f)	liebre (f)	['lʲjeβre]
coelho (m)	conejo (m)	[ko'neχo]
texugo (m)	tejón (m)	[te'χon]
guaxinim (m)	mapache (m)	[ma'paʧe]
hamster (m)	hámster (m)	['χamster]
marmota (f)	marmota (f)	[mar'mota]
toupeira (f)	topo (m)	['topo]
rato (m)	ratón (m)	[ra'ton]
ratazana (f)	rata (f)	['rata]
morcego (m)	murciélago (m)	[mur'θjelʲago]
arminho (m)	armiño (m)	[ar'minjo]
zibelina (f)	cebellina (f)	[θeβe'jina]
marta (f)	marta (f)	['marta]
doninha (f)	comadreja (f)	[koma'ðreχa]
visom (m)	visón (m)	[bi'son]

| castor (m) | castor (m) | [kas'tor] |
| lontra (f) | nutria (f) | ['nutria] |

cavalo (m)	caballo (m)	[ka'βajo]
alce (m)	alce (m)	['alʲθe]
veado (m)	ciervo (m)	['θjerβo]
camelo (m)	camello (m)	[ka'mejo]

bisão (m)	bisonte (m)	[bi'sonte]
auroque (m)	uro (m)	['uro]
búfalo (m)	búfalo (m)	['bufalʲo]

zebra (f)	cebra (f)	['θeβra]
antílope (m)	antílope (m)	[an'tilʲope]
corça (f)	corzo (m)	['korθo]
gamo (m)	gamo (m)	['gamo]
camurça (f)	gamuza (f)	[ga'muθa]
javali (m)	jabalí (m)	[χaβa'li]

baleia (f)	ballena (f)	[ba'jena]
foca (f)	foca (f)	['foka]
morsa (f)	morsa (f)	['morsa]
urso-marinho (m)	oso (m) marino	['oso ma'rino]
golfinho (m)	delfín (m)	[delʲ'fin]

urso (m)	oso (m)	['oso]
urso (m) polar	oso (m) blanco	['oso 'blʲaŋko]
panda (m)	panda (f)	['panda]

macaco (m)	mono (m)	['mono]
chimpanzé (m)	chimpancé (m)	[ʧimpan'se]
orangotango (m)	orangután (m)	[orangu'tan]
gorila (m)	gorila (m)	[go'rilʲa]
macaco (m)	macaco (m)	[ma'kako]
gibão (m)	gibón (m)	[χi'βon]

elefante (m)	elefante (m)	[ele'fante]
rinoceronte (m)	rinoceronte (m)	[rinoθe'ronte]
girafa (f)	jirafa (f)	[χi'rafa]
hipopótamo (m)	hipopótamo (m)	[ipo'potamo]

| canguru (m) | canguro (m) | [kan'guro] |
| coala (m) | koala (f) | [ko'alʲa] |

mangusto (m)	mangosta (f)	[man'gosta]
chinchila (f)	chinchilla (f)	[ʧin'ʧija]
cangambá (f)	mofeta (f)	[mo'feta]
porco-espinho (m)	espín (m)	[es'pin]

212. Animais domésticos

gata (f)	gata (f)	['gata]
gato (m) macho	gato (m)	['gato]
cão (m)	perro (m)	['pero]

cavalo (m)	caballo (m)	[ka'βajo]
garanhão (m)	garañón (m)	[gara'njon]
égua (f)	yegua (f)	['jegua]

vaca (f)	vaca (f)	['baka]
touro (m)	toro (m)	['toro]
boi (m)	buey (m)	[bu'ej]

ovelha (f)	oveja (f)	[o'βeχa]
carneiro (m)	carnero (m)	[kar'nero]
cabra (f)	cabra (f)	['kaβra]
bode (m)	cabrón (m)	[ka'βron]

burro (m)	asno (m)	['asno]
mula (f)	mulo (m)	['mulʲo]

porco (m)	cerdo (m)	['θerðo]
leitão (m)	cerdito (m)	[θer'ðito]
coelho (m)	conejo (m)	[ko'neχo]

galinha (f)	gallina (f)	[ga'jina]
galo (m)	gallo (m)	['gajo]

pata (f), pato (m)	pato (m)	['pato]
pato (m)	ánade (m)	['anaðe]
ganso (m)	ganso (m)	['ganso]

peru (m)	pavo (m)	['paβo]
perua (f)	pava (f)	['paβa]

animais (m pl) domésticos	animales (m pl) domésticos	[ani'males do'mestikos]
domesticado (adj)	domesticado (adj)	[domesti'kaðo]
domesticar (vt)	domesticar (vt)	[domesti'kar]
criar (vt)	criar (vt)	[kri'ar]

fazenda (f)	granja (f)	['granχa]
aves (f pl) domésticas	aves (f pl) de corral	['aβes de ko'ralʲ]
gado (m)	ganado (m)	[ga'njaðo]
rebanho (m), manada (f)	rebaño (m)	[re'βanjo]

estábulo (m)	caballeriza (f)	[kaβaje'riθa]
chiqueiro (m)	porqueriza (f)	[porke'riθa]
estábulo (m)	vaquería (f)	[bake'ria]
coelheira (f)	conejal (m)	[kone'χalʲ]
galinheiro (m)	gallinero (m)	[gaji'nero]

213. Cães. Raças de cães

cão (m)	perro (m)	['pero]
cão pastor (m)	perro (m) pastor	['pero pas'tor]
pastor-alemão (m)	pastor (m) alemán	[pas'tor ale'man]
poodle (m)	caniche (m)	[ka'nitʃe]
linguicinha (m)	teckel (m)	['tekelʲ]
buldogue (m)	bulldog (m)	[bulʲ'ðog]

boxer (m)	bóxer (m)	['bokser]
mastim (m)	mastín (m) inglés	[mas'tin in'gles]
rottweiler (m)	rottweiler (m)	[rot'bajler]
dóberman (m)	doberman (m)	['doβerman]
basset (m)	basset hound (m)	['baset 'χaund]
pastor inglês (m)	bobtail (m)	[boβ'tajlʲ]
dálmata (m)	dálmata (m)	['dalʲmata]
cocker spaniel (m)	cocker spaniel (m)	['koker spa'njelʲ]
terra-nova (m)	terranova (m)	[tera'noβa]
são-bernardo (m)	san bernardo (m)	[san ber'narðo]
husky (m) siberiano	husky (m)	['χaski]
Chow-chow (m)	chow chow (m)	['ʧow 'ʧow]
spitz alemão (m)	pomerania (m)	[pome'rania]
pug (m)	pug (m), carlino (m)	[pug], [kar'lino]

214. Sons produzidos pelos animais

latido (m)	ladrido (m)	[lʲa'ðriðo]
latir (vi)	ladrar (vi)	[lʲa'ðrar]
miar (vi)	maullar (vi)	[mau'jar]
ronronar (vi)	ronronear (vi)	[ronrone'ar]
mugir (vaca)	mugir (vi)	[mu'χir]
bramir (touro)	bramar (vi)	[bra'mar]
rosnar (vi)	rugir (vi)	[ru'χir]
uivo (m)	aullido (m)	[au'jiðo]
uivar (vi)	aullar (vi)	[au'jar]
ganir (vi)	gañir (vi)	[ga'njir]
balir (vi)	balar (vi)	[ba'lʲar]
grunhir (vi)	gruñir (vi)	[gru'njir]
guinchar (vi)	chillar (vi)	[ʧi'jar]
coaxar (sapo)	croar (vi)	[kro'ar]
zumbir (inseto)	zumbar (vi)	[θum'bar]
ziziar (vi)	chirriar (vi)	[ʧi'rjar]

215. Animais jovens

cria (f), filhote (m)	cría (f)	['kria]
gatinho (m)	gatito (m)	[ga'tito]
ratinho (m)	ratoncillo (m)	[raton'θijo]
cachorro (m)	cachorro (m)	[ka'ʧoro]
filhote (m) de lebre	lebrato (m)	[le'βrato]
coelhinho (m)	gazapo (m)	[ga'θapo]
lobinho (m)	lobato (m)	[lʲo'βato]
filhote (m) de raposa	cachorro (m) de zorro	[ka'ʧoro de 'θoro]

filhote (m) de urso	osito (m)	[o'sito]
filhote (m) de leão	cachorro (m) de león	[ka'tʃoro de le'on]
filhote (m) de tigre	cachorro (m) de tigre	[ka'tʃoro de 'tiɣre]
filhote (m) de elefante	elefante bebé (m)	[ele'fante be'βe]

leitão (m)	cerdito (m)	[θer'ðito]
bezerro (m)	ternero (m)	[ter'nero]
cabrito (m)	cabrito (m)	[ka'βrito]
cordeiro (m)	cordero (m)	[kor'ðero]
filhote (m) de veado	cervato (m)	[θer'βato]
cria (f) de camelo	cría (f) de camello	['kria de ka'mejo]

| filhote (m) de serpente | serpiente (f) joven | [ser'pjente 'χoβen] |
| filhote (m) de rã | rana (f) juvenil | ['rana χuβe'nilʲ] |

cria (f) de ave	polluelo (m)	[polju'elʲo]
pinto (m)	pollito (m)	[po'jito]
patinho (m)	patito (m)	[pa'tito]

216. Pássaros

pássaro (m), ave (f)	pájaro (m)	['paχaro]
pombo (m)	paloma (f)	[pa'lʲoma]
pardal (m)	gorrión (m)	[gori'jon]
chapim-real (m)	carbonero (m)	[karβo'nero]
pega-rabuda (f)	urraca (f)	[u'raka]

corvo (m)	cuervo (m)	[ku'erβo]
gralha-cinzenta (f)	corneja (f)	[kor'neχa]
gralha-de-nuca-cinzenta (f)	chova (f)	['tʃoβa]
gralha-calva (f)	grajo (m)	['graχo]

pato (m)	pato (m)	['pato]
ganso (m)	ganso (m)	['ganso]
faisão (m)	faisán (m)	[faj'san]

águia (f)	águila (f)	['agilʲa]
açor (m)	azor (m)	[a'θor]
falcão (m)	halcón (m)	[alʲ'kon]
abutre (m)	buitre (m)	[bu'itre]
condor (m)	cóndor (m)	['kondor]

cisne (m)	cisne (m)	['θisne]
grou (m)	grulla (f)	['gruja]
cegonha (f)	cigüeña (f)	[θiɣu'enja]

papagaio (m)	loro (m), papagayo (m)	['lʲoro], [papa'gajo]
beija-flor (m)	colibrí (m)	[koli'βri]
pavão (m)	pavo (m) real	['paβo re'alʲ]

avestruz (m)	avestruz (m)	[aβes'truθ]
garça (f)	garza (f)	['garθa]
flamingo (m)	flamenco (m)	[flʲa'meŋko]
pelicano (m)	pelícano (m)	[pe'likano]

rouxinol (m)	**ruiseñor** (m)	[ruise'njor]
andorinha (f)	**golondrina** (f)	[golʲon'drina]
tordo-zornal (m)	**tordo** (m)	['torðo]
tordo-músico (m)	**zorzal** (m)	[θor'θalʲ]
melro-preto (m)	**mirlo** (m)	['mirlʲo]
andorinhão (m)	**vencejo** (m)	[ben'θeχo]
cotovia (f)	**alondra** (f)	[a'lʲondra]
codorna (f)	**codorniz** (f)	[koðor'niθ]
pica-pau (m)	**pájaro carpintero** (m)	['paχaro karpin'tero]
cuco (m)	**cuco** (m)	['kuko]
coruja (f)	**lechuza** (f)	[le'tʃuθa]
bufo-real (m)	**búho** (m)	['buo]
tetraz-grande (m)	**urogallo** (m)	[uro'gajo]
tetraz-lira (m)	**gallo lira** (m)	['gajo 'lira]
perdiz-cinzenta (f)	**perdiz** (f)	[per'ðiθ]
estorninho (m)	**estornino** (m)	[estor'nino]
canário (m)	**canario** (m)	[ka'nario]
galinha-do-mato (f)	**ortega** (f)	[or'tega]
tentilhão (m)	**pinzón** (m)	[pin'θon]
dom-fafe (m)	**camachuelo** (m)	[kamatʃu'elʲo]
gaivota (f)	**gaviota** (f)	[ga'βjota]
albatroz (m)	**albatros** (m)	[alʲ'βatros]
pinguim (m)	**pingüino** (m)	[pingu'ino]

217. Pássaros. Canto e sons

cantar (vi)	**cantar** (vi)	[kan'tar]
gritar, chamar (vi)	**gritar, llamar** (vi)	[gri'tar], [ja'mar]
cantar (o galo)	**cantar** (vi)	[kan'tar]
cocorocó (m)	**quiquiriquí** (m)	[kikiri'ki]
cacarejar (vi)	**cloquear** (vi)	[klʲoke'ar]
crocitar (vi)	**graznar** (vi)	[graθ'nar]
grasnar (vi)	**graznar, parpar** (vi)	[graθ'nar], [par'par]
piar (vi)	**piar** (vi)	[pjar]
chilrear, gorjear (vi)	**gorjear** (vi)	[gorχe'ar]

218. Peixes. Animais marinhos

brema (f)	**brema** (f)	['brema]
carpa (f)	**carpa** (f)	['karpa]
perca (f)	**perca** (f)	['perka]
siluro (m)	**siluro** (m)	[si'lʲuro]
lúcio (m)	**lucio** (m)	['lʲuθio]
salmão (m)	**salmón** (m)	[salʲ'mon]
esturjão (m)	**esturión** (m)	[estu'rjon]

arenque (m)	arenque (m)	[a'reŋke]
salmão (m) do Atlântico	salmón (m) del Atlántico	[salʲ'mon delʲ at'lʲantiko]
cavala, sarda (f)	caballa (f)	[ka'βaja]
solha (f), linguado (m)	lenguado (m)	[lengu'aðo]
lúcio perca (m)	lucioperca (f)	[lʲuθjo'perka]
bacalhau (m)	bacalao (m)	[baka'lʲao]
atum (m)	atún (m)	[a'tun]
truta (f)	trucha (f)	['trutʃa]
enguia (f)	anguila (f)	[an'gilʲa]
raia (f) elétrica	raya (f) eléctrica	['raja e'lektrika]
moreia (f)	morena (f)	[mo'rena]
piranha (f)	piraña (f)	[pi'ranja]
tubarão (m)	tiburón (m)	[tiβu'ron]
golfinho (m)	delfín (m)	[delʲ'fin]
baleia (f)	ballena (f)	[ba'jena]
caranguejo (m)	centolla (f)	[θen'toja]
água-viva (f)	medusa (f)	[me'ðusa]
polvo (m)	pulpo (m)	['pulʲpo]
estrela-do-mar (f)	estrella (f) de mar	[es'treja de mar]
ouriço-do-mar (m)	erizo (m) de mar	[e'riθo de mar]
cavalo-marinho (m)	caballito (m) de mar	[kaβa'jito de mar]
ostra (f)	ostra (f)	['ostra]
camarão (m)	camarón (m)	[kama'ron]
lagosta (f)	bogavante (m)	[boga'βante]
lagosta (f)	langosta (f)	[lʲan'gosta]

219. Anfíbios. Répteis

cobra (f)	serpiente (f)	[ser'pjente]
venenoso (adj)	venenoso (adj)	[bene'noso]
víbora (f)	víbora (f)	['biβora]
naja (f)	cobra (f)	['koβra]
píton (m)	pitón (m)	[pi'ton]
jiboia (f)	boa (f)	['boa]
cobra-de-água (f)	culebra (f)	[ku'leβra]
cascavel (f)	serpiente (m) de cascabel	[ser'pjente de kaska'βelʲ]
anaconda (f)	anaconda (f)	[ana'konda]
lagarto (m)	lagarto (m)	[lʲa'garto]
iguana (f)	iguana (f)	[igu'ana]
varano (m)	varano (m)	[ba'rano]
salamandra (f)	salamandra (f)	[salʲa'mandra]
camaleão (m)	camaleón (m)	[kamale'on]
escorpião (m)	escorpión (m)	[eskorpi'on]
tartaruga (f)	tortuga (f)	[tor'tuga]
rã (f)	rana (f)	['rana]

| sapo (m) | sapo (m) | ['sapo] |
| crocodilo (m) | cocodrilo (m) | [koko'ðriلّo] |

220. Insetos

inseto (m)	insecto (m)	[in'sekto]
borboleta (f)	mariposa (f)	[mari'posa]
formiga (f)	hormiga (f)	[or'miga]
mosca (f)	mosca (f)	['moska]
mosquito (m)	mosquito (m)	[mos'kito]
escaravelho (m)	escarabajo (m)	[eskara'βaχo]

vespa (f)	avispa (f)	[a'βispa]
abelha (f)	abeja (f)	[a'βeχa]
mamangaba (f)	abejorro (m)	[aβe'χoro]
moscardo (m)	moscardón (m)	[moskar'ðon]

| aranha (f) | araña (f) | [a'ranja] |
| teia (f) de aranha | telaraña (f) | [telّa'ranja] |

libélula (f)	libélula (f)	[li'βelّulّa]
gafanhoto (m)	saltamontes (m)	[salّta'montes]
traça (f)	mariposa (f) nocturna	[mari'posa nok'turna]

barata (f)	cucaracha (f)	[kuka'ratʃa]
carrapato (m)	garrapata (f)	[gara'pata]
pulga (f)	pulga (f)	['pulّga]
borrachudo (m)	mosca (f) negra	['moska 'neγra]

gafanhoto (m)	langosta (f)	[lّan'gosta]
caracol (m)	caracol (m)	[kara'kolّ]
grilo (m)	grillo (m)	['grijo]
pirilampo, vaga-lume (m)	luciérnaga (f)	[lّu'θjernaga]
joaninha (f)	mariquita (f)	[mari'kita]
besouro (m)	sanjuanero (m)	[sanχwa'nero]

sanguessuga (f)	sanguijuela (f)	[sangiχu'elّa]
lagarta (f)	oruga (f)	[o'ruga]
minhoca (f)	lombriz (m) de tierra	[lom'briθ de 'tjera]
larva (f)	larva (f)	['lّarβa]

221. Animais. Partes do corpo

bico (m)	pico (m)	['piko]
asas (f pl)	alas (f pl)	['alّas]
pata (f)	pata (f)	['pata]
plumagem (f)	plumaje (m)	[plّu'maχe]
pena, pluma (f)	pluma (f)	['plّuma]
crista (f)	penacho (m)	[pe'natʃo]

| brânquias, guelras (f pl) | branquias (f pl) | ['braŋkjas] |
| ovas (f pl) | huevas (f pl) | [u'eβas] |

larva (f)	larva (f)	['lʲarβa]
barbatana (f)	aleta (f)	[a'leta]
escama (f)	escamas (f pl)	[es'kamas]

presa (f)	colmillo (m)	[kolʲ'mijo]
pata (f)	garra (f), pata (f)	['gara], ['pata]
focinho (m)	hocico (m)	[o'θiko]
boca (f)	boca (f)	['boka]
cauda (f), rabo (m)	cola (f)	['kolʲa]
bigodes (m pl)	bigotes (m pl)	[bi'gotes]

| casco (m) | casco (m) | ['kasko] |
| corno (m) | cuerno (m) | [ku'erno] |

carapaça (f)	caparazón (m)	[kapara'θon]
concha (f)	concha (f)	['kontʃa]
casca (f) de ovo	cáscara (f)	['kaskara]

| pelo (m) | pelo (m) | ['pelʲo] |
| pele (f), couro (m) | piel (f) | [pjelʲ] |

222. Ações dos animais

| voar (vi) | volar (vi) | [bo'lʲar] |
| dar voltas | dar vueltas | [dar bu'elʲtas] |

| voar (para longe) | echar a volar | [e'tʃar a bo'lʲar] |
| bater as asas | batir las alas | [ba'tir lʲas 'alʲas] |

| bicar (vi) | picotear (vt) | [pikote'ar] |
| incubar (vt) | empollar (vt) | [empo'jar] |

| sair do ovo | salir del cascarón | [sa'lir delʲ kaska'ron] |
| fazer o ninho | hacer el nido | [a'θer elʲ 'niðo] |

rastejar (vi)	reptar (vi)	[rep'tar]
picar (vt)	picar (vt)	[pi'kar]
morder (cachorro, etc.)	morder (vt)	[mor'ðer]

cheirar (vt)	olfatear (vt)	[oflʲate'ar]
latir (vi)	ladrar (vi)	[lʲa'ðrar]
silvar (vi)	sisear (vi)	[sise'ar]

| assustar (vt) | asustar (vt) | [asus'tar] |
| atacar (vt) | atacar (vt) | [ata'kar] |

roer (vt)	roer (vt)	[ro'er]
arranhar (vt)	arañar (vt)	[ara'njar]
esconder-se (vr)	esconderse (vr)	[eskon'derse]

brincar (vi)	jugar (vi)	[χu'gar]
caçar (vi)	cazar (vi, vt)	[ka'θar]
hibernar (vi)	hibernar (vi)	[iβer'nar]
extinguir-se (vr)	extinguirse (vr)	[ekstin'girse]

223. Animais. Habitats

hábitat (m)	hábitat (m)	['aβitat]
migração (f)	migración (f)	[miɣra'θjon]
montanha (f)	montaña (f)	[mon'tanja]
recife (m)	arrecife (m)	[are'θife]
falésia (f)	roca (f)	['roka]
floresta (f)	bosque (m)	['boske]
selva (f)	jungla (f)	['χunglʲa]
savana (f)	sabana (f)	[sa'βana]
tundra (f)	tundra (f)	['tundra]
estepe (f)	estepa (f)	[es'tepa]
deserto (m)	desierto (m)	[de'sjerto]
oásis (m)	oasis (m)	[o'asis]
mar (m)	mar (m)	[mar]
lago (m)	lago (m)	['lʲago]
oceano (m)	océano (m)	[o'θeano]
pântano (m)	pantano (m)	[pan'tano]
de água doce	de agua dulce (adj)	[de 'agua 'dulʲθe]
lagoa (f)	estanque (m)	[es'taŋke]
rio (m)	río (m)	['rio]
toca (f) do urso	cubil (m)	[ku'βilʲ]
ninho (m)	nido (m)	['niðo]
buraco (m) de árvore	agujero (m)	[agu'χero]
toca (f)	madriguera (f)	[maðri'gera]
formigueiro (m)	hormiguero (m)	[ormi'gero]

224. Cuidados com os animais

jardim (m) zoológico	zoológico (m)	[θoo'lʲoχiko]
reserva (f) natural	reserva (f) natural	[re'serβa natu'ralʲ]
viveiro (m)	criadero (m)	[kria'ðero]
jaula (f) de ar livre	jaula (f) al aire libre	['χaulʲa alʲ 'aire 'liβre]
jaula, gaiola (f)	jaula (f)	['χaulʲa]
casinha (f) de cachorro	perrera (f)	[pe'rera]
pombal (m)	palomar (m)	[palʲo'mar]
aquário (m)	acuario (m)	[aku'ario]
delfinário (m)	delfinario (m)	[delʲfi'nario]
criar (vt)	criar (vt)	[kri'ar]
cria (f)	crías (f pl)	['krias]
domesticar (vt)	domesticar (vt)	[domesti'kar]
adestrar (vt)	adiestrar (vt)	[aðjes'trar]
ração (f)	pienso (m), comida (f)	['pjenso], [ko'miða]
alimentar (vt)	dar de comer	[dar de ko'mer]

loja (f) de animais	tienda (f) de animales	['tjenda de ani'males]
focinheira (m)	bozal (m) de perro	[bo'θal de 'pero]
coleira (f)	collar (m)	[ko'jar]
nome (do animal)	nombre (m)	['nombre]
pedigree (m)	pedigrí (m)	[peði'ɣri]

225. Animais. Diversos

alcateia (f)	manada (f)	[ma'naða]
bando (pássaros)	bandada (f)	[ban'daða]
cardume (peixes)	banco (m) de peces	['baŋko de 'peθes]
manada (cavalos)	caballada (f)	[kaβa'jaða]
macho (m)	macho (m)	['matʃo]
fêmea (f)	hembra (f)	['embra]
faminto (adj)	hambriento (adj)	[am'brjento]
selvagem (adj)	salvaje (adj)	[sal'βaxe]
perigoso (adj)	peligroso (adj)	[peli'ɣroso]

226. Cavalos

cavalo (m)	caballo (m)	[ka'βajo]
raça (f)	raza (f)	['raθa]
potro (m)	potro (m)	['potro]
égua (f)	yegua (f)	['jegua]
mustangue (m)	mustang (m)	[mus'taŋ]
pônei (m)	poni (m)	['poni]
cavalo (m) de tiro	caballo (m) de tiro	[ka'βajo de 'tiro]
crina (f)	crin (f)	[krin]
rabo (m)	cola (f)	['koʎa]
casco (m)	casco (m)	['kasko]
ferradura (f)	herradura (f)	[era'ðura]
ferrar (vt)	herrar (vt)	[e'rar]
ferreiro (m)	herrero (m)	[e'rero]
sela (f)	silla (f)	['sija]
estribo (m)	estribo (m)	[es'triβo]
brida (f)	bridón (m)	[bri'ðon]
rédeas (f pl)	riendas (f pl)	['rjendas]
chicote (m)	fusta (f)	['fusta]
cavaleiro (m)	jinete (m)	[xi'nete]
colocar sela	ensillar (vt)	[ensi'jar]
montar no cavalo	montar al caballo	[mon'tar al ka'βajo]
galope (m)	galope (m)	[ga'ʎope]
galopar (vi)	ir al galope	[ir al ga'ʎope]

trote (m)	**trote** (m)	['trote]
a trote	**al trote** (adv)	[alʲ 'trote]
ir a trote	**ir al trote, trotar** (vi)	[ir alʲ 'trote], [tro'tar]
cavalo (m) de corrida	**caballo** (m) **de carreras**	[ka'βajo de ka'reras]
corridas (f pl)	**carreras** (f pl)	[ka'reras]
estábulo (m)	**caballeriza** (f)	[kaβaje'riθa]
alimentar (vt)	**dar de comer**	[dar de ko'mer]
feno (m)	**heno** (m)	['eno]
dar água	**dar de beber**	[dar de be'βer]
limpar (vt)	**limpiar** (vt)	[lim'pjar]
carroça (f)	**carro** (m)	['karo]
pastar (vi)	**pastar** (vi)	[pas'tar]
relinchar (vi)	**relinchar** (vi)	[relin'tʃar]
dar um coice	**cocear** (vi)	[koθe'ar]

Flora

árvore (f)	árbol (m)	['arβol|]
decídua (adj)	foliáceo (adj)	[foli'aθeo]
conífera (adj)	conífero (adj)	[ko'nifero]
perene (adj)	de hoja perenne	[de 'oχa pe'renne]
macieira (f)	manzano (m)	[man'θano]
pereira (f)	peral (m)	[pe'ral|]
cerejeira (f)	cerezo (m)	[θe'reθo]
ginjeira (f)	guindo (m)	['gindo]
ameixeira (f)	ciruelo (m)	[θiru'el|o]
bétula (f)	abedul (m)	[aβe'ðul|]
carvalho (m)	roble (m)	['roβle]
tília (f)	tilo (m)	['til|o]
choupo-tremedor (m)	pobo (m)	['poβo]
bordo (m)	arce (m)	['arθe]
espruce (m)	pícea (f)	['piθea]
pinheiro (m)	pino (m)	['pino]
alerce, lariço (m)	alerce (m)	[a'lerθe]
abeto (m)	abeto (m)	[a'βeto]
cedro (m)	cedro (m)	['θeðro]
choupo, álamo (m)	álamo (m)	['al|amo]
tramazeira (f)	serbal (m)	[ser'βal|]
salgueiro (m)	sauce (m)	['sauθe]
amieiro (m)	aliso (m)	[a'liso]
faia (f)	haya (f)	['aja]
ulmeiro, olmo (m)	olmo (m)	['ol|mo]
freixo (m)	fresno (m)	['fresno]
castanheiro (m)	castaño (m)	[kas'tanjo]
magnólia (f)	magnolia (f)	[maɣ'nolia]
palmeira (f)	palmera (f)	[pal|'mera]
cipreste (m)	ciprés (m)	[θi'pres]
mangue (m)	mangle (m)	['mangl]
embondeiro, baobá (m)	baobab (m)	[bao'βaβ]
eucalipto (m)	eucalipto (m)	[euka'lipto]
sequoia (f)	secoya (f)	[se'koja]

arbusto (m)	mata (f)	['mata]
arbusto (m), moita (f)	arbusto (m)	[ar'βusto]

videira (f)	vid (f)	[bið]
vinhedo (m)	viñedo (m)	[bi'njeðo]

framboeseira (f)	frambueso (m)	[frambu'eso]
groselheira-negra (f)	grosellero (m) negro	[grose'jero 'neɣro]
groselheira-vermelha (f)	grosellero (m) rojo	[grose'jero 'roχo]
groselheira (f) espinhosa	grosellero (m) espinoso	[grose'jero espi'noso]

acácia (f)	acacia (f)	[a'kaθia]
bérberis (f)	berberís (m)	[berβe'ris]
jasmim (m)	jazmín (m)	[χaθ'min]

junípero (m)	enebro (m)	[e'neβro]
roseira (f)	rosal (m)	[ro'salʲ]
roseira (f) brava	escaramujo (m)	[eskara'muχo]

229. Cogumelos

cogumelo (m)	seta (f)	['seta]
cogumelo (m) comestível	seta (f) comestible	['seta komes'tiβle]
cogumelo (m) venenoso	seta (f) venenosa	['seta bene'nosa]
chapéu (m)	sombrerete (m)	[sombre'rete]
pé, caule (m)	estipe (m)	[es'tipe]

boleto, porcino (m)	seta calabaza (f)	['seta kalʲa'βaθa]
boleto (m) alaranjado	boleto (m) castaño	[bo'leto kas'tanjo]
boleto (m) de bétula	boleto (m) áspero	[bo'leto 'aspero]
cantarelo (m)	rebozuelo (m)	[reβoθu'elʲo]
rússula (f)	rúsula (f)	['rusulʲa]

morchella (f)	colmenilla (f)	[kolʲme'nija]
agário-das-moscas (m)	matamoscas (m)	[mata'moskas]
cicuta (f) verde	oronja (f) verde	[o'ronχa 'berðe]

230. Frutos. Bagas

fruta (f)	fruto (m)	['fruto]
frutas (f pl)	frutos (m pl)	['frutos]
maçã (f)	manzana (f)	[man'θana]
pera (f)	pera (f)	['pera]
ameixa (f)	ciruela (f)	[θiru'elʲa]

morango (m)	fresa (f)	['fresa]
ginja (f)	guinda (f)	['ginda]
cereja (f)	cereza (f)	[θe'reθa]
uva (f)	uva (f)	['uβa]

framboesa (f)	frambuesa (f)	[frambu'esa]
groselha (f) negra	grosella (f) negra	[gro'seja 'neɣra]
groselha (f) vermelha	grosella (f) roja	[gro'seja 'roχa]
groselha (f) espinhosa	grosella (f) espinosa	[gro'seja espi'nosa]
oxicoco (m)	arándano (m) agrio	[a'randano 'aɣrio]

laranja (f)	naranja (f)	[na'ranχa]
tangerina (f)	mandarina (f)	[manda'rina]
abacaxi (m)	piña (f)	['pinja]
banana (f)	banana (f)	[ba'nana]
tâmara (f)	dátil (m)	['datilʲ]
limão (m)	limón (m)	[li'mon]
damasco (m)	albaricoque (m)	[alʲβari'koke]
pêssego (m)	melocotón (m)	[melʲoko'ton]
quiuí (m)	kiwi (m)	['kiwi]
toranja (f)	toronja (f)	[to'ronχa]
baga (f)	baya (f)	['baja]
bagas (f pl)	bayas (f pl)	['bajas]
arando (m) vermelho	arándano (m) rojo	[a'randano 'roχo]
morango-silvestre (m)	fresa (f) silvestre	['fresa silʲ'βestre]
mirtilo (m)	arándano (m)	[a'randano]

231. Flores. Plantas

flor (f)	flor (f)	[flʲor]
buquê (m) de flores	ramo (m) de flores	['ramo de 'flʲores]
rosa (f)	rosa (f)	['rosa]
tulipa (f)	tulipán (m)	[tuli'pan]
cravo (m)	clavel (m)	[klʲa'βelʲ]
gladíolo (m)	gladiolo (m)	[glʲa'ðjolʲo]
centáurea (f)	aciano (m)	[a'θjano]
campainha (f)	campanilla (f)	[kampa'nija]
dente-de-leão (m)	diente (m) de león	['djente de le'on]
camomila (f)	manzanilla (f)	[manθa'nija]
aloé (m)	áloe (m)	['alʲoe]
cacto (m)	cacto (m)	['kakto]
fícus (m)	ficus (m)	['fikus]
lírio (m)	azucena (f)	[aθu'sena]
gerânio (m)	geranio (m)	[χe'ranio]
jacinto (m)	jacinto (m)	[χa'θinto]
mimosa (f)	mimosa (f)	[mi'mosa]
narciso (m)	narciso (m)	[nar'θiso]
capuchinha (f)	capuchina (f)	[kapu'ʧina]
orquídea (f)	orquídea (f)	[or'kiðea]
peônia (f)	peonía (f)	[peo'nia]
violeta (f)	violeta (f)	[bio'leta]
amor-perfeito (m)	trinitaria (f)	[trini'taria]
não-me-esqueças (m)	nomeolvides (f)	[nomeolʲ'βiðes]
margarida (f)	margarita (f)	[marga'rita]
papoula (f)	amapola (f)	[ama'polʲa]
cânhamo (m)	cáñamo (m)	['kanjamo]

hortelã, menta (f)	menta (f)	['menta]
lírio-do-vale (m)	muguete (m)	[mu'gete]
campânula-branca (f)	campanilla (f) de las nieves	[kampa'nija de lʲas 'njeβes]

urtiga (f)	ortiga (f)	[or'tiga]
azedinha (f)	acedera (f)	[aθe'ðera]
nenúfar (m)	nenúfar (m)	[ne'nufar]
samambaia (f)	helecho (m)	[e'letʃo]
líquen (m)	liquen (m)	['liken]

estufa (f)	invernadero (m)	[imberna'ðero]
gramado (m)	césped (m)	['θespeð]
canteiro (m) de flores	macizo (m) de flores	[ma'θiθo de 'flʲores]

planta (f)	planta (f)	['plʲanta]
grama (f)	hierba (f)	['jerβa]
folha (f) de grama	hoja (f) de hierba	['oχa de 'jerβa]

folha (f)	hoja (f)	['oχa]
pétala (f)	pétalo (m)	['petalʲo]
talo (m)	tallo (m)	['tajo]
tubérculo (m)	tubérculo (m)	[tu'βerkulʲo]

broto, rebento (m)	retoño (m)	[re'tonjo]
espinho (m)	espina (f)	[es'pina]

florescer (vi)	florecer (vi)	[flʲore'θer]
murchar (vi)	marchitarse (vr)	[martʃi'tarse]
cheiro (m)	olor (m)	[o'lʲor]
cortar (flores)	cortar (vt)	[kor'tar]
colher (uma flor)	coger (vt)	[ko'χer]

232. Cereais, grãos

grão (m)	grano (m)	['grano]
cereais (plantas)	cereales (m pl)	[θere'ales]
espiga (f)	espiga (f)	[es'piga]

trigo (m)	trigo (m)	['trigo]
centeio (m)	centeno (m)	[θen'teno]
aveia (f)	avena (f)	[a'βena]

painço (m)	mijo (m)	['miχo]
cevada (f)	cebada (f)	[θe'βaða]

milho (m)	maíz (m)	[ma'iθ]
arroz (m)	arroz (m)	[a'roθ]
trigo-sarraceno (m)	alforfón (m)	[alʲfor'fon]

ervilha (f)	guisante (m)	[gi'sante]
feijão (m) roxo	fréjol (m)	['freχolʲ]
soja (f)	soya (f)	['soja]
lentilha (f)	lenteja (f)	[len'teχa]
feijão (m)	habas (f pl)	['aβas]

233. Vegetais. Verduras

vegetais (m pl)	legumbres (f pl)	[le'gumbres]
verdura (f)	verduras (f pl)	[ber'ðuras]
tomate (m)	tomate (m)	[to'mate]
pepino (m)	pepino (m)	[pe'pino]
cenoura (f)	zanahoria (f)	[θana'oria]
batata (f)	patata (f)	[pa'tata]
cebola (f)	cebolla (f)	[θe'βoja]
alho (m)	ajo (m)	['aχo]
couve (f)	col (f)	[kolʲ]
couve-flor (f)	coliflor (f)	[koli'flʲor]
couve-de-bruxelas (f)	col (f) de Bruselas	[kolʲ de bru'selʲas]
brócolis (m pl)	brócoli (m)	['brokoli]
beterraba (f)	remolacha (f)	[remo'lʲatʃa]
berinjela (f)	berenjena (f)	[beren'χena]
abobrinha (f)	calabacín (m)	[kalʲaβa'θin]
abóbora (f)	calabaza (f)	[kalʲa'βaθa]
nabo (m)	nabo (m)	['naβo]
salsa (f)	perejil (m)	[pere'χilʲ]
endro, aneto (m)	eneldo (m)	[e'nelʲdo]
alface (f)	lechuga (f)	[le'tʃuga]
aipo (m)	apio (m)	['apio]
aspargo (m)	espárrago (m)	[es'parago]
espinafre (m)	espinaca (f)	[espi'naka]
ervilha (f)	guisante (m)	[gi'sante]
feijão (~ soja, etc.)	habas (f pl)	['aβas]
milho (m)	maíz (m)	[ma'iθ]
feijão (m) roxo	fréjol (m)	['freχolʲ]
pimentão (m)	pimentón (m)	[pimen'ton]
rabanete (m)	rábano (m)	['raβano]
alcachofra (f)	alcachofa (f)	[alʲka'tʃofa]

GEOGRAFIA REGIONAL

234. Europa Ocidental

Europa (f)	Europa (f)	[eu'ropa]
União (f) Europeia	Unión (f) Europea	[u'njon euro'pea]
europeu (m)	europeo (m)	[euro'peo]
europeu (adj)	europeo (adj)	[euro'peo]
Áustria (f)	Austria (f)	['austria]
austríaco (m)	austriaco (m)	[austri'ako]
austríaca (f)	austriaca (f)	[austri'aka]
austríaco (adj)	austriaco (adj)	[austri'ako]
Grã-Bretanha (f)	Gran Bretaña (f)	[gram bre'tanja]
Inglaterra (f)	Inglaterra (f)	[inglʲa'tera]
inglês (m)	inglés (m)	[in'gles]
inglesa (f)	inglesa (f)	[in'glesa]
inglês (adj)	inglés (adj)	[in'gles]
Bélgica (f)	Bélgica (f)	['belʲxika]
belga (m)	belga (m)	['belʲga]
belga (f)	belga (f)	['belʲga]
belga (adj)	belga (adj)	['belʲga]
Alemanha (f)	Alemania (f)	[ale'mania]
alemão (m)	alemán (m)	[ale'man]
alemã (f)	alemana (f)	[ale'mana]
alemão (adj)	alemán (adj)	[ale'man]
Países Baixos (m pl)	Países Bajos (m pl)	[pa'ises 'baxos]
Holanda (f)	Holanda (f)	[o'lʲanda]
holandês (m)	holandés (m)	[olʲan'des]
holandesa (f)	holandesa (f)	[olʲan'desa]
holandês (adj)	holandés (adj)	[olʲan'des]
Grécia (f)	Grecia (f)	['greθia]
grego (m)	griego (m)	[gri'ego]
grega (f)	griega (f)	[gri'ega]
grego (adj)	griego (adj)	[gri'ego]
Dinamarca (f)	Dinamarca (f)	[dina'marka]
dinamarquês (m)	danés (m)	[da'nes]
dinamarquesa (f)	danesa (f)	[da'nesa]
dinamarquês (adj)	danés (adj)	[da'nes]
Irlanda (f)	Irlanda (f)	[ir'lʲanda]
irlandês (m)	irlandés (m)	[irlʲan'des]
irlandesa (f)	irlandesa (f)	[irlʲan'desa]
irlandês (adj)	irlandés (adj)	[irlʲan'des]

Islândia (f)	Islandia (f)	[is'lʲandia]
islandês (m)	islandés (m)	[islʲan'des]
islandesa (f)	islandesa (f)	[islʲan'desa]
islandês (adj)	islandés (adj)	[islʲan'des]

Espanha (f)	España (f)	[es'panja]
espanhol (m)	español (m)	[espa'njolʲ]
espanhola (f)	española (f)	[espa'njolʲa]
espanhol (adj)	español (adj)	[espa'njolʲ]

Itália (f)	Italia (f)	[i'talia]
italiano (m)	italiano (m)	[ita'ljano]
italiana (f)	italiana (f)	[ita'ljana]
italiano (adj)	italiano (adj)	[ita'ljano]

Chipre (m)	Chipre (m)	['tʃipre]
cipriota (m)	chipriota (m)	[tʃipri'ota]
cipriota (f)	chipriota (f)	[tʃipri'ota]
cipriota (adj)	chipriota (adj)	[tʃipri'ota]

Malta (f)	Malta (f)	['malʲta]
maltês (m)	maltés (m)	[malʲ'tes]
maltesa (f)	maltesa (f)	[malʲ'tesa]
maltês (adj)	maltés (adj)	[malʲ'tes]

Noruega (f)	Noruega (f)	[noru'ega]
norueguês (m)	noruego (m)	[noru'ego]
norueguesa (f)	noruega (f)	[noru'ega]
norueguês (adj)	noruego (adj)	[noru'ego]

Portugal (m)	Portugal (m)	[portu'galʲ]
português (m)	portugués (m)	[portu'ɣes]
portuguesa (f)	portuguesa (f)	[portu'gesa]
português (adj)	portugués (adj)	[portu'ɣes]

Finlândia (f)	Finlandia (f)	[fin'lʲandia]
finlandês (m)	finlandés (m)	[finlʲan'des]
finlandesa (f)	finlandesa (f)	[finlʲan'desa]
finlandês (adj)	finlandés (adj)	[finlʲan'des]

França (f)	Francia (f)	['franθia]
francês (m)	francés (m)	[fran'θes]
francesa (f)	francesa (f)	[fran'θesa]
francês (adj)	francés (adj)	[fran'θes]

Suécia (f)	Suecia (f)	[su'eθia]
sueco (m)	sueco (m)	[su'eko]
sueca (f)	sueca (f)	[su'eka]
sueco (adj)	sueco (adj)	[su'eko]

Suíça (f)	Suiza (f)	[su'isa]
suíço (m)	suizo (m)	[su'iso]
suíça (f)	suiza (f)	[su'isa]
suíço (adj)	suizo (adj)	[su'iso]
Escócia (f)	Escocia (f)	[es'koθia]
escocês (m)	escocés (m)	[esko'θes]

| escocesa (f) | escocesa (f) | [esko'θesa] |
| escocês (adj) | escocés (adj) | [esko'θes] |

Vaticano (m)	Vaticano (m)	[bati'kano]
Liechtenstein (m)	Liechtenstein (m)	[leҳten'stejn]
Luxemburgo (m)	Luxemburgo (m)	[lʲuksem'burgo]
Mônaco (m)	Mónaco (m)	['monako]

235. Europa Central e de Leste

Albânia (f)	Albania (f)	[alʲ'βania]
albanês (m)	albanés (m)	[alʲβa'nes]
albanesa (f)	albanesa (f)	[alʲβa'nesa]
albanês (adj)	albanés (adj)	[alʲβa'nes]

Bulgária (f)	Bulgaria (f)	[bul'garia]
búlgaro (m)	búlgaro (m)	['bulgaro]
búlgara (f)	búlgara (f)	['bulgara]
búlgaro (adj)	búlgaro (adj)	['bulgaro]

Hungria (f)	Hungría (f)	[un'gria]
húngaro (m)	húngaro (m)	['ungaro]
húngara (f)	húngara (f)	['ungara]
húngaro (adj)	húngaro (adj)	['ungaro]

Letônia (f)	Letonia (f)	[le'tonia]
letão (m)	letón (m)	[le'ton]
letã (f)	letona (f)	[le'tona]
letão (adj)	letón (adj)	[le'ton]

Lituânia (f)	Lituania (f)	[litu'ania]
lituano (m)	lituano (m)	[litu'ano]
lituana (f)	lituana (f)	[litu'ana]
lituano (adj)	lituano (adj)	[litu'ano]

Polônia (f)	Polonia (f)	[po'lʲonia]
polonês (m)	polaco (m)	[po'lʲako]
polonesa (f)	polaca (f)	[po'lʲaka]
polonês (adj)	polaco (adj)	[po'lʲako]

Romênia (f)	Rumania (f)	[ru'mania]
romeno (m)	rumano (m)	[ru'mano]
romena (f)	rumana (f)	[ru'mana]
romeno (adj)	rumano (adj)	[ru'mano]

Sérvia (f)	Serbia (f)	['serβia]
sérvio (m)	serbio (m)	['serβio]
sérvia (f)	serbia (f)	['serβia]
sérvio (adj)	serbio (adj)	['serβio]

Eslováquia (f)	Eslovaquia (f)	[eslʲo'βakia]
eslovaco (m)	eslovaco (m)	[eslʲo'βako]
eslovaca (f)	eslovaca (f)	[eslʲo'βaka]
eslovaco (adj)	eslovaco (adj)	[eslʲo'βako]

Croácia (f)	Croacia (f)	[kro'aθia]
croata (m)	croata (m)	[kro'ata]
croata (f)	croata (f)	[kro'ata]
croata (adj)	croata (adj)	[kro'ata]
República (f) Checa	Chequia (f)	['t͡ʃekia]
checo (m)	checo (m)	['t͡ʃeko]
checa (f)	checa (f)	['t͡ʃeka]
checo (adj)	checo (adj)	['t͡ʃeko]
Estônia (f)	Estonia (f)	[es'tonia]
estônio (m)	estonio (m)	[es'tonio]
estônia (f)	estonia (f)	[es'tonia]
estônio (adj)	estonio (adj)	[es'tonio]
Bósnia e Herzegovina (f)	Bosnia y Herzegovina	['bosnia i herθeχo'βina]
Macedônia (f)	Macedonia	[maθe'ðonja]
Eslovênia (f)	Eslovenia	[eslʲo'βenia]
Montenegro (m)	Montenegro (m)	[monte'neɣro]

236. Países da ex-URSS

Azerbaijão (m)	Azerbaiyán (m)	[aθerβa'jan]
azeri (m)	azerbaiyano (m)	[aθerβa'jano]
azeri (f)	azerbaiyana (f)	[aθerβa'jana]
azeri, azerbaijano (adj)	azerbaiyano (adj)	[aθerβa'jano]
Armênia (f)	Armenia (f)	[ar'menia]
armênio (m)	armenio (m)	[ar'menio]
armênia (f)	armenia (f)	[ar'menia]
armênio (adj)	armenio (adj)	[ar'menio]
Belarus	Bielorrusia (f)	[bjelʲo'rusia]
bielorrusso (m)	bielorruso (m)	[bjelʲo'ruso]
bielorrussa (f)	bielorrusa (f)	[bjelʲo'rusa]
bielorrusso (adj)	bielorruso (adj)	[bjelʲo'ruso]
Geórgia (f)	Georgia (f)	[χe'orχia]
georgiano (m)	georgiano (m)	[χeor'χjano]
georgiana (f)	georgiana (f)	[χeor'χjana]
georgiano (adj)	georgiano (adj)	[χeor'χjano]
Cazaquistão (m)	Kazajstán (m)	[kaθaχs'tan]
cazaque (m)	kazajo (m)	[ka'θaχo]
cazaque (f)	kazaja (f)	[ka'θaχa]
cazaque (adj)	kazajo (adj)	[ka'θaχo]
Quirguistão (m)	Kirguizistán (m)	[kirgiθis'tan]
quirguiz (m)	kirguís (m)	[kir'ɣis]
quirguiz (f)	kirguisa (f)	[kir'gisa]
quirguiz (adj)	kirguís (adj)	[kir'ɣis]
Moldávia (f)	Moldavia (f)	[molʲ'ðaβia]
moldavo (m)	moldavo (m)	[molʲ'ðaβo]

moldava (f)	moldava (f)	[molⁱ'ðaβa]
moldavo (adj)	moldavo (adj)	[molⁱ'ðaβo]
Rússia (f)	Rusia (f)	['rusia]
russo (m)	ruso (m)	['ruso]
russa (f)	rusa (f)	['rusa]
russo (adj)	ruso (adj)	['ruso]
Tajiquistão (m)	Tayikistán (m)	[tajikis'tan]
tajique (m)	tayiko (m)	[ta'jiko]
tajique (f)	tayika (f)	[ta'jika]
tajique (adj)	tayiko (adj)	[ta'jiko]
Turquemenistão (m)	Turkmenistán (m)	[turkmenis'tan]
turcomeno (m)	turkmeno (m)	[turk'meno]
turcomena (f)	turkmena (f)	[turk'mena]
turcomeno (adj)	turkmeno (adj)	[turk'meno]
Uzbequistão (f)	Uzbekistán (m)	[uθbekis'tan]
uzbeque (m)	uzbeko (m)	[uθ'beko]
uzbeque (f)	uzbeka (f)	[uθ'beka]
uzbeque (adj)	uzbeko (adj)	[uθ'beko]
Ucrânia (f)	Ucrania (f)	[u'krania]
ucraniano (m)	ucraniano (m)	[ukra'njano]
ucraniana (f)	ucraniana (f)	[ukra'njana]
ucraniano (adj)	ucraniano (adj)	[ukra'njano]

237. Asia

Ásia (f)	Asia (f)	['asia]
asiático (adj)	asiático (adj)	[a'sjatiko]
Vietnã (m)	Vietnam (m)	[bjet'nam]
vietnamita (m)	vietnamita (m)	[bjetna'mita]
vietnamita (f)	vietnamita (f)	[bjetna'mita]
vietnamita (adj)	vietnamita (adj)	[bjetna'mita]
Índia (f)	India (f)	['india]
indiano (m)	indio (m)	['indio]
indiana (f)	india (f)	['india]
indiano (adj)	indio (adj)	['indio]
Israel (m)	Israel (m)	[isra'elⁱ]
israelense (m)	israelí (m)	[israe'li]
israelita (f)	israelí (f)	[israe'li]
israelense (adj)	israelí (adj)	[israe'li]
judeu (m)	hebreo (m)	[e'βreo]
judia (f)	hebrea (f)	[e'βrea]
judeu (adj)	hebreo (adj)	[e'βreo]
China (f)	China (f)	['ʧina]
chinês (m)	chino (m)	['ʧino]

chinesa (f)	china (f)	['tʃina]
chinês (adj)	chino (adj)	['tʃino]
Coreia (f) do Sul	Corea (f) del Sur	[ko'rea delʲ sur]
Coreia (f) do Norte	Corea (f) del Norte	[ko'rea delʲ 'norte]
coreano (m)	coreano (m)	[kore'ano]
coreana (f)	coreana (f)	[kore'ana]
coreano (adj)	coreano (adj)	[kore'ano]
Líbano (m)	Líbano (m)	['liβano]
libanês (m)	libanés (m)	[liβa'nes]
libanesa (f)	libanesa (f)	[liβa'nesa]
libanês (adj)	libanés (adj)	[liβa'nes]
Mongólia (f)	Mongolia (f)	[mon'golia]
mongol (m)	mongol (m)	[mon'golʲ]
mongol (f)	mongola (f)	[mon'golʲa]
mongol (adj)	mongol (adj)	[mon'golʲ]
Malásia (f)	Malasia (f)	[ma'lʲasia]
malaio (m)	malayo (m)	[ma'lʲajo]
malaia (f)	malaya (f)	[ma'lʲaja]
malaio (adj)	malayo (adj)	[ma'lʲajo]
Paquistão (m)	Pakistán (m)	[pakis'tan]
paquistanês (m)	pakistaní (m)	[pakista'ni]
paquistanesa (f)	pakistaní (f)	[pakista'ni]
paquistanês (adj)	pakistaní (adj)	[pakista'ni]
Arábia (f) Saudita	Arabia (f) Saudita	[a'raβia sau'ðita]
árabe (m)	árabe (m)	['araβe]
árabe (f)	árabe (f)	['araβe]
árabe (adj)	árabe (adj)	['araβe]
Tailândia (f)	Tailandia (f)	[taj'lʲandia]
tailandês (m)	tailandés (m)	[tajlʲan'des]
tailandesa (f)	tailandesa (f)	[tajlʲan'desa]
tailandês (adj)	tailandés (adj)	[tajlʲan'des]
Taiwan (m)	Taiwán (m)	[taj'wan]
taiwanês (m)	taiwanés (m)	[tajwa'nes]
taiwanesa (f)	taiwanesa (f)	[tajwa'nesa]
taiwanês (adj)	taiwanés (adj)	[tajwa'nes]
Turquia (f)	Turquía (f)	[tur'kia]
turco (m)	turco (m)	['turko]
turca (f)	turca (f)	['turka]
turco (adj)	turco (adj)	['turko]
Japão (m)	Japón (m)	[χa'pon]
japonês (m)	japonés (m)	[χapo'nes]
japonesa (f)	japonesa (f)	[χapo'nesa]
japonês (adj)	japonés (adj)	[χapo'nes]
Afeganistão (m)	Afganistán (m)	[afganis'tan]
Bangladesh (m)	Bangladesh (m)	[banglʲa'ðeʃ]

Indonésia (f)	Indonesia (f)	[indo'nesia]
Jordânia (f)	Jordania (f)	[xor'ðania]
Iraque (m)	Irak (m)	[i'rak]
Irã (m)	Irán (m)	[i'ran]
Camboja (f)	Camboya (f)	[kam'boja]
Kuwait (m)	Kuwait (m)	[ku'wajt]
Laos (m)	Laos (m)	[lʲa'os]
Birmânia (f)	Myanmar (m)	[mjan'mar]
Nepal (m)	Nepal (m)	[ne'palʲ]
Emirados Árabes Unidos	Emiratos (m pl) Árabes Unidos	[emi'rates 'araβes u'niðos]
Síria (f)	Siria (f)	['siria]
Palestina (f)	Palestina (f)	[pales'tina]

238. América do Norte

Estados Unidos da América	Estados Unidos de América (m pl)	[es'tados u'niðos de a'merika]
americano (m)	americano (m)	[ameri'kano]
americana (f)	americana (f)	[ameri'kana]
americano (adj)	americano (adj)	[ameri'kano]
Canadá (m)	Canadá (f)	[kana'ða]
canadense (m)	canadiense (m)	[kana'ðjense]
canadense (f)	canadiense (f)	[kana'ðjense]
canadense (adj)	canadiense (adj)	[kana'ðjense]
México (m)	Méjico (m)	['meχiko]
mexicano (m)	mejicano (m)	[meχi'kano]
mexicana (f)	mejicana (f)	[meχi'kana]
mexicano (adj)	mejicano (adj)	[meχi'kano]

239. América Central do Sul

Argentina (f)	Argentina (f)	[arχen'tina]
argentino (m)	argentino (m)	[arχen'tino]
argentina (f)	argentina (f)	[arχen'tina]
argentino (adj)	argentino (adj)	[arχen'tino]
Brasil (m)	Brasil (m)	[bra'silʲ]
brasileiro (m)	brasileño (m)	[brasi'lenjo]
brasileira (f)	brasileña (f)	[brasi'lenja]
brasileiro (adj)	brasileño (adj)	[brasi'lenjo]
Colômbia (f)	Colombia (f)	[ko'lʲombia]
colombiano (m)	colombiano (m)	[kolʲom'bjano]
colombiana (f)	colombiana (f)	[kolʲom'bjana]
colombiano (adj)	colombiano (adj)	[kolʲom'bjano]
Cuba (f)	Cuba (f)	['kuβa]

cubano (m)	cubano (m)	[ku'βano]
cubana (f)	cubana (f)	[ku'βana]
cubano (adj)	cubano (adj)	[ku'βano]
Chile (m)	Chile (m)	['tʃile]
chileno (m)	chileno (m)	[tʃi'leno]
chilena (f)	chilena (f)	[tʃi'lena]
chileno (adj)	chileno (adj)	[tʃi'leno]
Bolívia (f)	Bolivia (f)	[bo'liβia]
Venezuela (f)	Venezuela (f)	[beneθu'elʲa]
Paraguai (m)	Paraguay (m)	[paragu'aj]
Peru (m)	Perú (m)	[pe'ru]
Suriname (m)	Surinam (m)	[suri'nam]
Uruguai (m)	Uruguay (m)	[urugu'aj]
Equador (m)	Ecuador (m)	[ekua'ðor]
Bahamas (f pl)	Islas (f pl) Bahamas	['islʲas ba'amas]
Haiti (m)	Haití (m)	[ai'ti]
República Dominicana	República (f) Dominicana	[re'puβlika domini'kana]
Panamá (m)	Panamá (f)	[pana'ma]
Jamaica (f)	Jamaica (f)	[χa'majka]

240. Africa

Egito (m)	Egipto (m)	[e'χipto]
egípcio (m)	egipcio (m)	[e'χipθio]
egípcia (f)	egipcia (f)	[e'χipθia]
egípcio (adj)	egipcio (adj)	[e'χipθio]
Marrocos	Marruecos (m)	[maru'ekos]
marroquino (m)	marroquí (m)	[maro'ki]
marroquina (f)	marroquí (f)	[maro'ki]
marroquino (adj)	marroquí (adj)	[maro'ki]
Tunísia (f)	Túnez (m)	['tuneθ]
tunisiano (m)	tunecino (m)	[tune'θino]
tunisiana (f)	tunecina (f)	[tune'θina]
tunisiano (adj)	tunecino (adj)	[tune'θino]
Gana (f)	Ghana (f)	['gana]
Zanzibar (m)	Zanzibar (m)	[θan'θiβar]
Quênia (f)	Kenia (f)	['kenia]
Líbia (f)	Libia (f)	['liβia]
Madagascar (m)	Madagascar (m)	[maðagas'kar]
Namíbia (f)	Namibia (f)	[na'miβia]
Senegal (m)	Senegal (m)	[sene'galʲ]
Tanzânia (f)	Tanzania (f)	[tan'θania]
África (f) do Sul	República (f) Sudafricana	[re'puβlika suð·afri'kana]
africano (m)	africano (m)	[afri'kano]
africana (f)	africana (f)	[afri'kana]
africano (adj)	africano (adj)	[afri'kano]

241. Austrália. Oceania

Austrália (f)	Australia (f)	[aus'tralia]
australiano (m)	australiano (m)	[austra'ljano]
australiana (f)	australiana (f)	[austra'ljana]
australiano (adj)	australiano (adj)	[austra'ljano]
Nova Zelândia (f)	Nueva Zelanda (f)	[nu'eβa θe'lʲanda]
neozelandês (m)	neocelandés (m)	[neoθelʲan'des]
neozelandesa (f)	neocelandesa (f)	[neoθelʲan'desa]
neozelandês (adj)	neocelandés (adj)	[neoθelʲan'des]
Tasmânia (f)	Tasmania (f)	[tas'mania]
Polinésia (f) Francesa	Polinesia (f) Francesa	[poli'nesia fran'θesa]

242. Cidades

Amesterdã, Amsterdã	Ámsterdam	['amsterðam]
Ancara	Ankara	[aŋ'kara]
Atenas	Atenas	[a'tenas]
Bagdade	Bagdad	[baɣ'ðað]
Bancoque	Bangkok	[baŋ'kok]
Barcelona	Barcelona	[barθe'lʲona]
Beirute	Beirut	[bej'rut]
Berlim	Berlín	[ber'lin]
Bonn	Bonn	[bon]
Bordéus	Burdeos	[bur'ðeos]
Bratislava	Bratislava	[brati'slʲaβa]
Bruxelas	Bruselas	[bru'selʲas]
Bucareste	Bucarest	[buka'rest]
Budapeste	Budapest	[buða'pest]
Cairo	El Cairo	[elʲ 'kajro]
Calcutá	Calcuta	[kalʲ'kuta]
Chicago	Chicago	[ʧi'kago]
Cidade do México	Ciudad de México	[θju'ðað de 'meχiko]
Copenhague	Copenhague	[kope'nage]
Dar es Salaam	Dar-es-Salam	[dar·es·sa'lʲam]
Deli	Delhi	['deli]
Dubai	Dubai	[du'βaj]
Dublim	Dublín	[du'βlin]
Düsseldorf	Dusseldorf	['dusselʲðorf]
Estocolmo	Estocolmo	[esto'kolʲmo]
Florença	Florencia	[flʲo'renθia]
Frankfurt	Fráncfort del Meno	['fraŋkfort delʲ 'meno]
Genebra	Ginebra	[χi'neβra]
Haia	la Haya	[lʲa 'aja]
Hamburgo	Hamburgo	[am'burgo]
Hanói	Hanói	[a'noi]

Havana	La Habana	[lʲa a'βana]
Helsinque	Helsinki	[χelʲsiŋki]
Hiroshima	Hiroshima	[iro'ʃima]
Hong Kong	Hong Kong	[χoŋ 'koŋ]
Istambul	Estambul	[estam'bulʲ]

Jerusalém	Jerusalén	[χerusa'len]
Kiev, Quieve	Kiev	['kiev]
Kuala Lumpur	Kuala Lumpur	[ku'alʲa lʲum'pur]
Lion	Lyon	[li'on]
Lisboa	Lisboa	[lis'βoa]

Londres	Londres	['lʲondres]
Los Angeles	Los Ángeles	[los 'anχeles]
Madrid	Madrid	[ma'ðrið]
Marselha	Marsella	[mar'seja]
Miami	Miami	['mijami]

Montreal	Montreal	[montre'alʲ]
Moscou	Moscú	[mos'ku]
Mumbai	Mumbai	[mum'baj]
Munique	Múnich	['mʲunik]
Nairóbi	Nairobi	[naj'roβi]
Nápoles	Nápoles	['napoles]

Nice	Niza	['niθa]
Nova York	Nueva York	[nu'eβa 'jork]
Oslo	Oslo	['oslʲo]
Ottawa	Ottawa	[ot'taβa]
Paris	París	[pa'ris]

Pequim	Pekín	[pe'kin]
Praga	Praga	['praga]
Rio de Janeiro	Río de Janeiro	['rio de χa'nejro]
Roma	Roma	['roma]
São Petersburgo	San Petersburgo	[san peters'βurgo]
Seul	Seúl	[se'ulʲ]

Singapura	Singapur	[singa'pur]
Sydney	Sydney	['siðnej]
Taipé	Taipei	[taj'pej]
Tóquio	Tokio	['tokio]
Toronto	Toronto	[to'ronto]

Varsóvia	Varsovia	[bar'soβia]
Veneza	Venecia	[be'neθia]
Viena	Viena	['bjena]
Washington	Washington	['waʃiŋton]
Xangai	Shanghái	[ʃan'gaj]

243. Política. Governo. Parte 1

| política (f) | política (f) | [po'litika] |
| político (adj) | político (adj) | [po'litiko] |

político (m)	político (m)	[po'litiko]
estado (m)	estado (m)	[es'taðo]
cidadão (m)	ciudadano (m)	[θjuða'ðano]
cidadania (f)	ciudadanía (f)	[θjuðaða'nia]

| brasão (m) de armas | escudo (m) nacional | [es'kuðo naθjo'nalʲ] |
| hino (m) nacional | himno (m) nacional | ['imno naθjo'nalʲ] |

governo (m)	gobierno (m)	[go'βjerno]
Chefe (m) de Estado	jefe (m) de estado	['χefe de es'taðo]
parlamento (m)	parlamento (m)	[parlʲa'mento]
partido (m)	partido (m)	[par'tiðo]

| capitalismo (m) | capitalismo (m) | [kapita'lismo] |
| capitalista (adj) | capitalista (adj) | [kapita'lista] |

| socialismo (m) | socialismo (m) | [soθja'lismo] |
| socialista (adj) | socialista (adj) | [soθja'lista] |

comunismo (m)	comunismo (m)	[komu'nismo]
comunista (adj)	comunista (adj)	[komu'nista]
comunista (m)	comunista (m)	[komu'nista]

democracia (f)	democracia (f)	[demo'kraθia]
democrata (m)	demócrata (m)	[de'mokrata]
democrático (adj)	democrático (adj)	[demo'kratiko]
Partido (m) Democrático	Partido (m) Democrático	[par'tiðo demo'kratiko]

| liberal (m) | liberal (m) | [liβe'ralʲ] |
| liberal (adj) | liberal (adj) | [liβe'ralʲ] |

| conservador (m) | conservador (m) | [konserβa'ðor] |
| conservador (adj) | conservador (adj) | [konserβa'ðor] |

república (f)	república (f)	[re'puβlika]
republicano (m)	republicano (m)	[repuβli'kano]
Partido (m) Republicano	Partido (m) Republicano	[par'tiðo repuβli'kano]

eleições (f pl)	elecciones (f pl)	[elek'θjones]
eleger (vt)	elegir (vi)	[ele'χir]
eleitor (m)	elector (m)	[elek'tor]
campanha (f) eleitoral	campaña (f) electoral	[kam'panja elekto'ralʲ]

votação (f)	votación (f)	[bota'θjon]
votar (vi)	votar (vi)	[bo'tar]
sufrágio (m)	derecho (m) a voto	[de'retʃo a 'boto]

candidato (m)	candidato (m)	[kandi'ðato]
candidatar-se (vi)	presentarse como candidato	[presen'tarse 'komo kandi'ðato]
campanha (f)	campaña (f)	[kam'panja]

da oposição	de oposición (adj)	[de oposi'θjon]
oposição (f)	oposición (f)	[oposi'θjon]
visita (f)	visita (f)	[bi'sita]
visita (f) oficial	visita (f) oficial	[bi'sita ofi'θjalʲ]

internacional (adj)	internacional (adj)	[internaθjo'nalʲ]
negociações (f pl)	negociaciones (f pl)	[negoθja'θjones]
negociar (vi)	negociar (vi)	[nego'θjar]

244. Política. Governo. Parte 2

sociedade (f)	sociedad (f)	[soθje'ðað]
constituição (f)	constitución (f)	[konstitu'θjon]
poder (ir para o ~)	poder (m)	[po'ðer]
corrupção (f)	corrupción (f)	[korup'θjon]
lei (f)	ley (f)	[lej]
legal (adj)	legal (adj)	[le'galʲ]
justeza (f)	justicia (f)	[χus'tiθia]
justo (adj)	justo (adj)	['χusto]
comitê (m)	comité (m)	[komi'te]
projeto-lei (m)	proyecto (m) de ley	[pro'jekto de 'lej]
orçamento (m)	presupuesto (m)	[presupu'esto]
política (f)	política (f)	[po'litika]
reforma (f)	reforma (f)	[re'forma]
radical (adj)	radical (adj)	[raði'kalʲ]
força (f)	potencia (f)	[po'tensia]
poderoso (adj)	poderoso (adj)	[poðe'roso]
partidário (m)	partidario (m)	[parti'ðario]
influência (f)	influencia (f)	[imɸlʲu'enθia]
regime (m)	régimen (m)	['reχimen]
conflito (m)	conflicto (m)	[komˈflikto]
conspiração (f)	complot (m)	[kom'plʲot]
provocação (f)	provocación (f)	[proβoka'θjon]
derrubar (vt)	derrocar (vt)	[dero'kar]
derrube (m), queda (f)	derrocamiento (m)	[deroka'mjento]
revolução (f)	revolución (f)	[reβolʲu'θjon]
golpe (m) de Estado	golpe (m) de estado	['golʲpe de es'taðo]
golpe (m) militar	golpe (m) militar	['golʲpe mili'tar]
crise (f)	crisis (f)	['krisis]
recessão (f) econômica	recesión (f) económica	[rese'θjon eko'nomika]
manifestante (m)	manifestante (m)	[manifes'tante]
manifestação (f)	manifestación (f)	[manifesta'θjon]
lei (f) marcial	ley (f) marcial	['lej mar'θjalʲ]
base (f) militar	base (f) militar	['base mili'tar]
estabilidade (f)	estabilidad (f)	[estaβili'ðað]
estável (adj)	estable (adj)	[es'taβle]
exploração (f)	explotación (f)	[eksplʲota'θjon]
explorar (vt)	explotar (vt)	[eksplʲo'tar]
racismo (m)	racismo (m)	[ra'θismo]

racista (m)	racista (m)	[ra'θista]
fascismo (m)	fascismo (m)	[fa'θismo]
fascista (m)	fascista (m)	[fa'θista]

245. Países. Diversos

estrangeiro (m)	extranjero (m)	[ekstran'xero]
estrangeiro (adj)	extranjero (adj)	[ekstran'xero]
no estrangeiro	en el extranjero	[en elʲ ekstran'xero]

emigrante (m)	emigrante (m)	[emi'ɣrante]
emigração (f)	emigración (f)	[emiɣra'θjon]
emigrar (vi)	emigrar (vi)	[emi'ɣrar]

Ocidente (m)	Oeste (m)	[o'este]
Oriente (m)	Oriente (m)	[o'rjente]
Extremo Oriente (m)	Extremo Oriente (m)	[eks'tremo o'rjente]
civilização (f)	civilización (f)	[θiβiliθa'θjon]
humanidade (f)	humanidad (f)	[umani'ðað]
mundo (m)	mundo (m)	['mundo]
paz (f)	paz (f)	[paθ]
mundial (adj)	mundial (adj)	[mun'djalʲ]

pátria (f)	patria (f)	['patria]
povo (população)	pueblo (m)	[pu'eβlʲo]
população (f)	población (f)	[poβlʲa'θjon]
gente (f)	gente (f)	['xente]
nação (f)	nación (f)	[na'θjon]
geração (f)	generación (f)	[xenera'θjon]
território (m)	territorio (m)	[teri'torio]
região (f)	región (f)	[re'xjon]
estado (m)	estado (m)	[es'taðo]

tradição (f)	tradición (f)	[traði'θjon]
costume (m)	costumbre (f)	[kos'tumbre]
ecologia (f)	ecología (f)	[ekolʲo'xia]

índio (m)	indio (m)	['indio]
cigano (m)	gitano (m)	[xi'tano]
cigana (f)	gitana (f)	[xi'tana]
cigano (adj)	gitano (adj)	[xi'tano]

império (m)	imperio (m)	[im'perio]
colônia (f)	colonia (f)	[ko'lʲonia]
escravidão (f)	esclavitud (f)	[esklʲaβi'tuð]
invasão (f)	invasión (f)	[imba'sjon]
fome (f)	hambruna (f)	[am'bruna]

246. Grupos religiosos mais importantes. Confissões

| religião (f) | religión (f) | [reli'xjon] |
| religioso (adj) | religioso (adj) | [reli'xjoso] |

crença (f)	creencia (f)	[kre'enθia]
crer (vt)	creer (vi)	[kre'er]
crente (m)	creyente (m)	[kre'jente]
ateísmo (m)	ateísmo (m)	[ate'ismo]
ateu (m)	ateo (m)	[a'teo]
cristianismo (m)	cristianismo (m)	[kristja'nismo]
cristão (m)	cristiano (m)	[kris'tjano]
cristão (adj)	cristiano (adj)	[kris'tjano]
catolicismo (m)	catolicismo (m)	[katoli'θismo]
católico (m)	católico (m)	[ka'toliko]
católico (adj)	católico (adj)	[ka'toliko]
protestantismo (m)	protestantismo (m)	[protestan'tismo]
Igreja (f) Protestante	Iglesia (f) protestante	[i'ɣlesia protes'tante]
protestante (m)	protestante (m)	[protes'tante]
ortodoxia (f)	ortodoxia (f)	[orto'ðoksia]
Igreja (f) Ortodoxa	Iglesia (f) ortodoxa	[i'ɣlesia orto'ðoksa]
ortodoxo (m)	ortodoxo (m)	[orto'ðokso]
presbiterianismo (m)	presbiterianismo (m)	[presβiterja'nismo]
Igreja (f) Presbiteriana	Iglesia (f) presbiteriana	[i'ɣlesia presβite'rjana]
presbiteriano (m)	presbiteriano (m)	[presβite'rjano]
luteranismo (m)	Iglesia (f) luterana	[i'ɣlesia ˡute'rana]
luterano (m)	luterano (m)	[ˡute'rano]
Igreja (f) Batista	Iglesia (f) bautista	[i'ɣlesia bau'tista]
batista (m)	bautista (m)	[bau'tista]
Igreja (f) Anglicana	Iglesia (f) anglicana	[i'ɣlesia angli'kana]
anglicano (m)	anglicano (m)	[angli'kano]
mormonismo (m)	mormonismo (m)	[mormo'nismo]
mórmon (m)	mormón (m)	[mor'mon]
Judaísmo (m)	judaísmo (m)	[χuða'ismo]
judeu (m)	judío (m)	[χu'ðio]
budismo (m)	budismo (m)	[bu'ðismo]
budista (m)	budista (m)	[bu'ðista]
hinduísmo (m)	hinduismo (m)	[indu'ismo]
hindu (m)	hinduista (m)	[indu'ista]
Islã (m)	Islam (m)	[is'ˡam]
muçulmano (m)	musulmán (m)	[musulˡ'man]
muçulmano (adj)	musulmán (adj)	[musulˡ'man]
xiismo (m)	chiísmo (m)	[ʧi'ismo]
xiita (m)	chií (m), chiita (m)	[ʧi'i], [ʧi'ita]
sunismo (m)	sunismo (m)	[su'nismo]
sunita (m)	suní (m, f)	[su'ni]

247. Religiões. Padres

| padre (m) | sacerdote (m) | [saθer'ðote] |
| Papa (m) | Papa (m) | ['papa] |

monge (m)	monje (m)	['monχe]
freira (f)	monja (f)	['monχa]
pastor (m)	pastor (m)	[pas'tor]

abade (m)	abad (m)	[a'βað]
vigário (m)	vicario (m)	[bi'kario]
bispo (m)	obispo (m)	[o'βispo]
cardeal (m)	cardenal (m)	[karðe'nalʲ]

pregador (m)	predicador (m)	[preðika'ðor]
sermão (m)	prédica (f)	['preðika]
paroquianos (pl)	parroquianos (pl)	[paro'kjanos]

| crente (m) | creyente (m) | [kre'jente] |
| ateu (m) | ateo (m) | [a'teo] |

248. Fé. Cristianismo. Islão

| Adão | Adán | [a'ðan] |
| Eva | Eva | ['eβa] |

Deus (m)	Dios (m)	['djos]
Senhor (m)	Señor (m)	[se'njor]
Todo Poderoso (m)	el Todopoderoso	[elʲ toðopoðe'roso]

pecado (m)	pecado (m)	[pe'kaðo]
pecar (vi)	pecar (vi)	[pe'kar]
pecador (m)	pecador (m)	[peka'ðor]
pecadora (f)	pecadora (f)	[peka'ðora]

| inferno (m) | infierno (m) | [imˈfjerno] |
| paraíso (m) | paraíso (m) | [para'iso] |

| Jesus | Jesús (m) | [χe'sus] |
| Jesus Cristo | Jesucristo (m) | [χesu·'kristo] |

Espírito (m) Santo	el Espíritu Santo	[elʲ es'piritu 'santo]
Salvador (m)	el Salvador	[elʲ salʲβa'ðor]
Virgem Maria (f)	la Virgen María	[lʲa 'birχen ma'ria]

Diabo (m)	el Diablo	[elʲ 'djaβlʲo]
diabólico (adj)	diabólico (adj)	[dja'βoliko]
Satanás (m)	Satán (m)	[sa'tan]
satânico (adj)	satánico (adj)	[sa'taniko]

anjo (m)	ángel (m)	['anχelʲ]
anjo (m) da guarda	ángel (m) custodio	['anχelʲ kus'toðio]
angelical	angelical (adj)	[anχeli'kalʲ]

apóstolo (m)	apóstol (m)	[a'postoľ]
arcanjo (m)	arcángel (m)	[ar'kanχeľ]
anticristo (m)	anticristo (m)	[anti'kristo]
Igreja (f)	Iglesia (f)	[i'ɣlesia]
Bíblia (f)	Biblia (f)	['biβlia]
bíblico (adj)	bíblico (adj)	['biβliko]
Velho Testamento (m)	Antiguo Testamento (m)	[an'tiguo testa'mento]
Novo Testamento (m)	Nuevo Testamento (m)	[nu'eβo testa'mento]
Evangelho (m)	Evangelio (m)	[eβan'χelio]
Sagradas Escrituras (f pl)	Sagrada Escritura (f)	[sa'ɣraða eskri'tura]
Céu (sete céus)	cielo (m)	['θjeľo]
mandamento (m)	mandamiento (m)	[manda'mjento]
profeta (m)	profeta (m)	[pro'feta]
profecia (f)	profecía (f)	[profe'sia]
Alá (m)	Alá	[a'ľa]
Maomé (m)	Mahoma	[ma'oma]
Alcorão (m)	Corán, Korán (m)	[ko'ran]
mesquita (f)	mezquita (f)	[meθ'kita]
mulá (m)	mulá (m), mullah (m)	[mu'ľa]
oração (f)	oración (f)	[ora'θjon]
rezar, orar (vi)	orar, rezar (vi)	[o'rar], [re'θar]
peregrinação (f)	peregrinación (f)	[pereɣrina'θjon]
peregrino (m)	peregrino (m)	[pere'ɣrino]
Meca (f)	La Meca	[ľa 'meka]
igreja (f)	iglesia (f)	[i'ɣlesia]
templo (m)	templo (m)	['templ ʲo]
catedral (f)	catedral (f)	[kate'ðraľ]
gótico (adj)	gótico (adj)	['gotiko]
sinagoga (f)	sinagoga (f)	[sina'goga]
mesquita (f)	mezquita (f)	[meθ'kita]
capela (f)	capilla (f)	[ka'pija]
abadia (f)	abadía (f)	[aβa'ðia]
convento (m)	convento (m)	[kom'bento]
monastério (m)	monasterio (m)	[monas'terio]
sino (m)	campana (f)	[kam'pana]
campanário (m)	campanario (m)	[kampa'nario]
repicar (vi)	sonar (vi)	[so'nar]
cruz (f)	cruz (f)	[kruθ]
cúpula (f)	cúpula (f)	['kupuľa]
ícone (m)	icono (m)	[i'kono]
alma (f)	alma (f)	['aľma]
destino (m)	destino (m)	[des'tino]
mal (m)	maldad (f)	[maľ'dað]
bem (m)	bien (m)	[bjen]
vampiro (m)	vampiro (m)	[bam'piro]

bruxa (f)	bruja (f)	['bruχa]
demônio (m)	demonio (m)	[de'monio]
espírito (m)	espíritu (m)	[es'piritu]

redenção (f)	redención (f)	[reðen'θjon]
redimir (vt)	redimir (vt)	[reði'mir]

missa (f)	culto (m), misa (f)	['kulʲto], ['misa]
celebrar a missa	decir misa	[de'θir 'misa]
confissão (f)	confesión (f)	[koɱfe'sjon]
confessar-se (vr)	confesarse (vr)	[koɱfe'sarse]

santo (m)	santo (m)	['santo]
sagrado (adj)	sagrado (adj)	[sa'ɣraðo]
água (f) benta	agua (f) santa	['agua 'santa]

ritual (m)	rito (m)	['rito]
ritual (adj)	ritual (adj)	[ritu'alʲ]
sacrifício (m)	sacrificio (m)	[sakri'fiθio]

superstição (f)	superstición (f)	[supersti'θjon]
supersticioso (adj)	supersticioso (adj)	[supersti'θjoso]
vida (f) após a morte	vida (f) de ultratumba	['biða de ulʲtra·'tumba]
vida (f) eterna	vida (f) eterna	['biða e'terna]

TEMAS DIVERSOS

249. Várias palavras úteis

ajuda (f)	ayuda (f)	[a'juða]
barreira (f)	barrera (f)	[ba'rera]
base (f)	base (f)	['base]
categoria (f)	categoría (f)	[katego'ria]
causa (f)	causa (f)	['kausa]
coincidência (f)	coincidencia (f)	[koinθi'ðenθia]
coisa (f)	cosa (f)	['kosa]
começo, início (m)	principio (m)	[prin'θipio]
cômodo (ex. poltrona ~a)	confortable (adj)	[koɱfor'taβle]
comparação (f)	comparación (f)	[kompara'θjon]
compensação (f)	compensación (f)	[kompensa'θjon]
crescimento (m)	crecimiento (m)	[kreθi'mjento]
desenvolvimento (m)	desarrollo (m)	[desa'rojo]
diferença (f)	diferencia (f)	[dife'renθia]
efeito (m)	efecto (m)	[e'fekto]
elemento (m)	elemento (m)	[ele'mento]
equilíbrio (m)	balance (m)	[ba'lʲanθe]
erro (m)	error (m)	[e'ror]
esforço (m)	esfuerzo (m)	[esfu'erθo]
estilo (m)	estilo (m)	[es'tilʲo]
exemplo (m)	ejemplo (m)	[e'xemplʲo]
fato (m)	hecho (m)	['eʧo]
fim (m)	fin (m)	[fin]
forma (f)	forma (f)	['forma]
frequente (adj)	frecuente (adj)	[freku'ente]
fundo (ex. ~ verde)	fondo (m)	['fondo]
gênero (tipo)	tipo (m)	['tipo]
grau (m)	grado (m)	['graðo]
ideal (m)	ideal (m)	[iðe'alʲ]
labirinto (m)	laberinto (m)	[lʲaβe'rinto]
modo (m)	modo (m)	['moðo]
momento (m)	momento (m)	[mo'mento]
objeto (m)	objeto (m)	[oβ'xeto]
obstáculo (m)	obstáculo (m)	[oβs'takulʲo]
original (m)	original (m)	[orixi'nalʲ]
padrão (adj)	estándar (adj)	[es'tandar]
padrão (m)	estándar (m)	[es'tandar]
paragem (pausa)	alto (m)	['alʲto]
parte (f)	parte (f)	['parte]

partícula (f)	partícula (f)	[par'tikul'a]
pausa (f)	pausa (f)	['pausa]
posição (f)	posición (f)	[posi'θjon]
princípio (m)	principio (m)	[prin'θipio]

problema (m)	problema (m)	[pro'βlema]
processo (m)	proceso (m)	[pro'θeso]
progresso (m)	progreso (m)	[pro'ɣreso]
propriedade (qualidade)	propiedad (f)	[propje'ðað]

reação (f)	reacción (f)	[reak'θjon]
risco (m)	riesgo (m)	['rjesgo]
ritmo (m)	tempo (m)	['tempo]
segredo (m)	secreto (m)	[se'kreto]
série (f)	serie (f)	['serie]

sistema (m)	sistema (m)	[sis'tema]
situação (f)	situación (f)	[situa'θjon]
solução (f)	solución (f)	[sol'u'θjon]
tabela (f)	tabla (f)	['taβl'a]
termo (ex. ~ técnico)	término (m)	['termino]

tipo (m)	tipo (m)	['tipo]
urgente (adj)	urgente (adj)	[ur'χente]
urgentemente	urgentemente	[urχente'mente]
utilidade (f)	utilidad (f)	[utili'ðað]

variante (f)	variante (f)	[ba'rjante]
variedade (f)	variedad (f)	[barje'ðað]
verdade (f)	verdad (f)	[ber'ðað]
vez (f)	turno (m)	['turno]
zona (f)	zona (f)	['θona]

250. Modificadores. Adjetivos. Parte 1

aberto (adj)	abierto (adj)	[a'βjerto]
afetuoso (adj)	tierno (adj)	['tjerno]
afiado (adj)	agudo (adj)	[a'guðo]
agradável (adj)	agradable (adj)	[aɣra'ðaβle]
agradecido (adj)	agradecido (adj)	[aɣraðe'θiðo]

alegre (adj)	alegre (adj)	[a'leɣre]
alto (ex. voz ~a)	fuerte (adj)	[fu'erte]
amargo (adj)	amargo (adj)	[a'margo]
amplo (adj)	amplio (adj)	['amplio]
antigo (adj)	antiguo (adj)	[an'tiguo]

apertado (sapatos ~s)	apretado (adj)	[apre'taðo]
apropriado (adj)	conveniente (adj)	[kombe'njente]
arriscado (adj)	arriesgado (adj)	[arjes'gaðo]
artificial (adj)	artificial (adj)	[artifi'θjal']

| azedo (adj) | agrio (adj) | ['aɣrio] |
| baixo (voz ~a) | bajo (adj) | ['baχo] |

| barato (adj) | barato (adj) | [ba'rato] |
| belo (adj) | hermoso (adj) | [er'moso] |

bom (adj)	bueno (adj)	[bu'eno]
bondoso (adj)	bueno (adj)	[bu'eno]
bonito (adj)	bello (adj)	['bejo]
bronzeado (adj)	bronceado (adj)	[bronθe'aðo]
burro, estúpido (adj)	tonto (adj)	['tonto]

calmo (adj)	calmo (adj)	['kalʲmo]
cansado (adj)	cansado (adj)	[kan'saðo]
cansativo (adj)	fatigoso (adj)	[fati'goso]
carinhoso (adj)	cariñoso (adj)	[kari'njoso]
caro (adj)	caro (adj)	['karo]

cego (adj)	ciego (adj)	['θjego]
central (adj)	central (adj)	[θen'tralʲ]
cerrado (ex. nevoeiro ~)	espeso (adj)	[es'peso]
cheio (xícara ~a)	lleno (adj)	['jeno]

civil (adj)	civil (adj)	[θi'βilʲ]
clandestino (adj)	clandestino (adj)	[klʲandes'tino]
claro (explicação ~a)	claro (adj)	['klʲaro]
claro (pálido)	claro (adj)	['klʲaro]

compatível (adj)	compatible (adj)	[kompa'tiβle]
comum, normal (adj)	ordinario (adj)	[orði'nario]
congelado (adj)	congelado (adj)	[konχe'lʲaðo]
conjunto (adj)	conjunto (adj)	[kon'χunto]
considerável (adj)	considerable (adj)	[konsiðe'raβle]

contente (adj)	contento (adj)	[kon'tento]
contínuo (adj)	continuo (adj)	[kon'tinuo]
contrário (ex. o efeito ~)	opuesto (adj)	[opu'esto]
correto (resposta ~a)	correcto (adj)	[ko'rekto]
cru (não cozinhado)	crudo (adj)	['kruðo]

curto (adj)	corto (adj)	['korto]
de curta duração	de curta duración (adj)	[de 'korta dura'θjon]
de sol, ensolarado	soleado (adj)	[sole'aðo]
de trás	de atrás (adj)	[de a'tras]
denso (fumaça ~a)	denso (adj)	['denso]

desanuviado (adj)	sin nubes (adj)	[sin 'nuβes]
descuidado (adj)	negligente (adj)	[neɣli'χente]
diferente (adj)	diferente (adj)	[dife'rente]
difícil (decisão)	difícil (adj)	[di'fiθilʲ]
difícil, complexo (adj)	difícil (adj)	[di'fiθilʲ]

direito (lado ~)	derecho (adj)	[de'retʃo]
distante (adj)	lejano (adj)	[le'χano]
diverso (adj)	vario (adj)	['bario]
doce (açucarado)	azucarado, dulce (adj)	[aθuka'raðo], ['dulʲθe]
doce (água)	dulce (adj)	['dulʲθe]
doente (adj)	enfermo (adj)	[em̩'fermo]
duro (material ~)	duro (adj)	['duro]

227

educado (adj)	cortés (adj)	[kor'tes]
encantador (agradável)	simpático, amable (adj)	[sim'patiko], [a'maβle]
enigmático (adj)	misterioso (adj)	[misteri'oso]
enorme (adj)	enorme (adj)	[e'norme]
escuro (quarto ~)	oscuro (adj)	[os'kuro]
especial (adj)	especial (adj)	[espe'θjalʲ]
esquerdo (lado ~)	izquierdo (adj)	[iθ'kjerðo]
estrangeiro (adj)	extranjero (adj)	[ekstran'χero]
estreito (adj)	estrecho (adj)	[es'tretʃo]
exato (montante ~)	exacto (adj)	[e'ksakto]
excelente (adj)	excelente (adj)	[ekθe'lente]
excessivo (adj)	excesivo (adj)	[ekθe'siβo]
externo (adj)	exterior (adj)	[ekste'rjor]
fácil (adj)	fácil (adj)	['faθilʲ]
faminto (adj)	hambriento (adj)	[am'brjento]
fechado (adj)	cerrado (adj)	[θe'raðo]
feliz (adj)	feliz (adj)	[fe'liθ]
fértil (terreno ~)	fértil (adj)	['fertilʲ]
forte (pessoa ~)	fuerte (adj)	[fu'erte]
fraco (luz ~a)	tenue (adj)	['tenue]
frágil (adj)	frágil (adj)	['fraχilʲ]
fresco (pão ~)	fresco (adj)	['fresko]
fresco (tempo ~)	fresco (adj)	['fresko]
frio (adj)	frío (adj)	['frio]
gordo (alimentos ~s)	graso (adj)	['graso]
gostoso, saboroso (adj)	sabroso (adj)	[sa'βroso]
grande (adj)	grande (adj)	['grande]
gratuito, grátis (adj)	gratis (adj)	['gratis]
grosso (camada ~a)	grueso (adj)	[gru'eso]
hostil (adj)	hostil (adj)	[os'tilʲ]

251. Modificadores. Adjetivos. Parte 2

igual (adj)	igual, idéntico (adj)	[igu'alʲ], [i'ðentiko]
imóvel (adj)	inmóvil (adj)	[in'moβilʲ]
importante (adj)	importante (adj)	[impor'tante]
impossível (adj)	imposible (adj)	[impo'siβle]
incompreensível (adj)	indescifrable (adj)	[indeθi'fraβle]
indigente (muito pobre)	indigente (adj)	[indi'χente]
indispensável (adj)	imprescindible (adj)	[impreθin'diβle]
inexperiente (adj)	sin experiencia (adj)	[sin ekspe'rjenθia]
infantil (adj)	infantil (adj)	[imɟan'tilʲ]
ininterrupto (adj)	continuo (adj)	[kon'tinuo]
insignificante (adj)	insignificante (adj)	[insiɣnifi'kante]
inteiro (completo)	entero (adj)	[en'tero]
inteligente (adj)	inteligente (adj)	[inteli'χente]

interno (adj)	interior (adj)	[inte'rjor]
jovem (adj)	joven (adj)	['χoβen]
largo (caminho ~)	ancho (adj)	['antʃo]
legal (adj)	legal (adj)	[le'galʲ]
leve (adj)	ligero (adj)	[li'χero]
limitado (adj)	limitado (adj)	[limi'taðo]
limpo (adj)	limpio (adj)	['limpio]
líquido (adj)	líquido (adj)	['likiðo]
liso (adj)	liso (adj)	['liso]
liso (superfície ~a)	plano (adj)	['plʲano]
livre (adj)	libre (adj)	['liβre]
longo (ex. cabelo ~)	largo (adj)	['lʲargo]
maduro (ex. fruto ~)	maduro (adj)	[ma'ðuro]
magro (adj)	delgado (adj)	[delʲ'gado]
mais próximo (adj)	el más próximo	[elʲ 'mas 'proksimo]
mais recente (adj)	pasado (adj)	[pa'saðo]
mate (adj)	mate (adj)	['mate]
mau (adj)	malo (adj)	['malʲo]
meticuloso (adj)	meticuloso (adj)	[metiku'lʲoso]
míope (adj)	miope (adj)	[mi'ope]
mole (adj)	blando (adj)	['blʲando]
molhado (adj)	mojado (adj)	[mo'χaðo]
moreno (adj)	moreno (adj)	[mo'reno]
morto (adj)	muerto (adj)	[mu'erto]
muito magro (adj)	flaco, delgado (adj)	['flʲako], [del'gaðo]
não difícil (adj)	no difícil (adj)	[no di'fiθilʲ]
não é clara (adj)	poco claro (adj)	['poko 'klʲaro]
não muito grande (adj)	no muy grande (adj)	[no muj 'grande]
natal (país ~)	natal (adj)	[na'talʲ]
necessário (adj)	necesario (adj)	[neθe'sario]
negativo (resposta ~a)	negativo (adj)	[nega'tiβo]
nervoso (adj)	nervioso (adj)	[ner'βjoso]
normal (adj)	normal (adj)	[nor'malʲ]
novo (adj)	nuevo (adj)	[nu'eβo]
o mais importante (adj)	el más importante	[elʲ 'mas impor'tante]
obrigatório (adj)	obligatorio (adj)	[oβliga'torio]
original (incomum)	original (adj)	[oriχi'nalʲ]
passado (adj)	último (adj)	['ulʲtimo]
pequeno (adj)	pequeño (adj)	[pe'kenjo]
perigoso (adj)	peligroso (adj)	[peli'ɣroso]
permanente (adj)	permanente (adj)	[perma'nente]
perto (adj)	mas próximo	[mas 'proksimo]
pesado (adj)	pesado (adj)	[pe'saðo]
pessoal (adj)	personal (adj)	[perso'nalʲ]
plano (ex. ecrã ~ a)	plano (adj)	['plʲano]
pobre (adj)	pobre (adj)	['poβre]
pontual (adj)	puntual (adj)	[puntu'alʲ]

possível (adj)	posible (adj)	[po'siβle]
pouco fundo (adj)	poco profundo (adj)	['poko pro'fundo]
presente (ex. momento ~)	presente (adj)	[pre'sente]
prévio (adj)	precedente (adj)	[preθe'ðente]
primeiro (principal)	principal (adj)	[prinθi'palʲ]
principal (adj)	principal (adj)	[prinθi'palʲ]
privado (adj)	privado (adj)	[pri'βaðo]
provável (adj)	probable (adj)	[pro'βaβle]
próximo (adj)	próximo (adj)	['proksimo]
público (adj)	público (adj)	['puβliko]
quente (cálido)	caliente (adj)	[ka'ljente]
quente (morno)	templado (adj)	[tem'plʲaðo]
rápido (adj)	rápido (adj)	['rapiðo]
raro (adj)	raro (adj)	['raro]
remoto, longínquo (adj)	distante (adj)	[dis'tante]
reto (linha ~a)	recto (adj)	['rekto]
salgado (adj)	salado (adj)	[sa'lʲaðo]
satisfeito (adj)	satisfecho (adj)	[satis'fetʃo]
seco (roupa ~a)	seco (adj)	['seko]
seguinte (adj)	siguiente (adj)	[si'gjente]
seguro (não perigoso)	seguro (adj)	[se'guro]
similar (adj)	similar (adj)	[simi'lʲar]
simples (fácil)	simple (adj)	['simple]
soberbo, perfeito (adj)	perfecto (adj)	[per'fekto]
sólido (parede ~a)	sólido (adj)	['soliðo]
sombrio (adj)	sombrío (adj)	[som'brio]
sujo (adj)	sucio (adj)	['suθio]
superior (adj)	el más alto	[elʲ 'mas 'alʲto]
suplementar (adj)	adicional (adj)	[aðiθjo'nalʲ]
tranquilo (adj)	tranquilo (adj)	[traŋ'kilʲo]
transparente (adj)	transparente (adj)	[transpa'rente]
triste (pessoa)	triste (adj)	['triste]
triste (um ar ~)	triste (adj)	['triste]
último (adj)	último (adj)	['ulʲtimo]
úmido (adj)	húmedo (adj)	['umeðo]
único (adj)	único (adj)	['uniko]
usado (adj)	de segunda mano	[de se'gunda 'mano]
vazio (meio ~)	vacío (adj)	[ba'θio]
velho (adj)	viejo (adj)	['bjeχo]
vizinho (adj)	vecino (adj)	[be'θino]

500 VERBOS PRINCIPAIS

abraçar (vt)	abrazar (vt)	[aβra'θar]
abrir (vt)	abrir (vt)	[a'βrir]
acalmar (vt)	calmar (vt)	[kalʲ'mar]
acariciar (vt)	acariciar (vt)	[akari'θjar]
acenar (com a mão)	agitar la mano	[aχi'tar lʲa 'mano]
acender (~ uma fogueira)	encender (vt)	[enθen'der]
achar (vt)	pensar (vi, vt)	[pen'sar]
acompanhar (vt)	acompañar (vt)	[akompa'njar]
aconselhar (vt)	aconsejar (vt)	[akonse'χar]
acordar, despertar (vt)	despertar (vt)	[desper'tar]
acrescentar (vt)	añadir (vt)	[anja'ðir]
acusar (vt)	acusar (vt)	[aku'sar]
adestrar (vt)	adiestrar (vt)	[aðjes'trar]
adivinhar (vt)	adivinar (vt)	[aðiβi'nar]
admirar (vt)	admirar (vt)	[aðmi'rar]
adorar (~ fazer)	gustar (vi)	[gus'tar]
advertir (vt)	advertir (vt)	[aðβer'tir]
afirmar (vt)	afirmar (vt)	[afir'mar]
afogar-se (vr)	ahogarse (vr)	[ao'garse]
afugentar (vt)	expulsar (vt)	[ekspulʲ'sar]
agir (vi)	actuar (vi)	[aktu'ar]
agitar, sacudir (vt)	sacudir (vt)	[saku'ðir]
agradecer (vt)	agradecer (vt)	[aɣraðe'θer]
ajudar (vt)	ayudar (vt)	[aju'ðar]
alcançar (objetivos)	lograr (vt)	[lʲo'ɣrar]
alimentar (dar comida)	alimentar (vt)	[alimen'tar]
almoçar (vi)	almorzar (vi)	[alʲmor'θar]
alugar (~ o barco, etc.)	alquilar (vt)	[alʲki'lʲar]
alugar (~ um apartamento)	alquilar (vt)	[alʲki'lʲar]
amar (pessoa)	querer (vt)	[ke'rer]
amarrar (vt)	atar (vt)	[a'tar]
ameaçar (vt)	amenazar (vt)	[amena'θar]
amputar (vt)	amputar (vt)	[ampu'tar]
anotar (escrever)	anotar (vt)	[ano'tar]
anotar (escrever)	tomar nota	[to'mar 'nota]
anular, cancelar (vt)	anular (vt)	[anu'lʲar]
apagar (com apagador, etc.)	borrar (vt)	[bo'rar]
apagar (um incêndio)	sofocar (vt)	[sofo'kar]

apaixonar-se ...	enamorarse de ...	[enamo'rarse de]
aparecer (vi)	aparecer	[apare'θer]
aplaudir (vi)	aplaudir (vi, vt)	[aplʲau'ðir]

apoiar (vt)	apoyar (vt)	[apo'jar]
apontar para ...	apuntar a ...	[apun'tar a]
apresentar	presentar (vt)	[presen'tar]
(alguém a alguém)		
apresentar (Gostaria de ~)	presentar (vt)	[presen'tar]

apressar (vt)	apresurar (vt)	[apresu'rar]
apressar-se (vr)	darse prisa	['darse 'prisa]
aproximar-se (vr)	acercarse (vr)	[aθer'karse]
aquecer (vt)	calentar (vt)	[kalen'tar]

arrancar (vt)	arrancar (vt)	[ara'ŋkar]
arranhar (vt)	arañar (vt)	[ara'njar]
arrepender-se (vr)	arrepentirse (vr)	[arepen'tirse]
arriscar (vt)	arriesgar (vt)	[arjes'gar]

arrumar, limpar (vt)	hacer la limpieza	[a'θer lʲa lim'pjeθa]
aspirar a ...	aspirar a ...	[aspi'rar a]
assinar (vt)	firmar (vt)	[fir'mar]
assistir (vt)	asistir (vt)	[asis'tir]
atacar (vt)	atacar (vt)	[ata'kar]

atar (vt)	atar a ...	[a'tar a]
atracar (vi)	amarrar (vt)	[ama'rar]
aumentar (vi)	aumentarse (vr)	[aumen'tarse]
aumentar (vt)	aumentar (vt)	[aumen'tar]

avançar (vi)	avanzarse (vr)	[aβan'θarse]
avistar (vt)	avistar (vt)	[aβis'tar]
baixar (guindaste, etc.)	bajar (vt)	[ba'χar]
barbear-se (vr)	afeitarse (vr)	[afej'tarse]
basear-se (vr)	estar basado en ...	[estar ba'saðo en]

bastar (vi)	ser suficiente	[ser sufi'θjente]
bater (à porta)	golpear (vt)	[golʲpe'ar]
bater (espancar)	pegar (vt)	[pe'gar]
bater-se (vr)	pelear (vi)	[pele'ar]

beber, tomar (vt)	beber (vi, vt)	[be'βer]
brilhar (vi)	brillar (vi)	[bri'jar]
brincar, jogar (vi, vt)	jugar (vi)	[χu'gar]
buscar (vt)	buscar (vt)	[bus'kar]

253. Verbos C-D

caçar (vi)	cazar (vi, vt)	[ka'θar]
calar-se (parar de falar)	dejar de hablar	[de'χar de a'βlʲar]
calcular (vt)	contar (vt)	[kon'tar]
carregar (o caminhão, etc.)	cargar (vt)	[kar'gar]
carregar (uma arma)	cargar (vt)	[kar'gar]

casar-se (vr)	casarse (vr)	[ka'sarse]
causar (vt)	ser causa de ...	[ser 'kausa de]
cavar (vt)	cavar (vt)	[ka'βar]
ceder (não resistir)	ceder (vi, vt)	[θe'ðer]
cegar, ofuscar (vt)	cegar (vt)	[θe'gar]
censurar (vt)	reprochar (vt)	[repro'tʃar]
chamar (~ por socorro)	llamar (vt)	[ja'mar]
chamar (alguém para ...)	llamar (vt)	[ja'mar]
chegar (a algum lugar)	llegar a ...	[je'gar a]
chegar (vi)	llegar (vi)	[je'gar]
cheirar (~ uma flor)	oler (vt)	[o'ler]
cheirar (tem o cheiro)	oler (vi)	[o'ler]
chorar (vi)	llorar (vi)	[jo'rar]
citar (vt)	citar (vt)	[θi'tar]
colher (flores)	coger (vt)	[ko'xer]
colocar (vt)	poner (vt)	[po'ner]
combater (vi, vt)	combatir (vi)	[komba'tir]
começar (vt)	comenzar (vt)	[komen'θar]
comer (vt)	comer (vi, vt)	[ko'mer]
comparar (vt)	comparar (vt)	[kompa'rar]
compensar (vt)	compensar (vt)	[kompen'sar]
competir (vi)	competir (vi)	[kompe'tir]
complicar (vt)	complicar (vt)	[kompli'kar]
compor (~ música)	componer (vt)	[kompo'ner]
comportar-se (vr)	comportarse (vr)	[kompor'tarse]
comprar (vt)	comprar (vt)	[kom'prar]
comprometer (vt)	comprometer (vt)	[komprome'ter]
concentrar-se (vr)	concentrarse (vr)	[konθen'trarse]
concordar (dizer "sim")	estar de acuerdo	[es'tar de aku'erðo]
condecorar (dar medalha)	condecorar (vt)	[kondeko'rar]
confessar-se (vr)	confesar (vt)	[komfe'sar]
confiar (vt)	confiar (vt)	[komɲ'fjar]
confundir (equivocar-se)	confundir (vt)	[komɲfun'dir]
conhecer (vt)	conocer (vt)	[kono'θer]
conhecer-se (vr)	hacer conocimiento	[a'θer konoθi'mjento]
consertar (vt)	poner en orden	[po'ner en 'orðen]
consultar ...	consultar a ...	[konsul'tar a]
contagiar-se com ...	contagiarse de ...	[konta'xjarse de]
contar (vt)	contar (vt)	[kon'tar]
contar com ...	contar con ...	[kon'tar kon]
continuar (vt)	continuar (vt)	[kontinu'ar]
contratar (vt)	contratar (vt)	[kontra'tar]
controlar (vt)	controlar (vt)	[kontro'lʲar]
convencer (vt)	convencer (vt)	[komben'θer]
convidar (vt)	invitar (vt)	[imbi'tar]
cooperar (vi)	colaborar (vi)	[kolʲaβo'rar]

coordenar (vt)	coordinar (vt)	[koorði'nar]
corar (vi)	enrojecer (vi)	[enroχe'θer]
correr (vi)	correr (vi)	[ko'rer]
corrigir (~ um erro)	corregir (vt)	[kore'χir]
cortar (com um machado)	hachear (vt)	[atʃe'ar]
cortar (com uma faca)	cortar (vt)	[kor'tar]
cozinhar (vt)	preparar (vt)	[prepa'rar]
crer (pensar)	creer (vt)	[kre'er]
criar (vt)	crear (vt)	[kre'ar]
cultivar (~ plantas)	cultivar (vt)	[kulʲti'βar]
cuspir (vi)	escupir (vi)	[esku'pir]
custar (vt)	costar (vt)	[kos'tar]
dar (vt)	dar (vt)	[dar]
dar banho, lavar (vt)	bañar (vt)	[ba'njar]
datar (vi)	datar de ...	[da'tar de]
decidir (vt)	decidir (vt)	[deθi'ðir]
decorar (enfeitar)	decorar (vt)	[deko'rar]
dedicar (vt)	dedicar (vt)	[deði'kar]
defender (vt)	defender (vt)	[defen'der]
defender-se (vr)	defenderse (vr)	[defen'derse]
deixar (~ a mulher)	abandonar (vt)	[aβando'nar]
deixar (esquecer)	olvidar (vt)	[olʲβi'ðar]
deixar (permitir)	permitir (vt)	[permi'tir]
deixar cair (vt)	dejar caer	[de'χar ka'er]
denominar (vt)	llamar (vt)	[ja'mar]
denunciar (vt)	denunciar (vt)	[denun'θjar]
depender de ...	depender de ...	[depen'der de]
derramar (~ líquido)	derramar (vt)	[dera'mar]
derramar-se (vr)	desparramarse (vr)	[despara'marse]
desaparecer (vi)	desaparecer (vi)	[desapare'θer]
desatar (vt)	desatar (vt)	[desa'tar]
desatracar (vi)	desamarrar (vt)	[desama'rar]
descansar (um pouco)	descansar (vi)	[deskan'sar]
descer (para baixo)	descender (vi)	[deθen'der]
descobrir (novas terras)	descubrir (vt)	[desku'βrir]
descolar (avião)	despegar (vi)	[despe'gar]
desculpar (vt)	disculpar (vt)	[diskulʲ'par]
desculpar-se (vr)	disculparse (vr)	[diskulʲ'parse]
desejar (vt)	desear (vt)	[dese'ar]
desempenhar (papel)	interpretar (vt)	[interpre'tar]
desligar (vt)	apagar (vt)	[apa'gar]
desprezar (vt)	despreciar (vt)	[despre'θjar]
destruir (documentos, etc.)	destruir (vt)	[destru'ir]
dever (vi aux)	deber (v aux)	[de'βer]
devolver (vt)	devolver (vt)	[deβolʲ'βer]
direcionar (vt)	encaminar (vt)	[eŋkami'nar]

dirigir (~ um carro)	conducir el coche	[kondu'θir eʎ 'koʧe]
dirigir (~ uma empresa)	dirigir (vt)	[diri'xir]
dirigir-se	dirigirse (vr)	[diri'xirse]
(a um auditório, etc.)		
discutir (notícias, etc.)	discutir (vt)	[disku'tir]
disparar, atirar (vi)	tirar (vi)	[ti'rar]
distribuir (folhetos, etc.)	distribuir (vt)	[distriβu'ir]
distribuir (vt)	distribuir (vt)	[distriβu'ir]
divertir (vt)	entretener (vt)	[entrete'ner]
divertir-se (vr)	divertirse (vr)	[diβer'tirse]
dividir (mat.)	dividir (vt)	[diβi'ðir]
dizer (vt)	decir (vt)	[de'θir]
dobrar (vt)	doblar (vt)	[doβ'ʎar]
duvidar (vt)	dudar (vt)	[du'ðar]

254. Verbos E-J

elaborar (uma lista)	compilar (vt)	[kompi'ʎar]
elevar-se acima de ...	elevarse (vr)	[ele'βarse]
eliminar (um obstáculo)	eliminar (vt)	[elimi'nar]
embrulhar (com papel)	empaquetar (vt)	[empake'tar]
emergir (submarino)	emerger (vi)	[emer'xer]
emitir (~ cheiro)	emitir (vt)	[emi'tir]
empreender (vt)	emprender (vt)	[empren'der]
empurrar (vt)	empujar (vt)	[empu'xar]
encabeçar (vt)	encabezar (vt)	[eŋkaβe'θar]
encher (~ a garrafa, etc.)	llenar (vt)	[ʝe'nar]
encontrar (achar)	encontrar (vt)	[eŋkon'trar]
enganar (vt)	engañar (vi, vt)	[enga'njar]
ensinar (vt)	enseñar (vi, vt)	[ense'njar]
entediar-se (vr)	aburrirse (vr)	[aβu'rirse]
entender (vt)	comprender (vt)	[kompren'der]
entrar (na sala, etc.)	entrar (vi)	[en'trar]
enviar (uma carta)	enviar (vt)	[em'bjar]
equipar (vt)	equipar (vt)	[eki'par]
errar (enganar-se)	equivocarse (vr)	[ekiβo'karse]
escolher (vt)	escoger (vt)	[esko'xer]
esconder (vt)	esconder (vt)	[eskon'der]
escrever (vt)	escribir (vt)	[eskri'βir]
escutar (vt)	escuchar (vt)	[esku'ʧar]
escutar atrás da porta	escuchar a hurtadillas	[esku'ʧar a urta'ðijas]
esmagar (um inseto, etc.)	aplastar (vt)	[apʎas'tar]
esperar (aguardar)	esperar (vt)	[espe'rar]
esperar (contar com)	esperar (vt)	[espe'rar]
esperar (ter esperança)	esperar (vi)	[espe'rar]
espreitar (vi)	mirar a hurtadillas	[mi'rar a urta'ðijas]

esquecer (vt)	olvidar (vt)	[olˈβiˈðar]
estar	estar (vi)	[esˈtar]
estar (vi)	estar (vi)	[esˈtar]
estar convencido	convencerse (vr)	[kombenˈθerse]

estar deitado	estar acostado	[esˈtar akosˈtaðo]
estar perplexo	estar perplejo	[esˈtar perˈpleχo]
estar preocupado	inquietarse (vr)	[inkjeˈtarse]
estar sentado	estar sentado	[esˈtar senˈtaðo]

estremecer (vi)	estremecerse (vr)	[estremeˈθerse]
estudar (vt)	estudiar (vt)	[estuˈðjar]
evitar (~ o perigo)	evitar (vt)	[eβiˈtar]
examinar (~ uma proposta)	examinar (vt)	[eksamiˈnar]

exigir (vt)	exigir (vt)	[eksiˈχir]
existir (vi)	existir (vi)	[eksisˈtir]
explicar (vt)	explicar (vt)	[ekspliˈkar]
expressar (vt)	expresar (vt)	[ekspreˈsar]

expulsar (~ da escola, etc.)	excluir (vt)	[eksklʲuˈir]
facilitar (vt)	facilitar (vt)	[faθiliˈtar]
falar com ...	hablar con ...	[aˈβlʲar kon]
faltar (a la escuela, etc.)	faltar a ...	[falʲˈtar a]

fascinar (vt)	fascinar (vt)	[faθiˈnar]
fatigar (vt)	cansar (vt)	[kanˈsar]
fazer (vt)	hacer (vt)	[aˈθer]
fazer lembrar	recordar (vt)	[rekorˈðar]
fazer piadas	bromear (vi)	[bromeˈar]

fazer publicidade	publicitar (vt)	[puβliθiˈtar]
fazer uma tentativa	intentar (vt)	[intenˈtar]
fechar (vt)	cerrar (vt)	[θeˈrar]
felicitar (vt)	felicitar (vt)	[feliθiˈtar]

ficar cansado	estar cansado	[esˈtar kanˈsaðo]
ficar em silêncio	callarse (vr)	[kaˈjarse]
ficar pensativo	reflexionar (vi)	[refleksjoˈnar]
forçar (vt)	forzar (vt)	[forˈθar]
formar (vt)	formar (vt)	[forˈmar]

gabar-se (vr)	alabarse (vr)	[alʲaˈβarse]
garantir (vt)	garantizar (vt)	[garantiˈθar]
gostar (apreciar)	gustar (vi)	[gusˈtar]
gritar (vi)	gritar (vi)	[griˈtar]

guardar (fotos, etc.)	guardar (vt)	[guarˈðar]
guardar (no armário, etc.)	guardar (vt)	[guarˈðar]
guerrear (vt)	estar en guerra	[esˈtar en ˈgera]
herdar (vt)	heredar (vt)	[ereˈðar]
iluminar (vt)	alumbrar (vt)	[alʲumˈbrar]

imaginar (vt)	imaginarse (vr)	[imaχiˈnarse]
imitar (vt)	imitar (vt)	[imiˈtar]
implorar (vt)	suplicar (vt)	[supliˈkar]

importar (vt)	importar (vt)	[impor'tar]
indicar (~ o caminho)	mostrar (vt)	[mos'trar]
indignar-se (vr)	indignarse (vr)	[indiɣ'narse]
infetar, contagiar (vt)	contagiar (vt)	[konta'xjar]
influenciar (vt)	influir (vt)	[imflʲu'ir]
informar (~ a policia)	informar (vt)	[imfor'mar]

informar (vt)	informar (vt)	[imfor'mar]
informar-se (~ sobre)	informarse (vr)	[imfor'marse]
inscrever (na lista)	inscribir (vt)	[inskri'βir]
inserir (vt)	insertar (vt)	[inser'tar]

insinuar (vt)	aludir (vi)	[alʲu'ðir]
insistir (vi)	insistir (vi)	[insis'tir]
inspirar (vt)	inspirar (vt)	[inspi'rar]
instruir (ensinar)	instruir (vt)	[instru'ir]

insultar (vt)	insultar (vt)	[insulʲ'tar]
interessar (vt)	interesar (vt)	[intere'sar]
interessar-se (vr)	interesarse por ...	[intere'sarse por]
intervir (vi)	intervenir (vi)	[interβe'nir]
invejar (vt)	envidiar (vt)	[embi'ðjar]

inventar (vt)	inventar (vt)	[imben'tar]
ir (a pé)	ir (vi)	[ir]
ir (de carro, etc.)	ir (vi)	[ir]
ir nadar	bañarse (vr)	[ba'njarse]

ir para a cama	irse a la cama	['irse a lʲa 'kama]
irritar (vt)	irritar (vt)	[iri'tar]
irritar-se (vr)	irritarse (vr)	[iri'tarse]
isolar (vt)	aislar (vt)	[ais'lʲar]

jantar (vi)	cenar (vi)	[θe'nar]
jogar, atirar (vt)	tirar (vt)	[ti'rar]
juntar, unir (vt)	unir (vt)	[u'nir]
juntar-se a ...	unirse (vr)	[u'nirse]

255. Verbos L-P

lançar (novo projeto, etc.)	lanzar (vt)	[lʲan'θar]
lavar (vt)	lavar (vt)	[lʲa'βar]
lavar a roupa	lavar la ropa	[lʲa'βar lʲa 'ropa]
lavar-se (vr)	darse un baño	['darse un 'banjo]

lembrar (vt)	recordar (vt)	[rekor'ðar]
ler (vt)	leer (vi, vt)	[le'er]
levantar-se (vr)	levantarse (vr)	[leβan'tarse]
levar (ex. leva isso daqui)	retirar (vt)	[reti'rar]

libertar (cidade, etc.)	liberar (vt)	[liβe'rar]
ligar (~ o radio, etc.)	encender (vt)	[enθen'der]
limitar (vt)	limitar (vt)	[limi'tar]
limpar (eliminar sujeira)	limpiar (vt)	[lim'pjar]

limpar (tirar o calcário, etc.)	limpiar (vt)	[lim'pjar]
lisonjear (vt)	adular (vt)	[aðu'lʲar]
livrar-se de ...	librarse de ...	[li'βrarse de]
lutar (combater)	luchar (vi)	[lʲu'tʃar]
lutar (esporte)	luchar (vi)	[lʲu'tʃar]

marcar (com lápis, etc.)	marcar (vt)	[mar'kar]
matar (vt)	matar (vt)	[ma'tar]
memorizar (vt)	memorizar (vt)	[memori'θar]
mencionar (vt)	mencionar (vt)	[menθjo'nar]

mentir (vi)	mentir (vi)	[men'tir]
merecer (vt)	merecer (vt)	[mere'θer]
mergulhar (vi)	bucear (vi)	[buθe'ar]
misturar (vt)	mezclar (vt)	[meθ'klʲar]

morar (vt)	habitar (vi, vt)	[aβi'tar]
mostrar (vt)	mostrar (vt)	[mos'trar]
mover (vt)	mover (vt)	[mo'βer]
mudar (modificar)	cambiar	[kam'bjar]

multiplicar (mat.)	multiplicar (vt)	[mulʲtipli'kar]
nadar (vi)	nadar (vi)	[na'ðar]
negar (vt)	negar (vt)	[ne'gar]
negociar (vi)	negociar (vi)	[nego'θjar]

nomear (função)	nombrar (vt)	[nom'brar]
obedecer (vt)	obedecer (vi, vt)	[oβeðe'θer]
objetar (vt)	objetar (vt)	[oβχe'tar]
observar (vt)	observar (vt)	[oβser'βar]

ofender (vt)	ofender (vt)	[ofen'der]
olhar (vt)	mirar (vi, vt)	[mi'rar]
omitir (vt)	omitir (vt)	[omi'tir]
ordenar (mil.)	ordenar (vt)	[orðe'nar]

organizar (evento, etc.)	organizar (vt)	[organi'θar]
ousar (vt)	osar (vi)	[o'sar]
ouvir (vt)	oír (vt)	[o'ir]
pagar (vt)	pagar (vi, vt)	[pa'gar]

parar (para descansar)	pararse (vr)	[pa'rarse]
parar, cessar (vt)	cesar (vt)	[θe'sar]
parecer-se (vr)	parecerse (vr)	[pare'θerse]
participar (vi)	participar (vi)	[partiθi'par]
partir (~ para o estrangeiro)	partir (vi)	[par'tir]

passar (vt)	pasar (vt)	[pa'sar]
passar a ferro	planchar (vi, vt)	[plʲan'tʃar]
pecar (vi)	pecar (vi)	[pe'kar]
pedir (comida)	pedir (vt)	[pe'ðir]

pedir (um favor, etc.)	pedir (vt)	[pe'ðir]
pegar (tomar com a mão)	coger (vt)	[ko'χer]
pegar (tomar)	tomar (vt)	[to'mar]
pendurar (cortinas, etc.)	colgar (vt)	[kolʲ'gar]

penetrar (vt)	penetrar (vt)	[pene'trar]
pensar (vi, vt)	pensar (vi, vt)	[pen'sar]
pentear-se (vr)	peinarse (vr)	[pej'narse]
perceber (ver)	notar (vt)	[no'tar]
perder (o guarda-chuva, etc.)	perder (vt)	[per'ðer]

perdoar (vt)	perdonar (vt)	[perðo'nar]
permitir (vt)	permitir (vt)	[permi'tir]
pertencer a ...	pertenecer a ...	[pertene'θer a]
perturbar (vt)	molestar (vt)	[moles'tar]

pesar (ter o peso)	pesar (vt)	[pe'sar]
pescar (vt)	pescar (vi)	[pes'kar]
planejar (vt)	planear (vt)	[plʲane'ar]
poder (~ fazer algo)	poder (v aux)	[po'ðer]

pôr (posicionar)	poner, colocar (vt)	[po'ner], [kolʲo'kar]
possuir (uma casa, etc.)	poseer (vt)	[pose'er]
preferir (vt)	preferir (vt)	[prefe'rir]

preocupar (vt)	inquietar (vt)	[inkje'tar]
preocupar-se (vr)	preocuparse (vr)	[preoku'parθe]
preparar (vt)	preparar (vt)	[prepa'rar]
preservar (ex. ~ a paz)	mantener (vt)	[mante'ner]

prever (vt)	prever (vt)	[pre'βer]
privar (vt)	privar (vt)	[pri'βar]
proibir (vt)	prohibir (vt)	[proi'βir]
projetar, criar (vt)	proyectar (vt)	[projek'tar]
prometer (vt)	prometer (vt)	[prome'ter]

pronunciar (vt)	pronunciar (vt)	[pronun'θjar]
propor (vt)	proponer (vt)	[propo'ner]
proteger (a natureza)	proteger (vt)	[prote'χer]
protestar (vi)	protestar (vi, vt)	[protes'tar]

provar (~ a teoria, etc.)	probar (vt)	[pro'βar]
provocar (vt)	provocar (vt)	[proβo'kar]
punir, castigar (vt)	castigar (vt)	[kasti'gar]
puxar (vt)	tirar (vt)	[ti'rar]

256. Verbos Q-Z

quebrar (vt)	romper (vt)	[rom'per]
queimar (vt)	quemar (vt)	[ke'mar]
queixar-se (vr)	quejarse (vr)	[ke'χarse]
querer (desejar)	querer (vt)	[ke'rer]

rachar-se (vr)	rajarse (vr)	[ra'χarse]
ralhar, repreender (vt)	regañar (vt)	[rega'njar]
realizar (vt)	realizar (vt)	[reali'θar]
recomendar (vt)	recomendar (vt)	[rekomen'dar]
reconhecer (identificar)	reconocer (vt)	[rekono'θer]
reconhecer (o erro)	reconocer, admitir	[rekono'θer], [aðmi'tir]

recordar, lembrar (vt)	recordarse (vr)	[rekor'ðarse]
recuperar-se (vr)	recuperarse (vr)	[rekupe'rarse]
recusar (~ alguém)	negar (vt)	[ne'gar]
reduzir (vt)	disminuir (vt)	[disminu'ir]
refazer (vt)	rehacer (vt)	[rea'θer]
reforçar (vt)	fortalecer (vt)	[fortale'θer]
refrear (vt)	retener (vt)	[rete'ner]
regar (plantas)	regar (vt)	[re'gar]
remover (~ uma mancha)	quitar (vt)	[ki'tar]
reparar (vt)	reparar (vt)	[repa'rar]
repetir (dizer outra vez)	repetir (vt)	[repe'tir]
reportar (vt)	presentar un informe	[presen'tar un iɱ'forme]
reservar (~ um quarto)	reservar (vt)	[reser'βar]
resolver (o conflito)	resolver (vt)	[resolʲ'βer]
resolver (um problema)	resolver (vt)	[resolʲ'βer]
respirar (vi)	respirar (vi)	[respi'rar]
responder (vt)	responder (vi, vt)	[respon'der]
rezar, orar (vi)	orar (vi)	[o'rar]
rir (vi)	reírse (vr)	[re'irse]
romper-se (corda, etc.)	romperse (vr)	[rom'perse]
roubar (vt)	robar (vt)	[ro'βar]
saber (vt)	saber (vt)	[sa'βer]
sair (~ de casa)	salir (vi)	[sa'lir]
sair (ser publicado)	salir (vt)	[sa'lir]
salvar (resgatar)	salvar (vt)	[salʲ'βar]
satisfazer (vt)	satisfacer (vt)	[satisfa'θer]
saudar (vt)	saludar (vt)	[salʲu'ðar]
secar (vt)	secar (vt)	[se'kar]
seguir (~ alguém)	seguir ...	[se'gir]
selecionar (vt)	seleccionar (vt)	[selekθjo'nar]
semear (vt)	sembrar (vi, vt)	[sem'brar]
sentar-se (vr)	sentarse (vr)	[sen'tarse]
sentenciar (vt)	sentenciar (vt)	[senten'θjar]
sentir (vt)	sentir (vt)	[sen'tir]
ser (vi)	ser (vi)	[ser]
ser diferente	diferenciarse (vr)	[diferen'θjarse]
ser indispensável	ser indispensable	[ser indispen'saβle]
ser necessário	ser necesario	[ser neθe'sario]
ser preservado	estar conservado	[es'tar konser'βaðo]
ser, estar	ser, estar (vi)	[ser], [es'tar]
servir (restaurant, etc.)	servir (vt)	[ser'βir]
servir (roupa, caber)	quedar (vi)	[ke'ðar]
significar (palavra, etc.)	significar (vt)	[siɣnifi'kar]
significar (vt)	significar (vt)	[siɣnifi'kar]
simplificar (vt)	simplificar (vt)	[simplifi'kar]
sofrer (vt)	sufrir (vi)	[su'frir]

sonhar (~ com)	soñar (vi)	[so'njar]
sonhar (ver sonhos)	soñar (vi)	[so'njar]
soprar (vi)	soplar (vi)	[so'plʲar]
sorrir (vi)	sonreír (vi)	[sonre'ir]
subestimar (vt)	subestimar (vt)	[suβesti'mar]
sublinhar (vt)	subrayar (vt)	[suβra'jar]
sujar-se (vr)	ensuciarse (vr)	[ensu'θjarse]
superestimar (vt)	sobreestimar (vt)	['soβreesti'mar]
supor (vt)	suponer (vt)	[supo'ner]
suportar (as dores)	soportar (vt)	[sopor'tar]
surpreender (vt)	sorprender (vt)	[sorpren'der]
surpreender-se (vr)	sorprenderse (vr)	[sorpren'derse]
suspeitar (vt)	sospechar (vt)	[sospe'tʃar]
suspirar (vi)	suspirar (vi)	[suspi'rar]
tentar (~ fazer)	tratar de ...	[tra'tar de]
ter (vt)	tener (vt)	[te'ner]
ter medo	tener miedo de ...	[te'ner 'mjeðo de]
terminar (vt)	terminar (vt)	[termi'nar]
tirar (vt)	quitar (vt)	[ki'tar]
tirar cópias	hacer copias	[a'θer 'kopias]
tirar fotos, fotografar	fotografiar (vt)	[fotoɣra'fjar]
tirar uma conclusão	hacer una conclusión	[a'θer 'una koŋklʲu'sjon]
tocar (com as mãos)	tocar (vt)	[to'kar]
tomar café da manhã	desayunar (vi)	[desaju'nar]
tomar emprestado	prestar (vt)	[pres'tar]
tornar-se (ex. ~ conhecido)	hacerse (vr)	[a'θerse]
trabalhar (vi)	trabajar (vi)	[traβa'χar]
traduzir (vt)	traducir (vt)	[traðu'θir]
transformar (vt)	transformar (vt)	[transfor'mar]
tratar (a doença)	curar (vt)	[ku'rar]
trazer (vt)	traer (vt)	[tra'er]
treinar (vt)	entrenar (vt)	[entre'nar]
treinar-se (vr)	entrenarse (vr)	[entre'narse]
tremer (de frio)	temblar (vi)	[tem'blʲar]
trocar (vt)	intercambiar (vt)	[interkam'bjar]
trocar, mudar (vt)	cambiar (vt)	[kam'bjar]
usar (uma palavra, etc.)	emplear (vt)	[emple'ar]
utilizar (vt)	usar (vt)	[u'sar]
vacinar (vt)	vacunar (vt)	[baku'nar]
vender (vt)	vender (vt)	[ben'der]
verter (encher)	verter (vt)	[ber'ter]
vingar (vt)	vengar (vt)	[ben'gar]
virar (~ para a direita)	girar (vi)	[χi'rar]
virar (pedra, etc.)	volver (vt)	[bolʲ'βer]
virar as costas	volverse de espaldas	[bolʲ'βerse de es'palʲdas]
viver (vi)	vivir (vi)	[bi'βir]

| voar (vi) | volar (vi) | [bo'ʎar] |
| voltar (vi) | regresar (vi) | [reɣre'sar] |

votar (vi)	votar (vi)	[bo'tar]
zangar (vt)	enfadar (vt)	[eɱfa'ðar]
zangar-se com ...	enfadarse con ...	[eɱfa'ðarse kon]
zombar (vt)	burlarse (vr)	[bur'ʎarse]